U0624876

国际中文教师能力培养与提升研究

施华阳 著

吉林出版集团股份有限公司
全国百佳图书出版单位

图书在版编目（ＣＩＰ）数据

国际中文教师能力培养与提升研究 / 施华阳著 . -- 长春：吉
林出版集团股份有限公司，2023.11
ISBN 978-7-5731-3352-6

Ⅰ．①国… Ⅱ．①施… Ⅲ．①汉语－对外汉语教学－教师－
教学能力－研究 Ⅳ．① H195

中国国家版本馆 CIP 数据核字 (2023) 第 213156 号

GUOJI ZHONGWEN JIAOSHI NENGLI PEIYANG YU TISHENG YANJIU

国际中文教师能力培养与提升研究

著　　者	施华阳	
责任编辑	金　昊	
装帧设计	领行文化	

出　　版	吉林出版集团股份有限公司	
发　　行	吉林出版集团社科图书有限公司	
地　　址	吉林省长春市南关区福祉大路 5788 号　邮编：130118	
印　　刷	长春新华印刷集团有限公司	
电　　话	0431-81629711（总编办）	
抖 音 号	吉林出版集团社科图书有限公司　37009026326	

开　　本	710 mm×1000 mm　1 / 16	
印　　张	14	
字　　数	225 千	
版　　次	2023 年 11 月第 1 版	
印　　次	2023 年 11 月第 1 次印刷	

书　　号	ISBN 978-7-5731-3352-6	
定　　价	58.00 元	

如有印装质量问题，请与市场营销中心联系调换。0431-81629729

前　言

当前，国际中文教育事业持续发展，并呈现出不同于以往的新态势。作为从事汉语教学的专业工作者，国际中文教师在汉语国际教育事业中肩负着不可替代的重大职责，必然要有所担当。教师在课堂教学中起着主导作用，他们的专业素质是影响教学质量的重要因素。虽然教师素质差别很大，但对于一位国际中文教师来说，一些基本的能力素养是必备的。

国际中文教师应具有较为系统的汉语语言学理论知识，能够熟练使用口头和书面语言，熟知汉语教学的基本原理，对中华传统文化有一定的认识，对汉语教学有兴趣，熟知社会语言学、心理语言学、语言学习理论、教育理论，有学习第二语言的经验，有一定的组织能力，在语文写作、课堂教学、交流和组织方面都有很强的能力。

教师是教育教学系统中最丰富、最活跃、最具能动性的要素。拥有一支高素质的国际中文教师队伍是高质量汉语国际教育的基本前提和条件。高素质的国际中文教师可以通过改编、增删等方式改造原本的教材，甚至自己编写教材；可以尝试、探索适合学生的有效教学方法；可以有效开发和利用教学环境中的积极因素来为汉语教学服务。那么，如何才能提升国际中文教师的整体素质呢？这就涉及国际中文教师能力的培养和提升问题。

本书对国际中文教师能力的培养和提升进行了系统研究，全书共六章内容。第一章介绍国际中文教育的发展状况、教学内容和国际中文教师的培养模式及角色、使命；第二章研究国际中文教师的基本素质，包括职业素养和道德、心理素质；第三章和第四章分别对国际中文教师的知识语言能力培养、课堂教学能力培养进行研究；第五章研究国际中文教师的跨文化交际能力和文化传播能力，提出具体的提升策略；第六章则对国际中文教师的能力评价和教学效能感提升进行研究。希望以此促进国际中文教育事业的发展。

本书在撰写过程中，参考了大量国内外国际中文教育研究的文献，在此一并致谢。同时，本书在创作过程中难免存在疏漏之处，敬请各位同行专家和读者朋友指正。

作　者

目　　录

第一章 国际中文教育与教师发展

国际中文教育（International Chinese Language Education）是指面向将中文作为第二语言的学习者的教育。近年来，随着我国综合国力的不断提升和改革开放的深入推进，各国之间的政治、经济、文化的频繁交往促进了我国与其他国家之间的交流，国际社会对中文的学习需求显著增长，以中文为第二语言的学习者数量不断增加。同时，越来越多的国际中文教师走出国门，到许多国家教授中文，使得国际中文教育的受众面不断拓展，体系不断健全，实现了从一个专业、一门学科向一项事业的跃升。

第一节 国际中文教育的发展状况

汉语是世界上最古老的语言之一。据史书记载，汉朝时期便有周边国家或少数民族遣人来学习汉语。清末，国家积贫积弱，列强侵略，战乱四起，国际中文教育几乎无从谈起。中华人民共和国成立以后，清华大学于1950年设立了"东欧交换生中国语文专修班"，谱写了我国国际中文教育的新篇章。在国内，国际中文教育的发展可分为四个阶段：1950年至1977年为第一阶段（创立阶段），1978年至1986年为第二阶段（确立阶段），1987年至2019年为第三阶段（提升阶段），2020年至今为第四阶段（转型阶段）。由于人民对其定位及认识的不断深化，每个阶段所使用的术语都有所不同，第一阶段和第二阶段以"对外汉语教学"为主，第三阶段以"汉语国际教育"为主，第四阶段以"国际中文教育"为主，展现了国际中文教育从设立专业、确立学科、提升事业再到转型拓展的发展历程。

一、创立阶段（1950—1977）

这一时期的国际中文教育（时称"对外汉语教学"）刚刚起步，主要依托清华大学、北京大学、北京外国语学院等高校，向来华留学生开展汉语教育。1962 年，经国务院批准，"外国留学生高等预备学校"成立，这是我国第一所以对外汉语教学为主要教学任务的高等学校，也是现在北京语言大学的前身。该校是我国唯一一所专门以国际中文教育及相关学科教学研究为主要教学任务的大学，为国际中文教育建立了独立的学科、教学科研机构，以适应国际中文教育事业不断发展的需要。由于历史原因，这一时期的国际中文教育还停留在教学层面，未能开展科学、系统的学科建设，但当时的语言学家、学者、教师结合教学实践，及时对教学思想、教学方法等内容进行总结，组织编写教材，解决教学中的具体问题，使国际中文教育从无到有、由小规模到大规模逐步发展壮大，为国际中文教育的蓬勃发展打下了坚实的基础。

二、确立阶段（1978—1986）

1978 年，中国社会科学院召开了北京地区语言学科规划座谈会，第一次提出要把对外汉语教学作为一个"专门学科"来研究，这标志着对外汉语学科建设的开始，也使对外汉语从教学层面迈向系统学科建设层面。在这一时期，对外汉语教学界着力构建对外汉语教学的学科理论框架，全面展开对学科性质、特点、教学法等理论体系的建设，陆续开展了一系列重大课题的研究，并结合教学需要对相应的课程和教材进行了全面的改革实践。据统计，20 世纪 80 年代发表的有关教学理论和教学方法的论文近 300 篇，论文选及专著 10 多部，对外汉语教材 100 多部，成立了专门的学术团体——中国对外汉语教学学会、世界汉语教学学会，成立了专门的研究机构——语言教学研究所、语言信息处理研究所，创办了专门的刊物——《语言教学与研究》《世界汉语教学》等，学科理论建设和教学实践取得了丰硕成果。1983 年 6 月，参与筹备"中国教育学会对外汉语教学研究会"的学者、专家正式提出了"对外汉语教学"这一学科名称，王力在 1984 年为《语言教学与研究》创刊五周年题词"对外汉语教学是一门科学"。至此，"对外汉语"被列入原国家教委颁布的学科专业目录，表明对外汉语教学的学科地位得到确认。

三、提升阶段（1987—2019）

随着改革开放的不断深入，汉语作为我国与世界交流沟通的重要媒介和载体，在增进世界对中国的了解、加强中国与世界的交往中发挥的积极作用日益凸显。1987年7月，国务院批准成立了由国家教委、国务院外事办公室、外交部、文化部、广播电影电视部、新闻出版署、国家语言文字工作委员会及北京语言学院组成的"国家对外汉语教学领导小组"，强化对对外汉语教学工作的顶层设计和宏观指导。1989年5月，国家教委在《关于印发〈全国对外汉语教学工作会议纪要〉的通知》中指出："发展对外汉语教学事业是一项国家和民族的事业。"经过半个多世纪的努力，对外汉语教学学科基本建立起了较为科学、完备、系统的学科理论体系、教育体系和课程教学体系，培养了一大批专职教师队伍，建立了从本科到硕士、博士的完整学历教育体系。孔子学院及孔子课堂的开设也为汉语国际教育提供了更大的舞台。汉语国际教育由一门学科提升为国家和民族的一项事业。

四、转型阶段（2020年至今）

2019年12月，国际中文教育大会召开。2020年6月，由北京大学、北京师范大学、北京语言大学、故宫博物院、语言文字应用研究所等27家高校、企业和社会组织联合发起的中国国际中文教育基金会（以下简称"基金会"）宣告成立，宗旨是通过支持世界范围内的国际中文教育项目，促进人文交流，增进国际理解，为推动世界多元文明交流互鉴、构建人类命运共同体贡献力量。孔子学院品牌由基金会全面负责运行，通过改变机制和模式，为孔子学院提供更有力、更多元、更优化的支持，助力孔子学院的建设和发展。2021年3月，教育部、国家语言文字工作委员会发布《国际中文教育中文水平等级标准》（以下简称《标准》），《标准》自2021年7月1日起正式实施。这是国家语委首个面向外国中文学习者、全面描绘评价学习者中文语言技能水平的规范标准。《标准》的发布实施，是语言文字规范标准体系进一步完善的重要标志。基金会的成立和《标准》的发布实施为国际中文教育事业的转型发展提供了有力支撑，也为汉语教育向全世界推广开拓了更为广阔的空间。

第二节　国际中文教育的教学内容

教育是一个整体概念，教学是教育的一个环节，也是最核心的一项任务。也许有人会说，"国际中文教育"顾名思义就是教汉语，教学内容就是汉语。我们认为，这种观点既正确又不正确。正确之处在于，国际中文教育确实以汉语教学为核心；不正确之处则在于，国际中文教育并非只教汉语。"国际中文教育"的关键词有"中文""国际""教育"，三者缺一不可。其中的"中文"指的是语言本体，"国际"将以汉语为母语的教学与以汉语为第二语言的教学区分开来，"教育"则明确了不仅要教学生读、写、用的语言交际技能，还要对学习者进行文化、历史、风俗等思维及认知层面的培育。因此，狭义的"国际中文教育"主要指教授汉语语言知识，帮助学习者掌握听、说、读、写、译等汉语语言交际技能；广义的"国际中文教育"则内容涵盖了语言知识、交际技能、中华传统文化、中华民族思想、中国历史、中国地理等方面。语言文字承载着一个民族的文化，上述各个方面无不通过语言文字得以传承，故国际中文教育始终以语言本体知识为核心，以学生掌握语言交际技能为目标，以增进跨国别、跨民族的交流与理解为主线，三者共同构成了国际中文教育的教学内容。与此相适应，在课程设置上一般分为语言知识课（如综合课）、言语技能课（如阅读课、写作课等）、文化知识课（如中国地理、中国历史等）。

一、汉语本体知识

汉语本体知识主要包括汉语语音、词汇、语法、汉字等语言知识，一般通过综合课或精读课进行教学。对于汉语本体研究与对外汉语教学研究在国际中文教育中的地位问题，学界的讨论很多，有人认为应以汉语本体研究为主，有人则认为应以对外汉语教学为主。吕必松强调对外汉语教学理论的主体地位，认为"对外汉语教育工作者的研究方向和重点是对外汉语教育，而不是汉语本体。因为从对外汉语教育工作者的角度来说，对外汉语教育才是本体"。① 陈昌来认为，汉语本体研究是对外汉语教学学科的核心部分，"汉语本体研究在目前我们对汉语研究还不十分充分的情况下，应该是对外汉语教学学科的核心部分""汉语语言学研究是对外汉语学科建设中的基础部分和核心内容之一，在对外汉语教学中，教什么是关键，教什么就属于汉语语言学本体研究的领域"。② 赵金铭认为，汉语本体研究是对外汉语教学研究的主体，并且指出，把汉语作为第二语言进行的教学，其语言本体研究呈现出不同于把汉语作为母语研究的特点。也有学者认为，汉语本体研究与教学理论研究之间并无主次之分。陆俭明认为，两者事实上是一种互动关系，即"对外汉语教学是汉语本体研究的试金石，对外汉语教学拓展了汉语本体研究"。③ 魏海平等人认为"汉语本体研究与教学理论研究无所谓哪个更重要，两者都是搞好对外汉语教学的基础"。④

我们认为，汉语本体研究与对外汉语教学研究事实上是一件事情的两个方面，从哲学角度来说，体现了矛盾的普遍性与特殊性的统一。根据矛盾的普遍性和特殊性原理，普遍性寓于特殊性之中，并通过特殊性表现出来；而世界上的事物无论怎样特殊，它总与同类的其他事物有共同之处；同时，在一定场合具有普遍性的东西，在另外的场合则具有特殊性，反之亦然。汉语本体研究就类似于普遍性矛盾，对外汉语教学研究就类似于特殊性矛盾，汉语本体知识在国际中文教育中的教学应当在汉语本体研究这个普遍性原理的指导下，具体分析对外汉语教学的特殊性，不断实现普遍性与特殊性、共性和个性具体的、历史的统一。体现在教学实践中，在国际中文教育中教授的汉语本体知识虽然与一般语文知识教学相同，但在课程设置、教学方式、教学技巧等方面都体现出跨国别、跨民族的特点。

在具体的教学安排上，汉语本体知识的教学贯穿于整个国际中文教育过程。在语音方面，由于绝大部分的学习者有过英语等表音文字学习的经历，因此一般从拼音教学开始，以帮助学习者尽快掌握汉语的拼读规则及音节，

---

① 吕必松：《对外汉语教学概论》，国家教委对外汉语教师资格审查委员会办公室，1996 年。

② 陈昌来：《对外汉语教学概论》，复旦大学出版社，2005 年版，第 19 页。

③ 陆俭明：《对外汉语教学与汉语本体研究的关系》，《语言文字应用》，2005 年第 1 期，第 58 页。

④ 魏海平等：《基于语言理论和本体研究的对外汉语课堂教学》，四川大学出版社，2014 年版，第114 页。

随着学习的推进再逐步教授多音字、音变、儿化音等特殊发音规则。在词汇方面，不同于一般语文教学从文字入手，国际中文教育更为注重语言的实用性，往往由易到难、由日常口语到书面用语逐步地开展词汇学习，以帮助学习者尽快地将所学语言知识用于语言交际。在语法方面，多结合词汇学习进行，如在学习"上下、左右、东边、前面"等方位名词时，结合学习空间位置的表达方式，如"饭店的前面""书在桌子上"；在学习"把"字时，讲解"把"字句的用法及与"被"字句的句式转换等。在文字方面，认读汉字常与语音、词汇教学同时进行，但写汉字历来是学习的一个难点，所以往往在综合课的汉字学习以外，配合设置专门的书写课进行强化训练。

二、语言交际技能

语言交际技能教学主要指对汉语学习者运用汉语进行听、说、读、写、译能力的培养，强调的是语言知识的实际应用，其教学成果集中体现在学习者的语言交际能力（verbal communication abilities）上。语言交际能力是指学习者综合运用听、说、读、写、译五项言语技能，在不同情境下针对不同话题用中文进行交际的能力。具体到不同等级，每个等级对语言交际能力的要求不同。初等一级语言交际能力标准是"具备初步的听、说、读、写能力，能够就最熟悉的话题进行简短或被动的交流，完成最基本的社会交际"。中等四级语言交际能力标准是"具备一定的听、说、读、写能力和初步的翻译能力，能够就复杂的日常生活、学习、工作等话题进行基本完整、连贯、有效的社会交际"。高等七级语言交际能力标准是"具备良好的听、说、读、写能力和初步的专业翻译能力，能够就较为广泛和较高层次的话题进行基本规范、流利、得体的社会交际"。五种能力中，听、说、读、写是基本能力，译是对高等级阶段学习者的能力要求。语言交际技能教学一般通过语言交际技能课，包括听力课、口语课、阅读课、写作课等课程进行教学。

（一）"听"的技能

"听"指的是听话者接收说话者发出的声音，通过感知语流中的音节，运用所学的词汇、语义和语法等知识，对接收到的信息进行分析，进而理解所接收到的语音的意义。听力课是一门提高学习者听音理解能力的技能训练课。

1. 辨音能力的训练

学习者通过该训练，实现运用相关语言知识，对所接收到的语音信息进行初步编码，主要包括对声母、韵母、声调、音节、轻声、儿化音等的感知与辨别。

2. 辨别语调、停顿、非音质音位等能力的训练

该训练可以帮助学习者理解隐藏在所接收到的语音信息之外的其他语义。

3. 把握句法结构形式及其意义能力的训练

由于汉语缺少词形变化，因此学习者要通过语序、虚词等内容理解句意。例如"上车 / 车上"，语序不同所表达的句意不同；"他去了公园 / 他去过公园"，虚词不同所表达的句意不同。

4. 检索捕捉关键信息能力的训练

该训练可以引导学习者从复杂信息中敏锐地捕捉和提炼关键、有效的信息，例如在听力课上教师常强调的数字、时间、地点等信息。

5. 记忆及联想预测能力的训练

该训练要求学习者在记住听见的内容或信息的同时，通过其中的关键词，结合生活常识进行联想和预测。例如，在听力中遇到"但是"这样的关联词时，就要想到接下来要听到的内容应该和上一句意思有转折；遇到"难道"这样的词语时，就可以预测说话人的看法与"难道"后面的句子意思相反等。

6. 概括总结能力的训练

这是培养学习者迅速且全面抓住所听内容的中心思想或主要内容的能力训练，目的是使学习者能听懂较长的对话或语篇。在语言交际过程中，非常简短的对话或语篇是很少的，较长的对话或语篇更贴近语言交际的实际情况，因此概括总结能力的提高要建立在前五项能力训练的基础上，不仅要"听对"，还要"听懂"。

（二）"说"的技能

"说"指的是学习者在掌握语言本体知识的基础上，将自己的思想、看法、观点等转化为口语表达出来。口语课是一门培养和训练学习者口头表达能力的技能训练课，一般采用以音素教学为纲、以话语教学为纲、音素和话语教学相结合三种方法展开。"说"的内容分为两个方面：一是对所听到的内容反馈式表达，二是对自我想法的主动式陈述。前者多为会话形式，后者多为独白形式。口语课是学生了解自己汉语水平的窗口，也是教师评估学生学习情况及教学效果的重要途径。

1. 语音表达训练

语音表达训练重在使学习者掌握汉语普通话标准、正确的发音及语音系统，突出音素教学，该训练往往采取机械性练习方式，使学习者学会正确的发音方法，找准发音部位，实现清晰准确的发音。

2. 词语表达训练

词语表达训练重在帮助学习者建构对某个词语的形、音、义之间的关联的认识，同时结合词的聚合、组合关系，能举一反三地把握某类词语。对单个词语的教学一般依据"刺激—反应"原理，通过教师教读、学生复述、教师纠错的方式反复进行练习。对某组词语的教学可使用替换法（给出一个句子，让学生用同类词语去替换句中的某个词语）、联想法（给出一个简单句，让学生在不改变句子结构的前提下增加新的词语，使句子变长）等。

3. 句子表达训练

句子表达训练突出语流教学，引导学生通过模仿语音语调，掌握更加地道的普通话口语。可采用句式变换、造句、情景问答等方式，强调用词准确、句法正确，以及重音、语气、语调、语速、停顿等语流问题。

4. 段落表达训练

段落表达训练是在上述三类训练的基础上逐步推进形成的表达训练。段落表达以独白形式为主，比词语或者句子表达的内容更多，结构更复杂，难度更高。段落表达训练并非只在中高级阶段进行，在初级阶段往往已经可以进行简单的段落表达训练，例如让初级阶段学习者进行自我介绍，或者将所给出的几个句子按照正确的顺序连成一段话等。

（三）"读"的技能

"读"是指学习者通过阅读汉语书籍、文章等，理解汉语文字信息所表达的意义。阅读课通过训练学习者的阅读技巧来培养阅读理解能力，并帮助学习者吸收和理解语言本体知识。

1. 汉字认读训练

汉字的认读是阅读的基础，不认识汉字，阅读就无从谈起。汉字的认读也是教学的难点，由于汉字与很多国家使用的拼音文字分属不同的文字系统，部分学习者感到无从学起。在教学中，可利用笔画、部件的分解认读，根据汉字六书特点讲解象形字、形声字、会意字等。

2. 词语认知训练

这里所说的词语包括词和固定短语。通过阅读训练，学习者可以反复巩固和强化已经学过的词语形式、意义及用法，同时扩大词汇量。教师可采取的训练方式有：强化学习者对基本词、词根、词缀的认知，帮助学习者推测词义；加强学习者对近义词辨析、同类词聚合的认知，将与某个话题相关的同类词语放在一起讲解，例如辨析"舒服"和"舒适"的异同；加强学习者对词语色彩意义的认知，以便更好地理解作者的观点与立场。

3. 语篇分析训练

语篇分析包括对句子的分析以及对由句子构成的语段的分析。常用的分析方法有直接成分分析法、层次分析法、深层结构分析法等。分析语段时强调把握句子之间的内在关系，例如通过开头或结尾的句子把握语篇的主要观点；通过时间进度、空间位移、关联词等把握语篇内容；根据语篇的不同文体（叙述文、议论文、说明文等）把握文章脉络、理解文章大意等。

（四）"写"的技能

"写"是指学习者用汉语进行书写和写作的能力。写作课的教学内容包括两个方面：一是训练学习者手写汉字的能力，二是训练学习者运用所学词语、句式、文体等进行书面表达的能力。通过对学习者写作技能的训练，纠正学习者母语负迁移造成的偏误，着力解决写作中常出现的字词使用不当、句法错误、语体混乱以及成段表达时的"话不连贯，语无伦次"等问题，提高学习者的书写和写作水平。

1. 汉字手写训练

汉字的手写训练一般涉及汉字笔画笔顺教学，汉字表中的常用字、汉字结构及常见标点符号的用法等。根据《国际中文教育中文水平等级标准》，初级阶段要求掌握汉字表中的 300 个汉字，中级阶段要求掌握汉字表中的

400 个汉字，高级阶段要求掌握高等手写汉字表中的 500 个汉字，共计 1200 个汉字。

2. 书面写作训练

书面写作训练主要包括词语、句子的正确使用，对通知、信件等不同文体及叙述性、说明性、议论性语言材料的写作，修辞方法的正确运用，能阐明观点、逻辑清晰、表达得体等。书面写作是一项综合性训练，囊括字、词、句、段、篇的训练，有学者指出，通过汉语语篇建构的研究，分阶段、分层次地展开语篇写作训练，有利于国际中文书面写作教学。

（五）"译"的技能

"译"是指学习者具备相应的翻译能力，能够承担口译任务或翻译书面语言材料。《高等学校外国留学生汉语言专业教学大纲》对翻译课的设置要求是第二学年每周 2 学时、第三学年和第四学年每周 4 学时。根据《国际中文教育中文水平等级标准》，翻译属于中高等水平学习者应具备的技能要求，其中"中等四级—六级"分别对应的标准是：初步的翻译能力、基本的翻译能力、一般的翻译能力；"高等七级—九级"分别对应的标准是：初步的专业翻译能力、基本的专业翻译能力、专业翻译能力。翻译对于提高学习者对两种语言的理解和应用能力具有很好的促进作用，会翻译者，听、说、读、写四种能力及交际能力应无问题。但是在实际教学中，翻译课课时较少，受重视度偏低，同时由于学习者中文水平有限，难以达到翻译课的教学要求，教学效果不佳。

鉴于绝大部分学习者并不会走上专业翻译之路，我们认为，在实际教学中并不需要学习者掌握过多的翻译理论或翻译得非常精准，而应该将教学目标放在"译对"上，中级阶段的教学内容以普通语言材料为主，如对话、句子、非文学类语言材料等，高级阶段可适当增加文学类语言材料，加大教学中翻译实践的比重，让学习者通过反复练习培养翻译意识。

三、中国文化知识

中国文化知识教学主要是向学习者介绍和传递中华传统文化、中国历史、中国地理等，增进学习者对中国人思维方式、价值观念、风俗习惯等的认识和理解，一般被列入选修课。对很多国际中文教师来说，上文化课容易，但上好不容易。文化课整体趣味性和参与度较高，学习者对文化课的兴趣比较浓厚，课堂气氛较好，但文化课的内容与知识课、技能课相比更加多元化，可能出现较多学习者未学过的用语和长句难句，学习者理解起来存在一定困难。以中华传统文化课为例，教师在课堂上会介绍中国的历史典故、一些富有韵味的古诗词等，因此会涉及不少古代汉语知识，如果学习者未接触过古代汉语基础知识，就很难理解这些历史典故、古诗词的含义。又如文化课教学中常见的手工课，以剪纸为例，教师在教学生如何操作时，免不了对剪纸流程及方法进行成段的讲述，对学生来说，较长的句子或成段讲述是比较难理解的。

文化课与汉语知识课、语言交际技能课相辅相成，形成合力。文化课的开展需要建立在学习者掌握了一定汉语知识和语言交际技能的基础上，学习者学习文化课的浓厚兴趣又反过来激发他们参加汉语知识课和语言交际技能课的热情，同时随着学习者对中国文化、文明等的深入了解，对汉语知识的掌握也会更加准确，从单纯的语言交流走向跨文化交际。

第三节　国际中文教师的培养模式

教师是完成教学任务、实现教学目标的关键，国际中文教师队伍的建设直接关系着国际中文教育事业的发展，因此学界历来十分重视教师的培养问题。不少学者结合教学实践对如何培养国际中文教师、如何提高教师队伍水平等问题进行了研究，并对国际中文教师的培养模式提出了不同的见解。学界普遍认为，根据培养主体的不同，可以将国际中文教师的培养模式分为三种：高校培养模式、机构培养模式和志愿者培养模式。

一、高校培养模式

高校培养模式主要指的是高校从学科建设出发，培养对外汉语教学专业或汉语国际教育专业的本科生、硕士研究生和博士研究生。该模式通过系统设置国际中文教学涉及的语言学、文学、教育学、心理学、跨文化交际等相关课程，指导帮助学生系统掌握国际中文教学所需知识，从而以更高的水平参与教学实践。

20 世纪 50 年代至 60 年代初，国际中文教育的教师大部分来自高校中文系，小部分来自外语系。60 年代初，随着汉语学习者的快速增加，国家从当时国内重点语言类高校中挑选出经过中文系四年系统学习的毕业生，到北京大学和北京外国语大学进行为期三年的外语培训，作为将来走出国门负责国际中文教学的储备师资。这些教师对汉语言文学及中华优秀传统文化有过系统深入的学习，在汉语语音、词汇、语法、语用等诸多方面都有扎实的理论功底，三年的外国语言文化学习又使得他们掌握了学习者的母语、文化以及跨文化交际的知识，因而在日后的国际中文教学、实践和研究中游刃有余。直至今天，这一批学者仍然在国际中文教育领域中发挥着重要作用。

1983 年，北京语言学院开设了以培养国际中文教师为目标的对外汉语教学本科专业。1986 年，北京语言学院、北京大学开始招收对外汉语教学研究方向的硕士研究生。1997 年，北京语言文化大学获批设立全国首个对外汉语教学学科教学论硕士专业，以及第一个带有对外汉语教学方向的"语言学和应用语言学"博士专业。我国自此建立了从本科生到硕士研究生、博士研究生的国际中文教育学历体系。进入 21 世纪，国际中文教育从专业汉语教学向"大众化、普及型、应用型"转变。2007 年 3 月，汉语国际教育专业硕士学位的设置确认了应用型国际中文教师培养方式的开启，这种培养方式有助于从第二语言习得的角度深入开展语言习得分析，对深化国际中文教育理论研究发挥了积极作用。

高校培养的国际中文教师理论基础较为扎实、汉语本体知识水平普遍较高，特别是古代汉语知识较为丰富，对训诂学、文字学有一定的认识，能更好地结合汉字、汉语的特点开展教学，能在语言教学中融入更多的中国传统文化背景知识，但这种模式培养周期较长，且本科生的教学实践偏少，教学经验相对较薄弱。

二、机构培养模式

由于种种原因，高校培养的国际中文教师数量是有限的。随着汉语学习需求的不断增加，一些社会团体、机构开始探索开展国际中文教师培训，对非本学科出身的人员进行业务培训，使他们尽快熟悉国际中文教学所需的基本知识和教学方法，同时也对已经在教学岗位上的教师进行知识更新。北京语言学院自 1987 年起每年举办多期对外汉语教师培训班，还成立了专门的对外汉语教师培训机构——对外汉语教师研究中心，对有经验的教师进行继续教育，对非科班出身的新教师进行短期的集中培训。从 20 世纪 90 年代初开始，国家开展了对外汉语教师资格审定及考试工作，吸引了更多的非对外汉语专业的人员加入国际中文教育事业，这也为社会培训机构开展国际中文教师培养提供了机会。社会培训机构多采取社会招募的形式，招募有意愿且有能力加入国际中文教学工作的人员，开展集中的专题培训，取得相关任教资格，培训周期相对较短。

机构培养模式的目标是让被培养者能尽快承担国际中文教育工作，培训内容一般分为理论知识培训及实践培训两方面。理论知识培训将理论课程作为培训的重点，以培训授课为主、观摩演讲为辅，培训内容以传授理论基础和教学技能为重点，辅以试讲课程实践。实践培训重在训练教师的课堂教学能力，包括控制课堂节奏、解释语言知识的技巧方法、纠正发音、设计问题等一系列课堂教学技能。机构培训模式是新形势下对原有高校培养模式的有效补充和探索，对老教师的继续教育丰富了他们的知识储备，提高了他们的教学能力，对新教师的培训在较短时间内充实了国际中文教育的教师队伍，对教学实践的重视也锻炼了教师的实际教学能力。但是，目前机构开展国际中文教师培训尚无统一标准，在课程设置、课时安排、教材选用等方面都具有很大的随意性。此外，社会机构的培训实力参差不齐，培训效果难以保证；参训教师特别是非对外汉语专业人员往往没有精深的专业知识，没有语言学原理、训诂学、文字学、古代文学等相关知识作为支撑，讲授的内容容易流于表面。

三、志愿者培养模式

志愿者培养模式指的是为解决海外孔子学院、孔子课堂国际中文教师师资不足的问题，面向教师、高校学生招募国际中文教师志愿者并进行专业培训的模式。招募工作一般由各大高校具体负责，高校对报名人员的专业知识、教学技能、跨文化交际能力、外语沟通能力、心理素质等进行考察。考察通过的人员成为志愿者候选人，被推荐到教育部中外语言交流合作中心，在参加相关培训后，被派往合作共建的海外孔子学院或孔子课堂承担国际中文教学任务。志愿者培训以案例培训为主要方式，以任务为导向，以解决实际问题为目标，在集中培训过程中，将教师讲授与案例分析、课堂讨论相结合，书面报告与实战练习、成果竞赛相结合。在国家统一的培训大纲指导下，培训课程为300个课时，主要包括志愿者精神、汉语教学能力、中华文化传播能力、赴任指导等内容。

志愿者培养模式的培养对象均来自高校相关专业的学生或教师，具备相关的基本理论知识和较好的外语沟通能力，整体素质较高，培养时间短、效果好，能及时填补海外中文教师师资方面的不足。志愿者本人也在培养和派出过程中得到很好的锻炼和提高，有利于国际中文教师队伍的发展与壮大。但是该种模式也存在一些需要完善的地方。一是层级化培养目标不够明确，志愿者培训对国际中文教师所需的知识、能力、素质的差异关注度不够，缺乏层级化差别培训课程，针对性不够强。二是由于志愿者模式培养时间较短，培训主要集中在基础知识及教学技巧方面，对中国文化知识的教授不足，相关理论的学习较多，实操方面的示范和观摩较少。三是学术性研究成果较少，志愿者培养未针对学术研究提出明确目标，加之志愿者海外工作时间普遍较短，回国后没有相应的就业安置措施配合，造成志愿者教师稳定性差，人员流动性比较大。

这三种国际中文教师培养模式实施的目的都是通过培养教师的职业素养，为国际中文教育事业的蓬勃发展提供师资力量，充分表明了伴随着我国经济、文化、社会的快速发展，国际中文教育事业迫切需要培养更多高水平、高素养的国际中文教师。

第四节　国际中文教师的角色与使命

国际中文教育事业持续发展，而且已经呈现出不同于以往的新形势。作为从事汉语教学的专业工作者，国际中文教师在汉语国际教育事业中肩负着不可替代的重大职责，必然要有所担当。尤其在汉语教育、跨文化交际、树立良好中国形象等方面，国际中文教师承担着更为重大而又多样的社会职责和使命。职责和使命不同，国际中文教师的角色就不同。随着国际教育理念和教育技术的发展，国内外中文教育情境的拓展及时代对中文人才要求的提高，国际中文教师也应积极扮演更加多元的角色。

一、国际中文教师角色的概念

（一）国际中文教师角色的定义

教师角色代表着教师在社会上的身份和地位，同时也饱含着社会对教师及其作用的期望。教师角色主要是通过教学行为体现出来的。国际中文教师角色是指处在汉语作为第二语言教学系统内（主要指在课堂教学系统和师生关系中）的国际中文教师的特定身份、地位、职责，以及由此而被学生、家长、教师本人及其他社会民众期望表现和实际表现出来的教学行为规范和行为模式。这个定义包含以下几层意思：

第一，国际中文教师的特定身份、地位、职责以及在此基础上的教学行为规范和行为模式是其角色的基本内容。汉语作为第二语言教学系统复杂多样，国际中文教师因此拥有多重身份，但师生关系是国际中文教师要处理的最主要的社会关系。国际中文教师在课堂教学中的行为规范和行为模式构成了最基本、最重要的教师角色内容。

第二，国际中文教师角色的实质是学生、家长、教师本人及其他社会民众对国际中文教师职业行为及其对学生语言发展作用的期望。换句话说，国际中文教师角色就是国际中文教师被期望表现出来的职业行为模式及其对学生语言发展所产生的促进作用。其中，期望、行为、作用是国际中文教师角色的核心关键词。

第三，国际中文教师角色可分为期望角色和实际角色两个层面。期望角色，是国际中文教师被期望表现出来的教学行为规范和行为模式；实际角色，是指在理解、领悟期望角色的基础上，国际中文教师在具体教学实践中实际表现出来的教学行为规范和行为模式。在多数情况下，二者是有差别的，期望角色的标准通常高于实际角色。

（二）国际中文教师角色的特点

1. 理想性和实践性的统一

国际中文教师角色可分为期望角色和实际角色两个层面。这两个层面分别主要体现了理想性和实践性。就理想性来说，无论是国际中文教师的身份、地位，还是职责、行为，都是学生、家长及其他社会民众等基于一定的教育理念对教师产生的一种期望，是教师努力的方向。而在具体实践中，并非所有的国际中文教师都能完全达到社会的期望。就实践性来说，国际中文教师角色只有在教学实践中才能实现。学生等主体是根据国际中文教师在教学实践中的行为来感受其角色特点的；教师也在汉语教学实践中不断提高角色（即实际角色）行为水平，完善角色内容，并让实际角色逐渐接近期望角色。

2. 层次性和多样性的统一

国际中文教师角色兼具层次性和多样性。国际中文教师角色的层次性是从纵向维度来谈的，是指国际中文教师在不同层次的任务中扮演不同的角色。比如：在具体的课堂教学实践中，国际中文教师扮演的都是传授者、指导者、促进者等基础性角色；在高一级层次中，国际中文教师扮演的是研究者、设计者、评价者、引导者、管理者等角色；在学生终身教育层次中，国际中文教师扮演的是教育者、跨文化视角和包容性人格的培养者等角色。国际中文教师角色的多样性是从横向维度来谈的，是指国际中文教师在不同的社会关系中面对不同的主体，充当不同的角色。比如：在师生关系中面对学生时，国际中文教师是指导者；面对同事（包括同教汉语的教师和教其他科目的教师）时，国际中文教师是合作者；面对学生家长或其他社区民众时，国际中文教师既是合作者，又是汉语语言文化的示范者和跨文化交际者。有时，即便面对同一主体，国际中文教师角色也有多样性，比如面对学生时，国际中文教师同时充当传授者、操练者、指导者、资源提供者、评价者等多重角色。

3. 变动性与发展性的统一

国际中文教师角色的层次性和多样性是静态分析的结果。从动态发展的角度来看，国际中文教师角色具有变动性和发展性。变动性是指即便在同一汉语教学实践中，随着教学活动的开展、空间环境的变化、教学内容的变更，国际中文教师所扮演的主要角色一直在变动。比如：在刚开始上课的复习提问阶段，国际中文教师主要是评价者；到了讲解语言点阶段，国际中文教师主要是讲解者和操练者；到了学生练习阶段，国际中文教师又主要充当指导者、促进者、资源提供者等角色。发展性是指随着社会的发展、教育理念的调整、教育技术手段的进步，国际中文教师角色会有所发展。比如，在传统的汉语教学中，国际中文教师更多地充当讲解者、传授者、操练者、资源提供者等角色；随着语言教学理念的调整、多媒体网络教学条件的进步，国际中文教师更多地充当设计者、研究者、指导者、促进者等角色，原来的讲解者、传授者等角色不再是主要角色。当然，角色是由国际中文教师个体来扮演的，具体通过国际中文教师的教学行为来体现，受国际中文教师的教育理念、语言教学理念所影响。因此，国际中文教师角色具有一定的主体性。

（三）国际中文教师角色的分类

在一般的教学活动中，教师在课堂中所扮演的角色，按其角色的职能及所承担的任务，可划分为正规角色与非正规角色两类。教师的正规角色是指在课堂上被明确界定的、激发学习动力的、引导学习资源的、组织教学过程的、评估课堂行为和学习结果的；非正规的角色指的是教师在教学中所起的不确定的作用，如分配教育知识等。教师的角色也可以按照不同的教学方式来划分。比如：讲授型教学模式下的教师角色有学习引导者和难点解惑者；自主学习模式下的教师角色为知识辅导者；协作模式下的教师角色有组织者、辅导者和参与者；虚拟实验模式下的教师角色包括设计者、参与者和监督者。国际中文教师角色也可以参考上述分类方法，分为正式角色和非正式角色，具体可以根据不同的教学模式来分类。

根据所处教学环节的不同，国际中文教师角色可以进行如下分类：在课前的教学设计环节，国际中文教师主要是设计者、资源提供者等；在课堂教学的导入环节，国际中文教师主要是引导者；在讲解环节，国际中文教师主要是讲解者、传授者等；在操练和活动环节，国际中文教师主要是指导者、组织者、促进者、咨询者等；在提问和测试环节，国际中文教师主要是设计者、评价者等；在课后反思阶段，国际中文教师主要是研究者等。根据所处汉语教学层次的不同，国际中文教师角色还可以进行如下分类：在课堂教学层面，国际中文教师是设计者、传授者、指导者、资源提供者、促进者、评价者、研究者等；在教育层面，国际中文教师是中华传统文化的体现者、传播者，是学生综合素质发展的指导者、促进者，是业务骨干、种子教师，是汉语国际教育事业的领导者等；在教育以外的生活领域，国际中文教师是跨文化交际者、中华传统文化传播者等。

二、国际中文教师的基本角色

职业使命的对外性，就必然要求国际中文教师既是语言教师，同时又是文化传播者、学术研究者和具有一定政治素质的涉外工作者。考虑到国际教育理念的发展、国内外汉语课堂教学实际情况、教育技术的更新、时代对汉语人才的需求诸多因素，国际中文教师在教育教学中应该要扮演好以下八种基本角色：设计者、促进者、合作者、评价者、管理者、学习者、研究者、跨文化交际者。

（一）设计者

"设计者"角色意味着国际中文教师能够完成设计课程，准备教学材料、教学活动、试卷，设置学习环境等工作。以前国内的国际中文教师充当的主要是实施者、执行者角色，较少扮演设计者角色。因为那时的课程、教材、教学活动、试卷等基本上都是集体（主要是教研室主任、教学业务带头人、骨干教师等）商量制定的，或者由汉语言或汉语教学的学科专家制定，国际中文教师可以直接拿来使用。随着汉语国际教育的发展，更多的国际中文教师走出国门面对不同的学生。学生学习汉语的目的不同，所处的教育体制不同（比如有的在孔子学院，有的在中小学，有的在高校），可以获取的汉语教学资源也就有很大差异，更不用说各个国家和地区的语言教学理念也不相同。在这种情况下，国际中文教师首先应是一个设计者，根据当时当地的实际情况设计适合的汉语课程、教材、活动、测试、环境等。

作为设计者，国际中文教师的首要任务是设计整个汉语课程。在了解学生原有汉语水平、学习需求和目的、认知特点等各方面情况和汉语（或外语）课程标准（教学大纲）的基础上设计汉语课程学习的目标（包括整体目标和具体目标），根据目标设计主题或模块，根据主题或模块设计不同层次的教学内容，选择教学材料等资源，根据目标、内容及学生特点设计教学方法、教学活动和学习任务清单，最后设计课程评价的方案等。国际中文教师还要设计课堂教学环境，尤其是语言学习或交际的情境。课堂教学环境既包括符合教育规律、有利于汉语学习的物理环境，也包括能引导学生主动参与语言交际的尊重、信任、宽容、友好、关怀、支持的心理环境。国际中文教师要根据学生原有的汉语水平设计教学内容，突出重点和难点。国际中文教师还要设计多媒体课件，即在透彻把握所教汉语内容的基础上，厘清脉络，拓展资源，增加声音、影像等信息元素，以便学生更好地掌握所学内容。

（二）促进者

"促进者"角色意味着国际中文教师能够从各个方面有效促进学生的汉语学习，使其更快更好地掌握语言交际能力。比如选择适合的语料或者活动，用最有利于促进学习的方式来展示这些语料或者活动，通过各种方式引导和鼓励学生做出恰当的反应。在国内，国际中文教师在"精讲多练"中主要充当的是汉语语言点的讲解者和具体句型的操练者等角色。随着第二语言教学研究的发展，以学生为中心等理念深入人心，学界普遍认识到，教是为学服务的。因此，学生的学受到更多关注，自主学习、合作学习、任务式学习成为主要学习方式。在这种情况下，除了讲解者、传授者和操练者外，国际中文教师还要扮演好组织者、指导者、引导者和资源提供者等"促进者"的角色。为促进学生更好地理解和掌握所学知识，国际中文教师要在学生较难理解的语言点上融入自己的理解（即个人的实践性知识和学科教学知识）；对学生提出的各种问题，及时反馈，鼓励肯定；引导学生将课堂所学内容与日常交际联系起来，将新知识与已掌握的知识联系起来，与生活经验联系起来；引导学生自我评价，并在此基础上进行改善；监督学生的口语交际活动，当学生不知道该怎样开始某项学习活动或者下一步该做什么、说什么时，给予适当提示，当学生没能正确表达或者完成任务时，进行纠正或者给予帮助。

国际中文教师要组织、"导演"好课堂上的语言交际活动（比如小组合作学习活动），以增强学生练习的效果；组织好学生针对中国文化专题的探究活动，包容、鼓励学生各种"奇思妙想"，耐心回答各种问题；留意观察学生的中文表现，在此基础上协调安排教学内容的知识量、呈现顺序，教学进度和教学方法等。国际中文教师要指导学生制定符合自己情况的学习目标，寻找适合自己的学习方法和学习策略，在自己学习特点的基础上养成良好的学习习惯，利用多媒体等信息技术收集、处理所需信息并完成任务；观察、指导学生解决中文学习过程中出现的各种问题，既包括中文知识和技能问题，也包括情感、态度、毅力等非知识性问题。

国际中文教师要充分利用自己的教学经验，积极寻找、改造和准备各种资源，比如在上课前向学生提供学习计划、学习指南、资料卡片、课件视频等各种资源；结合学生的实际情况和教学实践，将既定的教学内容增删、重组、转化为符合学生特点的课程资源；带领学生去当地的唐人街、图书馆、博物馆等，积极利用公共资源来促进学生的中文学习；查找、筛选网络、书籍、报刊等资源以及灵活运用课件、动画等多媒体资源。国际中文教师要积极引导学生理解中文学习的意义和价值，正确认识自己在中文学习上的优缺点，探究自己感兴趣的文化内容；指导学生利用手机、网络等获取汉语言文化知识；针对学生的疑问，为其提供线索，进行点拨，引导其独立思考，尽量不要直接告诉答案；引导学生对一些重要的问题开展质疑、探究和发现，使其更深入、主动、富有个性地学习；引导学生走出教材、走出课堂，走向日常生活，充分利用社区、社会的各种资源，进行语言交际学习。

（三）合作者

"合作者"角色意味着国际中文教师把学生视为一个有人格尊严和独特经验的独立个体，以平等的身份与其对话和交际。除了作为学生的合作者，国际中文教师还是同事、学生家长以及其他社区民众的合作者。

传统的中文教学往往以教师为中心，注重传授汉语言知识和训练语言技能。国际中文教师充当的主要是传授者和控制者，告诉、命令、指示学生做什么、不做什么，很难做到在尊重学生人格和尊严的基础上与其平等对话、合作。现代教育学家则认为，师生之间应该是一种民主、平等的合作关系。教师是"平等中的首席"，跟学生之间的交流和对话应该是平等的。在中文教育领域，教学的根本目的是培养学生的中文交际能力。国际中文教师充当的主要是合作者的角色，即把自己置于与学生一样平等的位置，充分尊重学生的人格，以合作者的身份参与课堂教学活动，给予学生多方面的支持，帮助他们顺利完成交际任务，进而提高其汉语交际能力。国际中文教师要积极构建师生共同参与的学习共同体。在学习共同体内，教师与学生平等对话、互相尊重、相互欣赏、分享汉语教学资源和学习经验，提倡不同观点和见解的充分交流，保持思想和讨论的开放性，共同获得发展和提高。

国际中文教师同时要积极与同事合作，分享学习者情况，相互沟通信息，交流教学经验；必要时，跟同事一起制订学习计划，以便让学生的学习内容可以前后照应；加深对教学的思考，通过加入教材编写小组、行动研究小组、教学研究小组、青年课题组等方式与同事进行合作、互动、交流。国际中文教师还要跟学生家长、社区民众、学校各个方面的职员进行通力合作，取得社会各方面人士的理解、支持、配合，形成合力，以保证中文教学工作的顺利开展。

（四）评价者

"评价者"角色意味着国际中文教师能对学生的中文学习情况（比如对某个知识点的掌握程度、实现目标的程度等）、语言学习能力、学习动机、学习态度等诸方面给出恰当的评价，以便有针对性地进行教学，最大限度地促进学生中文交际能力的发展。评价者是国际中文教师一直以来都在扮演的角色。传统意义上的评价者角色，理念相对保守：评价的目的集中在对学生中文水平的甄别和认定上，而不是为了更好地促进学生中文水平的发展；评价内容集中在汉语言知识和技能上，较少兼顾到中文交际能力，更少注意到学习态度和动机等方面；在评价方式上过多地使用以书面考试为主的终结性评价方式，很少使用档案袋评价、观察式评价等形成性评价方式；在评价主体上缺乏学生、同伴等方面的意见考量等。

国际中文教师要更新自己的评价理念，树立发展性评价观，即用发展的眼光看待学生，着眼于学生动态发展的全过程。评价是为了最大限度地促进学生中文综合运用能力的发展，使学生能够自主学习、持续发展，而不仅仅是为了甄别和认定不同学生的中文水平。评价内容要覆盖汉语知识、技能、交际能力、学习态度、情感、意志力等各个方面，尤其要考虑到学生的实际情况（比如个性差异和原有中文水平的不同），使用弹性评价尺度，肯定成绩、优点和长处，帮助学生发展相对欠缺的方面，最终实现汉语综合运用能力的发展。评价方式要注意形成性评价与终结性评价相结合，尤其要注意对学生在日常汉语学习过程中的语言表现及其反映出的情感、态度、策略、意志等方面的细微变化和潜在发展情况进行评价（也可以通过搜集代表性的材料，进行档案袋评价），以便及时发现其学习过程中存在的问题和不足。在评价过程中，国际中文教师要积极参考学生自我评价和同学相互评价的结果，并把这些评价结果跟自己的评价结果综合起来，以便得出更加全面的评价。如果有可能，也可以吸收家长对自己孩子的评价。

在日常的课堂教学中，国际中文教师对学生原有中文水平的判定、对学习材料的选择、对学生掌握知识程度的了解、对学生学习方法是否恰当的判断、对学生作业的批改和反馈等，都涉及评价，都属于评价者的角色行为。国际中文教师还要有意识地对自己的教学效果做出评价，即采用一定的方式、方法（比如测量、调查、观察等）全面、系统、科学地收集有关课堂教学过程和结果的信息和数据，并根据一定的标准对课堂教学整体和各个部分进行价值判断，以便对其进行修改和完善。跟评价学生学业一样，国际中文教师要重视形成性评价、重视针对教学过程各个环节的评价，不仅要关注教学目标有没有达到，而且要关注那些超出预期的结果。对那些超出预期的结果，国际中文教师要积极分析其对教学有益的成分，并在教学中加以利用，进而提高中文教学的质量和水平。

（五）管理者

"管理者"角色意味着国际中文教师能通过制定明确的规则和采取一定的措施维持正常的课堂教学秩序，能应对学生违纪行为和突发事件，消除不利影响，保证教学活动的顺利开展。对于独当一面的国际中文教师来说，管理者角色还涉及对汉语教学项目或孔子学院（课堂）的日常管理。管理者也是国际中文教师一直以来扮演的角色。但以前的中文学习者基本上都是成年人，自我控制力较强，所以，这一角色并没有显得特别重要。随着国际中文教育的发展，低龄学生越来越多，他们主要分布在国外中小学和孔子学院。由于国内外教育理念的差异以及低龄学生不够成熟、自制力差等特点，国外中小学的中文课堂教学秩序往往比较差。让学生把注意力集中在学习上成为对国际中文教师的一大考验。课堂管理成为国际中文教师所必备的一项非常重要的教学技能。管理者角色对于国际中文教师来说也变得非常重要。

国际中文教师要转变管理理念，摒弃"管理就是控制""管理就是应对学生违纪行为"的传统理念，树立"预防比应对更重要"和"决策比行动更重要"等现代理念。"预防比应对更重要"是指课堂秩序管理主要通过制定规则有效预防违纪行为，而不是等违纪行为发生以后再采取措施去应对；"决策比行动更重要"是指在管理所包含的决策和行动两个方面中，决策更为重要。比如，有学习者迟到，国际中文教师是批评他还是若无其事、不加理睬，对此做出决策比具体采取措施更重要、更关键。国际中文教师要了解学生、尊重学生和热爱学生，了解不同国家和地区的管理文化；提前制定公平、合理、简明、有效的课堂教学方法，提出合理要求，既给予自由，也给予责任；预测可能出现的问题，并帮助学生形成自觉遵守纪律的习惯和较强的自我控制能力；有意识地引导学生自觉接受管理、参与班级管理和自我管理，使其从他律走向自律。

（六）学习者

"学习者"角色意味着国际中文教师能够持续不断地学习语言学、教育学、心理学、管理学、各国文化等各种专业知识，以便不断提高自己的教学水平。只有扮演好学习者这一角色，不断地提高自己、丰富自己，使自己拥有一个动态发展的素质结构，国际中文教师才能提供高质量的中文教学。按照传统观念，国际中文教师在参加工作以前已经掌握了专业知识和技能，参加工作以后主要对知识进行输出和应用，即便学习也主要学习实践层面的教学方法和技巧。在见识过各种类型的学习者，使用过多种教材，经历过多种课型，对汉语教学的基本流程都熟悉以后，大部分国际中文教师就很少再继续学习新的内容（包括汉语言知识和教学技能等），而倾向于重复既定的流程，久而久之，就成了单纯的"教书匠"。为了避免成为这种"教书匠"，国际中文教师要转变观念，成为终身学习者，持续不断地学习，提升自己，进行自我调适以适应国际中文教育的新发展。

国际中文教师要坚持深入、系统地学习汉语言和中国文化等教学内容。只有自己明白了，才能讲解清楚。首先在汉语语言学方面，国际中文教师要结合学生容易犯错的地方加强对现代汉语语言学的学习，尤其是汉语中的难点（比如虚词等）。更何况，语言学本身一直在发展，有些新的理念非常有利于汉语教学，比如句式语法。其次是在中国文化方面，语言和文化不可分割，中国文化博大精深，涉及中国社会的各个方面，国际中文教师既需要结合所教内容重点学习某些方面的知识，也需要广泛涉猎，成为"杂家"。

国际中文教师还要学习教育学、心理学等各种知识。教育学、心理学等知识都属于工具性知识。理念越先进，越有利于中文知识和技能的传授和训练。我们以前把教学的本质认定为传递知识，行为主义心理学的盛行影响了第二语言教学实践，比如讲解多、操练多；而现在更多人把教学的本质界定为对话和交流，当前盛行的人本主义心理学同样影响到第二语言教学领域，比如交际法、任务式学习法、沉浸式学习法等新教学法的提出。语言教学的历史、发展趋势，尤其是一些主流的教学流派观点更值得国际中文教师反复琢磨。国际中文教师还要了解学生的个性特征、文化背景以及所在国的教育制度、法规等。个性特征主要指有关学习的语言学能、认知风格等方面的知识；文化背景主要是指学生的母语文化的各个方面；所在国的教育制度主要涉及外语教学的理念、学制、课程标准等。了解这些知识有利于提高中文教学的质量和效率。对于一些现代化的教育技术，尤其是近年来出现的新技术、新成果，国际中文教师也都需要学习，以便提高汉语教学的质量和水平。

（七）研究者

"研究者"角色意味着国际中文教师能够针对教学过程中遇到的各种问题进行研究，而不是仅仅重复原有的教学活动。国际中文教师面对的学生和教学环境不同，教学内容和教学方法也不相同，如何更有效、有针对性地开展中文教学，需要国际中文教师进行研究。在课堂教学中，学生的汉语输出会犯各种错误，课堂教学秩序会有各种问题，教学活动的组织可能有各种困难，同样需要国际中文教师进行研究。只有通过一定的研究，国际中文教师才能形成对中文教学的正确认识，才能采取有针对性的措施，保证教学的高质量和高水平，提高自己的学术水平。以前的国际中文教师往往被认定为教学理论的"消费者"，这是相对于中文教育专家作为教学理论的"生产者"来说的。汉语言学科专家和教学专家通过研究"生产"出中文教学的理论或模式，国际中文教师在教学过程中只需要"消费"（应用）这些专家得出的理论或模式就可以了。即便遇到以前没有碰到过的新问题，也只需要反馈给学科专家或教学专家，让他们来研究。

国际中文教师应树立科研意识，关注语言学、汉语语言学、第二语言教学、汉语教学等领域的科研动态，利用自己的研究为教学服务，将其当成教学工作的有机组成部分和依托。比如，看到一种第二语言教学的新理念或新模式，国际中文教师不妨将其应用到教学实践中去检验，并从中总结经验和教训，将其提炼、深化为心得，把具有普遍性的理论和观念沉淀为自己的实践性知识。另外，在日常教学中，国际中文教师要对自己的教学理念、教学过程、教学行为、教学结果等进行反思、研究，并提出具有针对性的改进意见。国际中文教师要对学生各方面的学习情况进行研究，尤其要关注他们在汉语表达中所犯的错误。只有了解学生各方面的情况，国际中文教师才能"对症下药"，进行有针对性的教学和指导，以保证较高的教学质量和水平。国际中文教师要以行动研究为主，主要针对自己在中文教学过程中碰到的各种问题进行研究，以提高中文教学水平。

（八）跨文化交际者

"跨文化交际者"角色意味着国际中文教师（尤其是在国外任教的国际中文教师）在与学生、同事、学生家长、当地社区其他民众交际时要始终注意交际方的文化背景差异，及时调整自己的言谈举止，以便顺利完成交际任务。国内的国际中文教师与学生进行交际也属于跨文化交际，但因为局限在课堂范围内，所以"跨文化交际者"这一角色体现得并不明显。随着中文国际教育的发展，更多的国际中文教师走出了国门，在世界各地任教。这部分国际中文教师不仅在课堂上与学生进行跨文化交际，而且在课下与同事、学生家长、当地社区其他民众也都会进行跨文化交际。

要做好跨文化交际，国际中文教师首先应该是一个多元文化的理解者。国际中文教师要充分了解每个学生的母语、文化背景，尝试从跨文化的视角理解其在中文学习和交际过程中的各种语言行为，尽量减少对其语言行为的误解。比如，有的学生喜欢插话，这在某些文化中可能显得不太礼貌，但在有些文化中则可能表示"对话题感兴趣"。其次要了解任教学校的文化、同事的文化背景、社区文化等，以便正确理解同事、学生家长、社区民众等主体的言谈举止，减少误会。在充当跨文化交际者角色的同时，国际中文教师还是中国文化的诠释者和传播者。国际中文教师在日常生活中、在课堂教学中、在社区活动中，扮演的角色都属于中国文化传播者。

当然，除了以上论述的八种基本角色外，国际中文教师还扮演着一些其他角色，比如学生学习、生活上的知心朋友，课堂上语言交际活动或角色扮演活动的主持人，学生学习懈怠时的激励者，正确、得体使用语言的示范者等。这些角色同样重要，也需要国际中文教师扮演好。

三、国际中文教师角色的实践

明确了国际中文教师要扮演的诸种基本角色之后，国际中文教师还要明确在实践中如何很好地扮演这些角色。当然，这也离不开学校资源、社会环境等外部客观条件的改善。

（一）国际中文教师应转变观念，提高教学能力

拥有正确、先进的教育观念、语言教学观念和较强的中文教学能力，是国际中文教师成功扮演以上角色的根本前提。

1. 树立正确的教育观念和语言教学观念

国际中文教师所应扮演的很多角色都是因为教育观念的变化而产生的。比如促进者，为什么以前叫传授者，现在叫促进者呢？根本原因就是知识观的变化。以前人们普遍认为知识是客观、普遍、价值中立的，国际中文教师的主要任务是把中文知识传递给学生，扮演的角色就是传授者。随着建构主义知识观的出现，知识被看作是多元的、有文化性的、有境域性的、有价值倾向的。学生获取知识的方式不仅限于国际中文教师教学，还可以在各自母语和文化的基础上进行建构。在这种教育观和知识观的指导下，国际中文教师扮演的就是帮助学生建构知识的促进者角色。反过来说，要扮演好促进者这一角色，国际中文教师应树立正确的教育观、知识观和学习观；要扮演好学习者这个角色，国际中文教师要树立终身学习的理念；要扮演好研究者角色，国际中文教师要树立"教师即研究者""行动研究"的理念；要扮演好合作者角色，国际中文教师要树立"建立起相互尊重、相互理解、相互信任、平等、民主、合作的新型师生关系""以学生为中心"的理念。很多语言教学观念的转变也有助于国际中文教师扮演其他角色。比如"语言是在交际中练会的，单靠机械操练是不够的"，这就需要国际中文教师针对教学内容设计各种交际活动，扮演设计者的角色，同时也扮演跨文化交际者的角色。再如"语言教学已进入后方法时代"，认识到这一点，国际中文教师就不会过

于倚重某一种教学方法，而能结合学生的具体情况和教学内容的特点对整个国际中文教学进行自主设计和安排。

2. 切实提高多种教学能力

树立正确的教育教学观念是前提，具备多种教学能力则是国际中文教师扮演以上角色的必备条件。只有掌握了各种角色所对应的教学能力，才能扮演好各种角色。要当好设计者，国际中文教师至少应具备教学设计能力，能够在把握具体国际中文教学内容和学生特点的基础上设计教学目标、教学过程、教学活动、评价方式、教学环境等；要当好促进者，国际中文教师要具备判定学生的语言理解和表达的重点和难点的能力，并能够进行有针对性的启发和诱导，还要具备为学生提供适合的学习主题和资源的能力，运用网络、计算机、多媒体等现代教育技术的能力等；要当好合作者，国际中文教师要具备一定的交际能力，以便跟学生、同事、学生家长、其他社区民众等主体进行合作；要当好评价者，国际中文教师要具备设计试卷、确定标准、统计测试结果的能力，并掌握多种评价方式；要当好管理者，国际中文教师要具备制订课堂教学规划、处理突发事件的能力等；要当好学习者，国际中文教师要具备广泛涉猎、终身学习、获取新知识的能力；要当好研究者，国际中文教师要具备设计调查问卷、访谈提纲的能力，利用教育技术查阅信息的能力，并能针对教学中出现的具体问题开展有效研究；要当好跨文化交际者，国际中文教师应具备分析交际对象的特点、调控交往的能力，进行得体交际的能力。只有具备了各种角色所对应的各种能力，国际中文教师才能更好地扮演这些角色。

（二）学校要建立支持性教学制度，营造良好的组织氛围

国际中文教师要扮演好各种角色，离不开学校的支持。建立支持性教学制度和营造宽松、友好、合作的氛围是国际中文教师扮演好以上角色的外部条件。

1. 建立科学的支持性教学制度

一些学校要求教师使用统一制定的教案、教学进度和评价标准等，这使教师更倾向于成为一个传授者、实施者，很难成为设计者。国际中文教师要成为设计者，学校要敢于放权，相信国际中文教师，让其全权负责自己班上的中文教学，不仅负责教学设计和实施，还负责教学效果评价和学生中文水平的评价（即扮演评价者角色）。国际中文教师一旦成为设计者，遇到问题时自然会向其他教师学习、请教或者跟其他教师合作（即扮演合作者、学习者和研究者等角色）。在海外，由于大部分国家和地区实行教育分权制度，加之当地真正懂中文的教师不多，国际中文教师往往需要全面负责所在教学机构的中文教学，即扮演设计者、评价者、合作者、学习者、研究者等角色。这就需要国际中文教师努力去学习并且适应扮演多重角色这一工作。

评价制度也在很大程度上影响国际中文教师角色的扮演。如果学校等机构完全根据学生的中文考试成绩来评价国际中文教师的教学水平，国际中文教师会更倾向于扮演知识传授者。相反，如果学校等机构参考学生的中文综合运用能力，同时又采用学生评价、同事评价、专家听课评价等多种评价方式，而且无论是同事还是专家都持一种比较开放的教学和评价理念，国际中文教师会更倾向于扮演设计者、促进者、合作者、研究者等角色。

还要建立国际中文教师培训制度。要扮演好上述角色，国际中文教师需要转变观念、提高相关角色所需的相应能力。除了国际中文教师自己努力，学校也要提供有针对性的培训，以便国际中文教师能更快更好地转变观念、提高能力。学校层面的培训要制度化，具体表现为：培训对象层次化（比如有针对新入职教师的，也有针对熟练教师的），培训时间常态化，培训形式多样化（比如办讲座、工作坊，组织合作研究、一对一辅导等），培训内容广泛化（凡是有助于中文教学的内容都值得培训），具体化（针对培训对象的需要进行具体培训，比如对使用教育技术能力不强的国际中文教师进行教育技术培训）。

2. 营造宽松、友好、合作的组织氛围

学校等教学机构要尽力营造宽松、友好、合作的组织氛围。只有在宽松的组织氛围中，国际中文教师才能按照自己的认识和理解去设计适合学生的课程和教学，做好设计者；才能发挥自己的特长，采取各种方式促进学习者的中文学习，做好促进者；才能有条件跟同事、学生进行教学合作，做好合作者；才会尝试使用一些相对先进的评价方式（比如档案袋评价），做好评价者；才能有条件对自己教学过程中出现的一些问题进行研究，做好研究者；才能有条件跟同事、学生、学生家长、其他社区民众等进行交流，做好跨文

化交际者。相反，没有宽松的组织氛围，国际中文教师就无法很好地去扮演各种角色。

只有在友好、合作的氛围中，国际中文教师才能更好地观摩同事的课堂，与同事进行合作研究，分享彼此的教学心得，相互沟通、倾诉心中的困惑，最终构建一个同伴互助的学习共同体；才能更好地就某些问题跟学生合作，指导学生去探究并获取知识，形成学习共同体。作为共同体的一员，国际中文教师扮演的就是合作者的角色。另外，社会条件对国际中文教师能否很好地扮演这些角色也有很大影响。比如，社会是否普遍尊重教师的专业自主权，是否有相应的教师权益法规并严格实施，社会对教师的角色期待是否合理等。因此，国际中文教师，尤其是在国外任教的国际中文教师，要积极了解所在国家或地区的教育法规、社区对教师的期待等方面的情况，以便据此调整教师的角色行为。

四、国际中文教师的基本使命

面对国际中文教育发展的新形势及其各种新机遇、新挑战和新要求，国际中文教师要切实提高自己的综合素质，完成时代赋予的基本使命。

（一）提供高质量的汉语教学

汉语教学是国际中文教师的本职工作。提供高质量的汉语教学是国际中文教师首要的、最基本的职责和使命。要履行和完成好这一职责和使命，国际中文教师要学习《国际汉语教学通用课程大纲（修订版）》，领会其精神，更新教学理念，着眼于学生语言综合运用能力的发展，对学生进行中文跨文化交际能力、国际视野和多元文化能力、中文学习的动机兴趣、中文学习的策略方法等方面的培养；提高自身教学能力，灵活运用、优化组合适合学习者的教学方法和技巧；根据学习者的具体情况改编和丰富教材，搜集鲜活的语料；积极运用现代教育手段；加强自我学习，实现自己的专业发展。

（二）传播中华优秀传统文化，培养学生深层次的文化认同感

传播中华优秀传统文化、培养学生深层次的文化认同感是国际中文教师的重要职责和使命。语言本身就是文化的一部分。教授中文离不开中华传统文化的教学，国际中文教师要积极扮演好中华传统文化的继承者、阐释者和传播者的角色。国际中文教师要履行和完成好这一职责和使命，应做到以下

四点：第一，具有积极传播中华传统文化的意识；第二，要具备广博的通识文化知识、系统扎实的中文语言学知识以及独特的实践知识；第三，在进行中文教学的同时积极进行文化传播，把具体的语言结构知识跟文化介绍结合起来，让学习者明白中华传统文化内涵；第四，了解文化传播的常用方法，比如通过一些具体的中华文化体验课程进行文化传播，让学习者对中华传统文化有明确、具体的认识和体验；通过一些文艺活动把文化送进社区，让当地民众对中华传统文化有感性的认识和理解。

（三）当好民间外交大使，树立良好的中国形象

在海外任教的国际中文教师往往被当地人视为中国人形象的代表，其为人处世、言谈举止等各个方面的表现都代表着中国人。因此，国际中文教师应在完成本职工作的基础上，积极与当地的同事、学生、家长以及社区其他民众进行跨文化交际，展现良好的形象，当好民间外交大使，为中国形象加分。要履行和完成好这一职责和使命，国际中文教师应做到以下四点：第一，教好中文，把本职工作做好，这是根本；第二，提高修养和礼仪水平，跟学生、同事建立良好的关系；第三，遵守规则，遵循当地的风俗习惯，跟房东、学生家长等建立良好的关系；第四，积累一些交际技巧，比如留心收集一些有用、有趣的故事，将其作为跟外国同事、朋友交流时的话题，或者用来纠正对方的偏见等。

第二章　国际中文教师的基本素质

国际中文教师是传递中国语言文化知识，训练汉语言技能和交际技能，进行一定的品德、情感、意志和国际视野教育，把学习者培养成具有一定中文综合运用能力的专业人员；同时还是一个在跨文化环境中承续和传播中华文化的专业人员。要适应国际中文教育发展的新形势，完成时代赋予的使命，扮演好属于自己的角色，国际中文教师就要具备一定的素质，并且每项素质都应达到一定的水平。

第一节　国际中文教师素质的定义与特点

一、国际中文教师素质的定义

素质在教育教学界是一个耳熟能详的概念，主要有两层含义：第一层主要是指先天性的遗传素质，是能力形成和发展的自然前提；第二层主要是指公民或专门人才的基本品质，属于个人在后天环境、教育影响下形成的品质。本书探讨的教师素质，主要是第二层含义，即教师作为专门人才所具备的基本品质。教师素质指的是在社会需要、职业需要、个人需要和个人才能的基础上，培养出来的人生观、价值观，培养出来的符合职业需要的知识、技能、理论、艺术、思想水平以及生理素质、心理状态和行为习惯。

国际中文教师素质是在中文教育教学活动中所表现出来的，影响教学效果的一种相对稳定的心理和行为品质的集合，是包括有关中文教学的知识、能力、理念、职业道德、人格、身心等多个维度的一个动态发展的系统结构。从不同的角度可被分为基本素质和专业素质、合格层面的素质和优秀层面的素质、个体素质和群体素质。它至少包含以下三个层次：

第一，它是一种职业品质。它是国际中文教师在中文教育教学活动中所表现出来的、影响教学效果的、相对稳定的心理和行为品质集合。这个集合不是松散的，而是融合在国际中文教师身上的、作为整体素质的系统结构，是动态发展的。

第二，从横向来说，它包括有关中文教学的知识、能力、理念、职业道德、人格、身心等多个维度。甚至可以说，只要能在中文教学活动中表现出来，且能影响到中文教学效果的教师品质，都属于国际中文教师素质。

第三，从不同的角度来看，国际中文教师素质有不同的分类。从学科专业角度来看，国际中文教师素质可被分为基本素质和专业素质两个层面：前者是指教师都应具备具有普遍性的基本素质；后者是指国际中文教师应具备从事教学所需的独特素质，比如汉语言知识、跨文化交际能力。从专业发展阶段角度，国际中文教师素质可被分为合格层面的素质和优秀层面的素质：前者是指从事汉语教学所必需的素质，是完成教学任务、实现教学目标的基本保证（如一些基本教学技能）；后者是指在合格层面的基础上使中文教学更有效的素质（比如更多的教学机智）。国际中文教师素质还可分为个体素质和群体素质，前者是指作为个体的教师所具有的素质，后者是指所有的国际中文教师都应具备的共同素质。

二、国际中文教师素质的特点

（一）永恒性和时代性的统一

国际中文教师素质也是一种职业品质，是教师这个职业的内在要求。比如公平对待不同国籍、种族、民族、宗教信仰的学生，掌握大量有关所教学科（比如汉语语言学）的知识和教学技能等。这些职业品质是永恒的，只要存在教师这个职业，这类素质就一直被需要。与此同时，不同的历史时期对国际中文教师素质的要求有些许不同。以掌握多媒体教育技术这一素质为例，它属于当前国际中文教师应该具有的素质，但在 20 世纪中期多媒体教育还未普及的时候，它就不属于国际中文教师必须具备的素质，这是国际中文教师素质的时代性。

（二）结构性和层次性的统一

国际中文教师素质是一个相对稳定的心理和行为品质的集合。从横向角度来说，它包括有关中文教学的知识、能力、理念、职业道德、人格、身心等多个维度，具有很强的结构性。具体到每个维度，也包括很多方面，也有很强的结构性。以知识维度为例，它包括汉语言学科知识、教育心理学知识、实践性知识、学科教学知识等多个方面。从纵向角度来说，它包括合格层面的国际中文教师素质、优秀层面的国际中文教师素质，甚至还有专家层面的国际中文教师素质等几个层次，具有鲜明的层次性。相对于合格层面的国际中文教师素质，优秀层面的国际中文教师素质的层次肯定更高，知识结构更优化完整、技能更娴熟。

（三）基础性与专业性的统一

国际中文教师素质中有一些是基本素质，比如一定的百科文化知识、观察能力、沟通交流能力等。这些素质不仅是国际中文教师，也是其他学科教师，甚至是其他职业的专门人才必须具备的基本素质。这些基本素质是国际中文教师从事教学活动的基础，具有基础性。同时，国际中文教师素质还包括一些从事中文教学所必需的专业素质，比如跨文化交际能力、文化推广能力等，这类素质跟国际中文教师所承担的任务及其劳动特点有很大关系，是国际中文教师所特有的，其他学科教师不一定具备，属于国际中文教师的专业素质，具有专业性。

（四）稳定性和发展性的统一

国际中文教师素质是相对稳定的心理和行为品质的集合。这里的相对稳定是指在一定社会历史时期内作为群体的国际中文教师素质是比较稳定的，变化不大。但经过相当长的一段时间后，作为群体的国际中文教师素质是有变化和发展的。作为个体的国际中文教师素质同样是逐步形成、不断发展的。在其职业发展的某个阶段（比如适应期或成熟期），国际中文教师素质只是在进行量的积累，一般不会有较大变化；一旦经过足够长时间的学习和积累，跨过了职业发展的某个阶段，国际中文教师素质便会有质的飞跃，或者是知识的丰富，或者是教学技能的娴熟，或者综合表现为由合格的国际中文教师成长为优秀的国际中文教师。可以说，国际中文教师素质的形成是一个从低到高，不断积累、发展的过程。

（五）多元性和整体性的统一

中文教学的特殊性和复杂性，决定了国际中文教师素质是多元的，包括有关中文教学的知识、能力、理念、职业道德、人格、身心等多个维度。同时，国际中文教师素质又是一个相对稳定的系统和结构，是一个整体，表现为国际中文教师的教学水平。此外，在中文教学过程中解决具体问题（比如纠错和讲解知识点等）或完成教学任务时，国际中文教师需要发挥各个方面的能力，换句话说，国际中文教师在解决具体问题或完成教学任务时体现出来的是整体素质。

（六）个体性与群体性的统一

国际中文教师素质既可以理解为作为个体的国际中文教师素质，也可以理解为作为群体的国际中文教师素质。无论是讨论国际中文教师已具备的素质，还是探讨其应该具备的素质，抑或如何更好地发展其素质，都是个体性和群体性的相互统一。群体素质是由每个个体的已有素质决定的。期望国际中文教师群体达到什么素质水平，要对每个国际中文教师提出素质发展的明确要求。想提高国际中文教师群体的素质，同样要从发展国际中文教师个体的素质入手。

另外，国际中文教师素质还有可塑性（也叫培养性）、地域性、模糊性等特点。可塑性是指国际中文教师素质是可以有意识、有目的、有计划地培养出来的，也可以自我发展和提高。地域性是指即使在同一时期，不同地区（比如国内、欧美地区、非洲地区等）的各方面情况和条件不同，对国际中文教师素质的要求也是不同的。模糊性是指国际中文教师素质可以从理论上进行分析，但在具体教学实践中较为模糊，也难以准确清晰地进行评估。

第二节　国际中文教师的职业素养

目前，从事教育教学工作的教师，对自己的教育教学工作还存在着认识不清、定位不准等问题。这就给中文教育工作带来了很大的障碍，也给教育工作带来了不利的影响。作为一名合格的"全能"教师，应该树立"全面发展"的职业理念，抛弃过去那种把国际中文教育看作"小儿科""香饽饽"的偏见，从社会、个人和学术三个层面认清自身的价值。国际中文教师要真正认同自己的职业身份，不能把自己当成一个"教师"，不能把自己的工作和科研分开。国际中文教师的专业精神，不仅要有对专业的热爱和热情，更要有一种特殊的品质，那就是对学生的爱心、耐心和同理心，尤其是耐心和同理心，更是很多教师所不能做到的。从事涉外工作的国际中文教师，必须具备与之相适应的职业道德，做到言谈举止得体，能够维护国家的尊严。

一、国际中文教师的职业价值

（一）社会价值

第一，传播语言，实现交流。语言是人类进行沟通的主要手段，没有它，人类就无法进行沟通。我们之所以必须学习外语，原因在于使用不同语言的人无法直接交流。国际中文教师帮助来自不同国家和以不同语言为母语的人们学习中文，帮助他们在日常生活中使用中文和中国人沟通，达到更高水平的沟通目的。同时，中文作为一种语言，其价值也在这种国际交往中得到了肯定、升华和扩展。

第二，加强文化交流，促进相互理解。作为文化的重要载体，语言的学习和文化的学习是相辅相成的。在英语教学中，学生在英语教学中的作用是提高对目标语文化的认识。人与人之间的沟通要建立在文化认同的基础上，所以，在外语教学过程中，教师也担负着文化传播的重任。中华传统文化博大精深，教师通过引介，将其整合到学生的知识库中。随着人们对中华传统文化的逐步理解，汉语的水平也在不断提高，这一现象在中高层次的汉语学习者身上得到了充分体现。有较好的语言交流技巧，再加上对文化的了解和认同，才能使交流顺畅。

第三，与国际接轨，共促发展。当今世界，随着国际交往的不断增多，人们希望有一个国际化的视野、一个国际化的平台、一个广泛的交流。中国历史悠久，文化灿烂，自从改革开放之后，中国经济发展迅速，在国际上的影响力越来越大，国际地位也越来越高。让世界认识中国是每一位国际中文教师所应该追求的目标。通过中文教学，宣传中华传统文化，使世人更加全面和深入地认识中国，推动共同发展。

（二）个体价值

第一，全面学习，学有所用。对外汉语专业是为从事对外汉语教学工作的群体而设置的，具有一定的师范性。国际中文教师应具有什么样的知识结构，是构建对外汉语专业应重点考虑的问题。从实践和前期调研来看，在从事中文教学工作的过程中，我们需要具备下列知识：语言学、汉语学、外语、中华传统文化、教育学、心理学等。"综合素质"指的是中文师资队伍的整体素质，具体包括知识结构、知识面、语言表达、外语应用、计算机应用、人际关系、课堂组织、随机应变、表演、研究能力、教学方法等内容。当然，还需要更多的个人特质，比如国际视野、宽广的胸怀以及对不同文化的容忍与适应等。其中一些能力是与生俱来的，一些则是后天培养而成的。

第二，敬业授业，乐在双赢。教师的外部价值主要表现在：以自身的人格魅力对学生产生正面影响；教师的内部价值体现在其自身价值的实现上，即在教学活动中，在教师与学生之间的交互作用中，实现自身的价值。一位教师，如果他对自己的专业有很强的责任心，他在课堂上一丝不苟地讲授，那么他就会得到学生们的尊敬。对于国际中文教师来说，最幸福的事情就是以自己的工作为荣，并在事业上获得成功。只有从工作中获得乐趣，才能做好工作。在进行语言学习活动的过程中，并不是所有的学生都能快速地适应一个新的语言体系以及一种新的学习方式。有些学生在学了一段时间之后，他们的学习热情可能会降低，甚至想放弃学习。因此，在中文教学中，教师应及时掌握学生的学习心态，帮助他们建立自信心。

（三）学术价值

一方面，把最新的中文研究成果应用于教学实践，达到"教与学"的效果。国际中文教师作为中文学科的第一线工作者，在学习过程中要密切关注并善于运用新知识，尤其要善于运用新知识来解决一些"疑难杂症"，如"了""把"的用法等。评价一位教师好坏并不是看他教了几年，而是看他有没有用心教。长期以来，我国高校的教育制度使得部分教师在教学中形成了"教而不学"的恶性循环，对教师的职业生涯发展造成了不利影响。随着时代的发展，国家课程改革的不断深化，教师如果只是一个知识的传授者、一个经验的传递者，就不能满足时代的需要，因此，教师在教育实践中扮演专家或研究者的角色，已经是一种必然的发展趋势。

另一方面，通过教学活动，寻找研究机会，推动汉语教育专业的进步。在教学实践中，可以找到很多值得研究的选题。大至文法系统，小至词汇使用，都有其深刻的内涵与意义。在讲授过程中，遇有疑问，应注意，切勿以"这是汉语的习惯"之类的答复或态度敷衍。在国际中文的教学过程中，学生会提出许多体现中文自身特点的问题，而这些问题都是以汉语为母语的学习者所不会提出的。要想提高国际中文教育教学的质量，就必须要有一支优秀的师资队伍、一套优秀的中文教材和一套高效的外语教育方法，而这三个条件的实现离不开对中文教育科研的支持。在国际中文教育中，要有学术引领，只有这样，才能保证教育质量的持续提升。而在这方面，中文本体论的研究并不是一件容易的事情，更多的还是要依靠从事国际中文教学的教师们。

二、国际中文教师的专业意识

（一）培养国际中文教师专业意识的重要性

在确定国际中文教师的职业价值观后，专业化是一个迫切需要解决的问题。目前，大部分的中文教师都有一个共同感受，那就是他们的课业负担很重，而且课程内容重复。一周上十多次甚至更多的课程，也是很正常的事情。目前，我国部分大学汉语专业的师资力量相对薄弱，而且每人所担负的教学任务比较多，课量大。再加上课程的变动较为频繁，教科书的更新率也比较高，所以备课的工作量也是非常大的。此外，由于外国学生受教育方式的改变，教师有许多新的课程要教授，因此，教师们经常要自己编写教材，因此，他们的教学工作负担更加繁重。因为大部分精力都投入与课堂相关的教学活动中，所以一说到科学研究，他们就有一种挫败感。我国大学的国际中文教学部门在科研上的成绩很难和国外的大学相比，造成这种情况的主要原因是，有些大学的国际中文教学部门并不重视科研，不愿意把自己的学科当作高深学问来研究。

从经验型教师到专业研究者的这条道路，仅仅依靠自我尊重是远远不够的，觉悟才是更重要的。国际中文教师不能贬低自己所从事的事业，不能仅把自己定义为"教书匠"，而要以"专业"为目标。首先，要有探究的觉悟。在教学中，要善于思考，善于发现问题；当遇到一个问题时，不能因为困难而放弃，而要继续追问、探究。在中文教学中，"问题"的产生具有"突发性"。当教师在备课的时候，他觉得自己已经准备好了，但在上课的时候，经常会有学生提出一些意料之外的问题。这对于教师的基本教学技能是一个极大的挑战。如果教师没有足够的汉语基本知识，或者没有足够的分辨能力，就会出现讲解不清楚的情况。有些教师会用"我们习惯这样说""都可以""差不多"来搪塞学生，但正确的方法应该是将学生的提问当成一次学习的机会，通过深入思考与研究，总结出自己的观点，然后给学生一个明确的答案。其次，要有一种怀疑的态度。中文教学的内容以使用语言为主，字典和语法书籍中的解释有时候是不贴切的，在我们使用的教材中，有时候也会出现不合适的地方。在这种情况下，教师们可以提出疑问，并以此作为机会，展开新的学习，要善于独立思考，这就是从一名普通教师变成一名专业人士的出发点。最后，要善于把握学习的方法。要经历由经验的探讨到实证的探讨，由现象的描述到数据的分析，由个别感受到一般规律的提炼这一过程。

目前，我国高等院校的国际中文教师大多存在着"教"和"学"的两极分化。大学在晋升制度下，对研究成果的质量提出了更高的要求，而与汉语专业相关的高水平学术期刊却很少，一线的普通教师进行学术研究就会有一定的困难；同时，在各类科研课题的申报上，汉语专业相对于传统优势学科来说，也存在着明显的劣势。相比较而言，在自己的专业领域做研究更容易出结果，所以，大多数教师都会将学术研究的重心放在自己在硕士或博士期间的专业上。在教学上，以备课为主，讲授为辅，几乎没有时间和精力从事研究工作。所以，就意识而言，大多数国际中文教师都把自己的专业视为自己所学的专业，而不把自己所从事的中文教育视为自己所学的专业；从表现上来说，这些教师从事的研究工作，都是在自己的专业领域，而非中文教育领域。这样，必然会导致两种结果：一是对教师本身来说，他们以本专业的学术研究为主要内容，而以教学活动为辅助内容，也就是在教学方面，他们仅仅完成了教学任务，基本不做研究；二是在中文教育学领域，从教学第一线得到的研究成果相对较少，具有重要意义的更是凤毛麟角。

教师专业意识的偏差，不但对保障和提高教学质量和促进教师自身均衡发展不利，还对学科的发展产生一定的负面影响。要想解决这个问题，首先需要教师对自己的职业意识进行调整，把教学和学术研究进行整合和统一，但在我们看来，更关键的是要对教师的价值判断体系进行调整，应该对不同的教师进行相应的规范。只有有一个良好的学术环境和平等的机会，国际中文教师的科研积极性才会被调动起来，产生更多的中文教育研究成果，从而促进中文教育学科的发展。

（二）职业身份认同

职业认同是每个人在工作中都必须具备的，而职业认同又是人在工作中发挥作用的重要思想基础与心理基础。中文教育是一个全新的、综合性的、跨学科的研究领域。课程的主要内容为汉语语言的基本要素、口语技巧、交际技巧、语用规则、中华传统文化等。学科的理论依据是多种多样的，既有语言学的，也有教育学的，还有心理学的，还有二语习得的。该学科以汉语学习者的学习规律和有关现代汉语的使用规律为研究对象。因而，要求国际中文教师具有较好的汉语知识与应用能力，对第二语言的教学方式与学习规律有一定的了解，具有一定的外语水平，对中国与外国的文化都有一定的认识，对第二语言的学习有一定的理解，具有一定程度的教学、人际交流与跨文化交流的能力，可以说国际中文教师是一位"杂家"、一位"多面手"。

在高校教育情境中，由于价值观的引导，教师往往会产生"专家"情结，希望通过价值观的评判来获得认同，从而获取某种职业身份。这样，就造成了国际中文教师在中文教育和自己的专业上都不能胜任的"两不靠"现象。所以，如果国际中文教师能正确地定位自己的职业身份，将自己的全部精力投入汉语教育，将自己的专业知识和教学相结合，进行跨学科研究，一定会有意外的收获。

而在语言教学机构、私人汉语学校的中文教师和志愿者、公派教师等，则面临着更为复杂的问题。在中文教育机构或者私人学校里，教师们更关心自己的"饭碗"，他们的工作以备课和上课为主，同龄人之间也会进行集体备课，他们在研究方面没有太大的压力，但他们更担心自己的前途。在国外工作的教师，经常会面临"荒漠化"的教学环境。有时候，中文教师只有一位，所有的教学活动都要由他自己来设计、安排和完成，保证自己的教学工作能够顺利开展。在这种情况下，只有认清了自己的职业地位，认清了自身的职责与价值，才能支持自己完成中文教育工作。

三、国际中文教师的职业精神

（一）对本职业的热爱与激情

有句话说得好，"干一行，爱一行"。教师每天面临的都是重复的工作，如果没有热情，根本不可能把工作做好。我们经常提到敬业这个词，有人给敬业做了这样的解释："敬业者，专注于自己的工作。"意思是，尊重自己的工作，全身心地投入工作，并认真地去做。笔者以为，对国际中文教育而言，光有"敬业"是远远不够的，"敬业"这个词里所包含的"对职责的崇敬"较多，而缺乏感情成分。教学工作是一项与人打交道的工作，热爱之情、投入之情应该与敬畏之情相结合，只有认识到"感情与责任并重"，才能做好教学工作。当一个人热爱自己的职业时，他的身心才会与工作融为一体，对自己职业的社会意义与价值产生深刻的认知，而这种内在的精神也会成为激励人们努力工作、认真负责的强大动力。

国际中文教师这个行业的服务对象是一个特殊的群体，它的受教育者来自不同的国家、民族和地区，因此它所面临的第一个问题就是文化上的不同。在各种文化背景下，教师的社会地位和社会价值具有各自的特征。在中国的传统观念中，教师是"传道受业解惑"（《师说》）的人，是掌握着生命的真谛、垄断知识的人，他的学生必须无条件地尊敬他。他有权利也有义务去教导他的学生。随着时代的进步和社会的发展，教师们已经从"高处"落了下来，"奉献""牺牲"成为新时期教师应具备的素质。在人们的价值观和生活追求不断改变的今天，在倡导"以人为本"的今天，人们仍然在不断地探讨着教师的价值到底应该体现在哪里。

国际中文教师不能死死抱着中国传统文化里"教师"的形象不放，要根据自己的专业特点灵活地适应。国际中文教育是一份教书育人的工作，所以"受业"才是最重要的。因为语言教学的特殊性，教师们往往要反复地做同样的事情，这就不可避免地造成了学生们觉得学习中文单调和乏味的局面。在这种条件下，国际中文教师要始终坚持自己的事业，热爱中文，热爱中文教育，以学生取得的一点点进步为乐，以"受业"为乐，以取得成就为乐；同时，也要对自己的专业充满热情，实行"因材施教"，不断创新教学方式，让每节课都充满新意，让每节课都有新的内容。教师若对自己的工作感到厌烦，在课堂上懒洋洋的，又怎能指望学生爱学呢？如果中文教师们自己都不热爱汉语教学，又怎么能使学生热爱中文？教师对于自己事业的热爱和热情，对于学生来说，是一种无形的激励和动力，是一种正面的力量，其影响力不容忽视。

（二）对学生的爱心、耐心与同理心

著名教育家夏丏尊先生在他翻译的《爱的教育》一书的前言中说："学校教育到了现在，真空虚极了。单从外形的制度上、方法上看，走马灯似的更变迎合，而于教育的生命的某物，从未闻有人培养顾及。好像掘池，有人说四方形好，有人又说圆形好，朝三暮四地改个不休，而于池之所以为池的要素的水，反无人注意。教育的水是什么？就是情，就是爱。教育没有了情爱，就成了无水的池，任你四方形也罢，圆形也罢，总逃不了一个空虚。"毫无疑问，每位教师都应该对自己的学生有一颗关爱的心，不管是什么样的学生，他们都需要教师的帮助和关爱。然而，教师应该"因人而异"地对待每一种学生，也就是教师特有的"爱的能力"。

作为一名国际中文教师，更应该拥有特别的爱心。国际中文教师爱学生的第一步，就是要理解学生之间的文化差异，以一种与他们文化习性相一致的方法来对待学生，不要盲目地遵从中华传统文化的做法。其次，要了解学生的性格，并以此为依据，用一种被他人所接受的方法来表达自己的爱意。师生关系应该建立在平等的基础上，老师把学生当成自己的朋友。第一，关心学生的学习情况，包括学习的进度、学习的困难、学习的兴趣、对教师的教学要求等；第二，关心学生的生活条件，尤其是在中国学习的外国学生，教师应该关注他们在生活中遇到了哪些困难，他们的生活习惯如何，他们需要怎样的帮助，并尽量满足他们的需求。

当教师充满爱心时，他们还会表现出另外一种重要品质：耐心。在生活中，我们会对儿童、老人、病人等自理能力较弱的人很有耐心。但是对其他人，我们就会缺少耐心，因为大家都是成年人，都有一定的自理能力，可以正常地生活和工作。在校园中，教师面对的是不同程度的学生，要有足够的耐心，可以说，教师有没有足够的耐心，会严重影响到学生的发展。

在中文教学中，学生在学习过程中会呈现出许多种状态，这些状态与学生的学习能力有很大关系。在遇到这样的状况时，教师必须一视同仁，不能

将"是否学得好"作为衡量和评价学生的标准，甚至对他们投以不同的目光、采取不同的态度。教师要把尊重每位学生作为自己的基本原则，对于那些接受能力较弱、学习进度较慢的学生，教师要给予更多的关注和更多的耐心。学习速度慢的学生往往会表现出焦躁和自卑，所以教师要保护他们的自尊心，营造一个融洽的学习环境，才能让他们自己提高。教师在任何时候都要注意自己的态度，不要表现出不耐烦，不管是解答问题，还是指导练习，都要发自内心地表现出耐心来，因为即使教师不将不耐烦说出来，语气、眼神等细微的非语言交际因素也会反映出教师的真实心理状况，这会给学生带来很大的挫败感。

语言教学是由无数个细节构成的，每个细节都需要教师精心安排，耐心引导，每个学生都是独一无二的，教师们都要真诚地对待他们，耐心地等待他们成长。

爱心和耐心的感情基础是"同理心"。同理心指的是在人际交往中，一种可以理解他人的情感和想法，理解他人的立场和感觉，并站在他人的角度去思考和解决问题的能力。它也叫"换位思考"，就是把自己放在别人的位置上思考。每位教师都曾是一名外语学习者，所以他们之间会有许多共同点，尤其在学习心理和学习方法上。在语言学习中，学习者的心理状态对语言学习的效果有很大的影响。目的、动机、期望，这些都会对学生的学习有直接的影响。教师应该对学生有一个清晰的认识，并与他们进行必要的交流，从而调整制定出更加合理、有效的教学方式，让学生能够更快、更有效地学习。在外语学习中，学习方法也应该是一个同等重要的因素。在怎样提高学习效率上，每个人的办法都不同。在这一点上，教师可以与学生展开沟通、交流，分享有效的学习方法，并给学生提出更好的学习意见，让学生可以更快进步。当学生在学习过程中遇到困难时，教师还要站在学生的立场上，给予他们安慰和鼓励，从心理上给予他们支持，让他们克服困难，继续学习。

四、国际中文教师的职业操守

（一）遵守涉外人员基本行为规范

国际中文教师的身份有两种，一种是教师，另一种是涉外人员。国际中文教师不论在本国还是海外任教，每日都要与外国人打交道，所以，在行为准则上，要结合自己的实际情况，严格遵循国家对涉外人员的有关要求。在国际交流中，教师也应该遵守一些基本的行为规范。

1. 基本礼仪要求

（1）仪容整洁，脸、手、衣服、鞋子都要干净。男性的头发、胡须不能太长，要修剪得当。要勤剪指甲，要注意手的卫生。服装必须整齐、笔挺、无皱褶，扣子必须整整齐齐，不得在户外或公众场合随意摆弄裤子的扣子。衬衫方面通常应选择白衬衫，袖子和下摆都不露在上衣外面，并且把下摆塞进裤子里。根据交流场合或交流的需要而穿着。领带必须系牢，并准备干净的手帕及梳子。鞋子应该保持干净，皮鞋应该保持光亮。

（2）气宇轩昂，神态和蔼端庄，精神抖擞，言谈举止一丝不苟。站、坐、走，一切都要规规矩矩，没有礼貌和怪异的行为和举止都是不得体的。如剔牙、抠鼻子、掏耳朵、剪指甲等，不能当着别人的面做；也不能在别人面前打哈欠、伸懒腰、打喷嚏、擤鼻涕；打喷嚏的时候可以用手帕或者餐巾纸捂住嘴和鼻子，尽量不要发出太大的声音。

（3）言辞要礼貌，要注意身份。讲话的时候，脸上应带着亲切的笑容。在正式的场合，初次与贵宾会面，最好是由第三者介绍，而不是直接搭讪。

（4）遵守公共秩序，不打扰、影响他人。不随便批评他人，也不随随便便地说出自己的看法，更不能对他人指手画脚。在公共场合，如图书馆、博物馆、医院、教堂等，要保持安静。在重大场合，例如典礼、演讲、表演现场等，也要保持安静。

（5）遵守约定的时间。在国际交流中，这是非常重要的礼仪。参加各项活动，按时到场。提前到达的话，对方会因为没有做好准备而尴尬；如果迟到了，会让其他人久等，这是对他人的不尊重。由于各种原因而来晚了，需要对主人及宾客道歉。如果因为某些原因而不能赴约，请尽快告知邀请者，并用适当的方法道歉。和别人约会，不要迟到。迟到是非常无礼的。答应别人的事，一定要信守承诺，准时完成。

2. 礼貌用语

礼貌语言是一种礼节的表达，它可以传递出一种爱和理解，也可以让人对其更加尊敬。"你好""请""谢谢""抱歉""再见"，这些礼貌用语在国际交流中应该多说。

请：凡是要用到别人的地方，都要用"请"字。

谢谢：不管是谁提供了帮助，不管是家庭成员还是亲密的朋友，都要说声"谢谢"。

对不起：当无意中影响到他人时，应该说"对不起"。

再见：在与人道别时，"再见"是一种礼貌的表达。

3. 尊重隐私

在国际交流中，对个人隐私的尊重也是一种重要的礼节。所谓"尊重隐私权"，就是要恪守"以人为本"。比如，帮助一家人中的一个人，或者给他一件东西，这种行为只对他一个人有意义，除了接受帮助的人会表达感激之外，其他的家庭成员都不会因此而表达感激，这是很正常的现象。

不能侵犯他人的私人空间。一家人住在一起，每个房间都是各自的私人空间，任何人在没有得到允许的情况下都不能闯入他人的房间。拜访别人，到别人的住所，或到别人的办公室商谈事情，这些都需要取得当事人的事先同意。对隐私权的尊重，也体现在谈话时要避免与隐私权有关的话题。对他人要做到"五不问"，即年龄、结婚与否、行踪、收入、地址。

4. 女士第一

"Ladies first"，意思是女士优先，这在国际礼节上是一个非常重要的准则。"女士优先"的实质就是要男性无论何时何地，在行为上都要尊重女性，关心女性，帮助女性，保护女性。在社会上遵守"女士优先"的原则，才能体现出男人的阳刚之气。当两个人一起走时，男士应该走在最外面，如果两个人不能并排，男士应该让女士先走。在开门、下车、上楼、进入没有人带领的地方，或遇到障碍物或危险时，男先女后。当搭乘出租或其他交通工具时，要让女士先上车；通常是男士先下，女士再下。在入口、楼梯、电梯、过道等处，男士应该侧着身子，让女士先行。男士应该主动为女士打开车门。在应酬场合，男士见到女士进入，应该站起来表示礼貌；宾客在见面时，应该首先向女主人问好。用餐的时候，进餐的顺序是：服务员带路，女士跟在后面，男士"压阵"，女士落座后，不需要站起来和人打招呼，男士需要站起来跟人打个招呼。点餐时应该将菜单交给女士先挑选。女士在面对男士的礼貌时，不应该表现得太过害羞，应该微笑着表示感谢。

5. 基本态度

在国际交流中，各方的人民和国家应该是平等的。中国人在对待外国人的时候，应该表现得不卑不亢，这也是一种国际礼节的基本准则。"卑"与"亢"是将另一方或自己置于不平等地位的一种交际态度。"卑"是对自己的人格乃至国家的亵渎；"亢"这个字正相反，是对对方的打压和对自己的吹嘘。要想"不卑不亢"，就要注意：不要对另一方有特殊的要求与防备，这样才能让双方真正地达到平等、互惠的目的。没有任何要求，所以很坦诚，没有任何防备，所以很放松。

6. 交谈艺术

（1）交谈的基本原则：一要语言婉转，表达要有技巧。在国际交流中，应把"不满"改为"遗憾"，用"无可奉告"改为委婉地拒绝答复；在社交场合，用"去洗手间"而不是"上厕所"。二要有好的聆听能力，给予他人发言的机会。这样就可以一边听，一边给人留下好印象。三要真诚，不要太拘泥于礼节。例如，欧美人性格直来直去，所以直截了当地说出自己的想法，只要不是太过冒犯他人，都会给人留下很好的印象。四要机智、风趣，避免冲突。幽默诙谐的话语不但可以让人心情愉悦，而且可以缓解由于种种原因而造成的紧张与尴尬。

（2）忌讳谈论的话题：在与人谈话时，通常不要涉及令人不愉快的话题，例如疾病、死亡等，尤其要避免涉及别人的个人隐私，如履历、工资收入、家庭财产等，对于女性，一般不会问年龄、是否结婚等。当别人不想回答的时候，别去追问，应该道歉，或者马上换个话题。在交谈中要小心，不能对不认识的人评头论足，也不能对别人冷嘲热讽，对宗教话题要谨慎谈论，不能乱说。

（3）调节声调：在与人说话时，若能尽量压低自己的声调，将会有意外的效果，较低的嗓音更容易引起别人的注意，也更容易赢得别人的信赖与尊重。

（二）遵守职业规范

与涉外工作者的基本行为准则相类似，一名国际中文教师也应遵循以下职业准则：

1. 政治行为规范

国际中文教师应具备一定的政治理论素养、基本的政治文化素养，以及国际关系方面的知识。

（1）坚定自己的立场，以大局为重。到中国学习中文或在自己的国家学习中文的外国人，不仅对中文有兴趣，而且对中国也有兴趣，想要更多地了解中国。所以，他们经常会就一些社会现象、国际行为、历史遗留问题向教师提问，因为他们大多都把教师当成了中国问题的专家。中文教师就应该坚定自己的爱国心，从国家的荣誉和尊严出发，耐心地向学生讲解，让他们能够客观地了解中国的现状。

身为中国人，教师有时候也会抱怨社会的某些方面，但不能把这种情绪展露给学生，否则后果不堪设想。首先，这种行为有损国际中文教师的形象。一个对自己的国家、民族、同胞充满怨言的人，无论他是谁，都无法获得他人的尊敬和认同，更不用说教师了。一个读书人，要有文化，要有修养，要有思想，如果用过分的话来表达自己的偏见，那就会令人生厌。其次，对教育有不利影响。在课堂上，如果教师从某个词语、句子或课文内容中衍生出对社会现实的不满，既占用了教学时间，又耽误了教学进度，还浪费了学生的学习时间，更容易引发学生的反感。最后，对于中国人、中国的形象的展示也是不利的。身为中国人，既不能对自己的国家和社会的不完美做出客观的评价，又在不恰当的场合对不恰当的人说不恰当的话，这损害了中国的国家形象。

（2）以平常心看待问题，客观回答问题。对于一名国际中文教师来说，不但要了解汉语的内部规则，还要了解汉语所反映出来的历史、文化、政治、社会等方面的实际情况。如果教师平常对时事比较关心，有一定的思考能力，并且具有比较宽广的知识面，具有比较全面的历史、地理、政治、经济、教育、民族、社会学等方面的知识，同时，对我们国家的政策法规、党的方针政策有比较准确的认识，那么他才能实事求是地回答问题，做到"以理服人"。作为一名国际中文教师，职责就是向外国人介绍真实的中国。

2. 交际言行规范

（1）穿着得体、仪态端庄是国际中文教师应有的外部形象。服装作为一种重要的非语言交际工具，其所传递的文化因素、传播的信息都会对人们的交际造成一定的影响。衣着得体，能显示出一个人的气质、地位、修养等，是促进人们顺利交流的重要因素。身为一名教师，衣着整洁是最基本的要求。首先，国际中文教师的衣着必须与中国人的审美观一致。在我们国家的文化中，"庄重"是教师的形象的代名词，所以，作为一名国际中文教师，必须穿着得体、庄重。此外，根据国际交流的礼节，在正式的场合，为了表示对对方的尊敬，必须着装得体。因此，教师走到讲台上，在这么多的学生面前，就应该穿得正式，这是一种尊重。面对外国留学生以及各种各样的审美观，只有"以不变应万变"，才能使自己的服装造型与中国文化相适应，适合自己的职业服装造型。其次，在服装设计上，要注重个人风格和时尚感，突出国际中文教师的审美观；随着时间的推移，服装也会随着时间的推移而更新换代。一个人的衣着打扮，也折射出社会思想的变迁、经济的发展、社会审美情趣的变化等。在现代社会中，人们对服装的新奇、独特、个性、时尚的要求越来越高。如今，人们对美丽的渴望越来越强烈。国际中文教师也追求外表上的美和时髦。服装是中国的象征，也是中国人民的象征，国际中文教师的服装和服饰反映了中国的经济发展以及人们的审美趣味和生活水准，所以，注重服装的个性化和时尚性也是十分必要的。

（2）国际中文教师要做到举止得体。当教师和学生就某一主题进行闲谈时，教师应认真聆听，并对谈话对象表示尊重；要注意谈话时不要打断别人，要等别人讲完了，再继续讲下去；不要对所讨论的问题随便发表评论，尽可能客观地表达自己的观点，不要说得太绝对。例如，对一些国际事件，我们不能只从自己国家的角度来看待，还要从其他国家的角度来看待。当与对方意见不一致时，要留有余地，不要因求胜而与人争论，也不要因坚持而令人尴尬，此时要尽早结束对话。在与学生交谈的时候，不能随意地对第三人进行批评和评价，包括其他学生、教师等。要注意使谈话的内容具有单纯性和可公开性，以此来塑造教师自身的耿直形象。讲话时，要有礼貌，既不能表现出高傲，也不能表现出胆小。正常情况下，教师都是站着讲课的，除非情况特殊。教师在讲课的时候，要站得笔直、面朝学生，有时也要在课堂上走动。不能靠在讲台上，也不能站在讲台旁边。如果是在特殊的情况下，需要坐着的时候，也要保持端庄，要坐直身体，不要做斜靠、半躺、叉腿等不雅的姿势。来自不同国家和地区的学生，有不同的文化禁忌，在教师对这些禁忌还不够了解的情况下，要格外小心自己的行为，不对学生做出不适合的动作，以免引起不愉快。教师不能随便触碰学生的文具和书籍，以免引起学生的反感；无论男学生还是女学生，教师都不要随便触摸学生的肩膀、手臂、手、背部等身体部位。

第三节　国际中文教师的道德素质

无论在古代还是在现代，教师都必须具备崇高的品德。孔子是中国教育史上最早重视师德、秉持"身教胜过言教""以身作则"等教育思想的先驱。《论语·子路》有云："其身正，不令而行。其身不正，虽令不从。""不能正其身，如正人何？"孔子认为，如果教师有很好的品德，就会产生"君子儒"。17世纪英国著名的政治思想家和教育家洛克，在他的"绅士教育"学说中提出四种品质，即德行、智慧、教养、学问。而德行则是绅士人格的核心。他说："在一个人或者一个绅士的各种品性之中，德行是第一位的，是最不可缺少的。"只有教师本身具有崇高的品德，自己先做一个君子、绅士，才能培育出符合社会需要的人才。作为一名教师，应该有很好的修养，无论什么时候，都应该彬彬有礼。虽然"育人"并不是国际中文教师的责任，但他们的人品很重要，在学生眼中，每个国际中文教师都是"中国人"，他们的一言一行都体现着中华传统文化。所以，在中文教学中，国际中文教师要有良好的品德和良好的品格。

一、践行公民道德

（一）良好的公德行为

"社会公德"简称"公德"，是社会团体间的一种道德，是社会上的人为维护自己团体的利益所形成的一种习惯，它是人们在社会交往与公共生活中所必须遵循的一种行为标准，是维持社会成员间最基本的社会关系秩序、确保社会和谐与安定所必需的一种基本的道德标准。在当代中国，社会公德已成为公民道德建设的一个重要内容。作为一名国际中文教师，首先要做的就是反思自己的公共道德，如果有什么不足之处，就要努力纠正。不但在学生面前要注意自己的言行，还要在任何场合都要对自己有严格的要求，在生活中要做一个遵守公共道德的好公民。在学生眼中，国际中文教师大概是与他们接触最多的中国人。所以，国际中文教师的道德水准，不仅是他们个人素质的表现，更代表着中国人。

（二）可做表率的私德

按照道德规范的适用范围来划分，私德与公德相比，它指的是存在于比社会大众更小的小群体或个人间的道德规范。私人生活中的道德品质，指的是人们为了维护自己的小群体或自我利益而约定俗成的行为规范，它主要指的是个人品德、修养、作风、习惯以及个人生活中处理爱情、婚姻、家庭问题、邻里关系的道德规范。

陶行知认为："私德为立身之本，公德为服务社会国家之本。""私德不讲究的人，往往就是妨害公德的人，所以一个人私德更是要紧，私德更是公德的根本。"教师的个人道德可以影响别人，也可以成为别人学习的榜样。中小学教师和大学教师在"教书育人"这一教师传统职责的基础上，应该具有良好的个人道德修养。然而，由于国际中文教师的工作是面向不同文化背景的学生，其工作任务并非"育人"，而是"教书"，这就造成了国际中文教师的"个人道德"与工作毫不相干的假象。很明显，这种观点是不对的。

国际中文教师虽然没有"育人"的职责，但随着时间的推移，教师和学生之间的关系也会越来越亲密，教师的性格或许不会对成年学生产生巨大影响，但一定会在他们心中留下一个好的或者不好的印象。教师的言谈举止，对学生的态度，对工作的态度，对社会现象的看法等，都可以反映出一个教师的人格素质。学生是有判断力的，他们可以判断出一个教师是怎样的一个人。在他们眼中，教师并不只是一个人，更多的是一个"中国人"，所以从这一点上来说，教师的私德就不再只是个人的私德，更多的是群体的私德。目前在我国社会的公民道德需要不断提升的情况下，作为一名国际中文教师，我们有义务树立更高的道德标准，对自己的道德提出更高的要求。

二、践行教师道德

（一）责任心

责任心是一个人对自己和别人、对家庭和集体、对国家和社会所负有的责任的认识、情感和信念，以及与之相对应的一种自觉的态度。一个人既要有道德的自律，又要有责任心。负责任是每个人都应该拥有的一种基本素质。对于一个人来说，负责任是他成功的关键。在这个世界上，有很多的成功人士，尽管他们的生活环境和人生经历不尽相同，但他们拥有一个共同的特征，那就是对事业具有责任心。在教学实践中，国际中文教师的责任心包括两个方面：一是对工作的责任心，二是对学生的责任心。

1. 对工作的责任心

对工作的责任心是指教师要认真地做好自己的工作，把取得好的教学效果作为自己的最高目标。这种敬业精神，贯穿于整个教学活动的各个环节。教师重视上课，是工作认真负责的首要体现。上课要准时，不要迟到早退。因为文化的不同，一些国家的学生在时间观念上跟中国人不一样，所以在课堂上，经常会出现迟到早退的情况。有时候，在课堂上，教师没有按时来上课，他们就会认为，自己也不用准时来上课，也可以早几分钟下课，这对教师们没有任何影响。有时候，由于各种各样的原因，比如交通问题，教师可能会迟到。大多数教师都以为，这样的事情是偶然发生的，是无法避免的，只需要向学生道个歉即可。但实际上，按时上课，是教师对自己工作的重视，是对学生的尊重。不要随意利用上课时间闲聊、看电影，虽然表面看上去还是在学习中文，而且很放松，但由于没有明确的教学目标，所以很难取得真正的成效。课堂内容应该由教师精心设计，成为连贯的教学环节，并加以精准利用，每个环节都应该有教学目标。

备课是第一环节。做好充分的准备，是有责任心的前提。长期以来，"只要会讲汉语，就可以教中文""对外国人来说，学中文是一件很简单的事情"等观念，不但影响了公众的视觉和听觉，而且也在潜意识中影响了部分国际中文教师，导致教师备课不认真、不到位的情况时有发生。有些教师很少备课或根本不备课，或者准备一节课后重复使用，没有针对学生的状况进行调整。前者表现为教师工作态度不端正，对中文课程的理解过于简单，而后者表现为工作态度消极。

授课是第二环节。在教学过程中，教师的责任感体现在有效使用自己的时间，而不是浪费自己的时间。一位负责任的教师，在备课时，会把每个步骤都安排得井井有条，把上课的时间尽可能地用在学生身上。汉语课具有明显的特点，学生可能在任何时候提出问题，或者在讨论中转移话题，打乱原定的教学安排，教师必须时刻准备应对这些情况。经验丰富、责任感强的教师，会比较快地解决问题，并且及时地把教学过程串联在一起。但是，有些教师就会信马由缰，跟着学生的话题往下说，这样就会越说离题越远，以至于把课堂教学时间都浪费在聊天上，也就很难完成教学任务。国际中文教师往往对此不屑一顾，以为讨论的主题往往涉及中华文化等，有利于学生学习，其实这是教师授课随意和工作态度不够严谨的体现。

作业是第三环节。中文教学，不管是什么类型的课，都应该在课程完成后布置作业，以便及时地进行复习巩固。在当前的国际中文教学中，普遍存在着写作、精读课作业多，听力、口语、文化课作业少的现象。造成这一现象的原因，从客观上来说，一方面是因为听力、口语、文化课作业比较难布置或不易操作，另一方面是因为学生完成作业的热情不高，教师也很难坚持。然而，我们都知道，作业是学生最重要的学习方式之一，也是教师最方便、最直接、最有效的教学方式。批改作业要花很多的时间，当学生的作业质量不好的时候，教师的工作量也会翻倍，教师对于布置作业的热情很低，这也是教师缺乏对工作的责任心的表现。

2. 对学生的责任心

国际中文教师的责任感，其内部层次应该与中国文化相一致，外部层次应该是具有跨文化和适应多种文化特征的。汉语教育在教学层次上是一个复杂的过程。从我国的情况来看，大多数学生都是成人，他们的学习环境在大学里面，他们的课程也是在大学里面进行的，而教师对自身教学效果的监管则是与中学教育相似的，这是由教师的教学内容和学生的学习习惯所决定的。所以，教师要对学生有足够的责任感，才能胜任自己的工作，但是，在责任感的表现形式上，又应该与中小学教师有一定的区别。

在我国中小学，教师对学生的管理和监督比较严格，学生对教师的服从是理所当然的，教师在学生面前的权威是不可撼动的，也是不可挑战的。在这种情况下，教师的责任感是片面的，他们的工作方式具有"家长式"的特点，他们不能设身处地地为学生着想。这样的"负责任"行为，是不应该被国际中文教师模仿的。在中国，外国留学生在大学学习中文，有不同的学习动机、学习目标、学习习惯。这些学生中有不少是成人，他们有自己的生活和学习计划，不需要教师的催促；也有相当一部分学生是未成年人，他们的学习态度比较松散，还有些学生的学习动机不明确，因此，对他们进行督促非常有必要。然而，在当前的中文教学过程中，教师缺乏对学生进行有效的指导，这是一个严重的问题。原因有两点：第一，教师觉得学生已经是成人了，可以为自己的行为承担责任了，所以不应该过多地去询问和监控他们的学习情况；第二，其他国家的人对中文的理解和中国人不一样，教师不能把他们等同于中国人。除此以外，如果教师太严厉，学生可能会因为压力太大而放弃学习中文，教师也会觉得得不偿失，所以也就不愿意再督促学生了。

可是，身为教师，当然要为学生的学习成效负责，那么，如何才能合理适度地展现教师对学生的责任心？首先，就是要保证每个学生都能在教室里学到东西。为此，教师的准备工作是基础，对课堂的控制是关键。备课时针对不同类型的学生，应提前准备好他们将在课堂上回答哪些问题、参与哪些环节，在课堂上进入各个教学环节时，要落实到每位学生。其次，就是要时刻关注学生在课堂上的表现，让学生对自己所学到的东西有一个清晰的认识，这样教师才能在第一时间对教学内容做出相应的调整，让学生在每一堂课中都能有所收获。最后，是通过作业来了解学生在课堂上的学习情况。坚持布置作业，细心批改，使每位学生都乐于去完成，并能巩固课堂所学知识。若能做到以上三点，加之对学生的尊重、友善、适当的关怀，则教师的责任心就会更强。

（二）用学生可接受的方式关爱学生

教师爱学生，是教师道德的灵魂。古今中外许多教育家都把"爱"作为教育的首要因素。师爱研究里，"师"指的是在一个国家的教育系统中，负责对下一代进行培育和教育的教师，因为他们肩负着知识的传授、文化的传承、思维的训练、精神的塑造等责任，所以，他们被称为"灵魂的工程师"。国际中文教师的职业明显不同，其作用主要是"经师"而非"人师"。在这种情况下，教师又该怎样去爱自己的学生？

第一，心怀感激，乐于助人。能够理解学生的教师都会认为，教师应该考虑如何帮助学生，考虑如何让他们更好，关心他们的发展，为他们的错误感到遗憾，为他们的成功感到高兴。想要得到有价值的东西，必须付出艰苦的努力，要经历一段艰辛的历程。从这一点来说，没有什么比教师的爱更能减轻学生的痛苦和疲劳了。由于语言学习的特殊性，学生在学习过程中会遇到许多困难，从而使学生产生怀疑、自卑、焦虑等情绪，因此，教师有必要给予学生帮助。这些帮助包括关心、指导、鼓励、表扬与耐心地回答学生各种各样的问题。对于在中国学习的学生，他们在学习和生活中可能会遇到一些困难，教师也应该尽量帮助他们。然而，中国教师对外籍学生的关怀，往往会使他们感到不高兴，甚至产生抵触情绪，这是由于中外文化的不同造成的。中国人的关怀多以嘘寒问暖、叮嘱关心为主，而有的学生则会觉得教师侵犯了他们的隐私。教师不能因此而放弃对学生的帮助与关怀，而应该在具有跨文化交际意识与能力的前提下，用学生可以接受的方式去帮助他们。在日常教学中，我们可以看到，学生在某种程度上是对教师具有依赖性的，当他们遇到问题时，第一个想到的就是寻求教师的帮助，教师热心、耐心的帮助会让他们有一种安全感。

第二，对待学生要诚恳。不论幼童还是成人，各年龄段的学生，都很容易察觉到教师对自己是否关注。真正的关爱，没有刻意的表达，也没有刻意的语言，只是说出自己的心里话。教师之爱是把自己对所教科目的热爱和对学生的热爱结合起来的，学生可以从教师的教学热情中感受到他对事业的真挚和热爱，也可以从教师的一个细微表情和语气中感受到他的真实态度和感情。在很多时候，国际中文教师和学生的交流都会出现一些问题，但这并不意味着学生就看不出教师的态度。师生之间的交流，除了语言之外，还会用其他的方式，比如表情、眼神、语气等，这些都会反映出教师的真实想法。学生千差万别，教师对学生的诚恳态度却不应因此而有所差别。教师的爱是一种博大而自然的爱，教育的本质就是要激发学生心中的善良、智慧等最美好的人性因子，并加以培养和升华。而想要让善良被激发，就必须要有爱。这是一种发自肺腑、水到渠成的情感，而非刻意矫揉造作。在真诚相待这一问题上，尽管人们的文化差异很大，但大家都有一个共同的愿望。

第三，对学生的尊敬。教师应该以平等的态度对待学生、尊重学生。这是教育科学所倡导的。在中国传统的教育体系中，教师与学生之间的关系，依照儒学中的人伦关系，被比喻成"一日为师，终身为父"的"父子关系"。但是，在我国的儒家文化中，人伦关系是具有严格等级秩序的，"贵贱有等，长幼有序"是所有人都要遵守的伦理关系。所以，想要做到师徒间的平等，是非常困难的。在我们的教育中，很少有人能做到"一视同仁"，大多数教师把"师道尊严"理解为：在学生面前拥有权威，可以对学生进行严厉的批评，也可以让学生无条件地听从教师的命令，这一切都是为了学生好。而且，教师在评判学生时，基本上都把成绩作为评判学生的唯一标准。在相同的理念影响下，学生也会产生一种对教师权威的自主服从心理，当他们自己成为一名教师时，他们就会不自觉地模仿自己的教师，树立起自己的教师形象。在中文教学过程中，师生关系的第一个原则就是要尊重学生，这种尊重应该是从心底里发出的，并且不能把学得好与不好作为评判学生的唯一标准，也不能用不同的态度来对待学生。我们应该平等对待每个学生，尤其是那些学习能力差、接受知识速度慢的学生，要多加关注，多些耐心。

第四，要充分认识学生。一方面，教师应该把学生的姓名记在心里。许多教师一次带好几个班级，学生数量很大；国际中文教师的工作往往是繁重的，教师和学生之间的联系也是有限的，除非是一周一次或两次的课程。另外，一些留学生的汉语姓名很难记，教师经常无法把他们的姓名与人对上号。但对于教师而言，记下他们的名字，既是最基本的认识，也是最基本的尊重。另一方面，在和学生相处的时候，教师要知道他们的性格特点、学习风格、学习目标、理想等，这样才能在教学、批改作业、考试等活动中，针对每个学生的不同情况，采取不同的对策。

第五，严格要求学生。在中国的传统文化里，有一句话叫作"教无严师"。怎么个"严"字合适呢？很多教师认为，应该"以德服人"，这和我们国家缺少表扬和鼓励的传统文化有关。不管是父母对子女的管教，还是教师对学生的教导，他们都会采用严厉批评的方式，而不是夸奖和鼓励，哪怕他们心中很满意，也会提出更高的要求。这种行为很容易使学生的自信心受挫。但对于国际中文教师来说，很少有人用这样的态度。究其原因，就在于中国人对待外国学生常以"宾客之礼"，始终以礼相待。事实上，教师和学生是平等的，教师不应该走任何一个极端，教师在课堂上起主导作用，他有义务督促学生把所学的知识掌握好。教师的职责就是对自己的学生进行有效教育。如果一味地纵容学生，而丧失了自己的原则，其实是在贬低教师的人格。

第四节　国际中文教师的心理素质

　　教师的心理素质，指与学生的身体和精神发展有密切联系的，同时又具有一定的可教育和培养性质的、与能力不同的心理素质，但它又不是所有的心理素质的总和。所以，对于国际中文教师而言，教师的心理素质应该是关系到自身发展的一种心理素质。在已有的研究中，国际中文教师的心理素质主要集中在应对心理压力、处理各种压力和矛盾的心理准备、克服环境困难和干扰、自我情绪调节等方面。笔者从多个视角出发，引入"信念（belief）"的概念，从三个方面对国际中文教师的心理素质进行探索：一是对自身的信念，二是对学生的信念，三是对教与学的信念。

一、对自身的信念

　　文中所用到的"信念"一词，并非指教师的信念，也非指教师的理想，而只是泛指教师认为正确的事情，即教师心中对某件事情的看法。这样的观点和信念在早年就已成形，一旦成形就很难再改变。信念是指人们所相信的事物，但是信念对于新思想、新知识的吸收具有一定的情绪过滤效应，它可能被重新界定，也可能被扭曲。信念是很难衡量的，所以我们更多的是根据一个人的所作所为来判断他的信念。一个教师的信念，会对他的教学行为产生很大的影响。

（一）认识自身

　　我们认同"人本主义"的观点来理解教师自身。它强调教师对自身是"人"这一概念的理解，以及对自身和学习者在交互社交方面的最佳表现方式的理解，都会对学习进程产生影响。从"人本主义"角度看来，"教学"实质上就是一种"人"的表现。在运用语言的过程中，教师必须表现出一种自信，并尊重学生运用该语言进行自我表达，努力表达自己的观点。

1. 尊重自身

　　自尊不仅是一种心态，更是一种理念。对于个体而言，自尊侧重于一种心理表征，是一种自我认识、自我评价的心理，体现为承认并重视自身在社会中的价值，喜爱并热爱自身的情绪及接受自身的意向。自尊的获得建立在对他人的尊重之上，当今"以人为本"的理念赋予了教师"自尊"新的、更深层的内涵，并对其进行了重新定位。教师要使自己得到"自尊"，首先要尊重别人，这一点同样适用于学生。教师应该对学生表示尊敬，将学生视为教学过程中的主体，学生是拥有独立人格价值的人，他们在人格上是完全平等的，也就是说，师生之间不存在高低、强弱之分。人本主义的教育理念表现出对学生个人情感和个人需求的尊重，它强调的是一种具有真实个人意义的学习，提倡将认知和情感都包含在其中的全人教育（whole-person education）。在教学过程中，教师应该先尊重自身，然后才能真正尊重学生的需要和感情。这里的"自身"，既是"教师"，又是"人"。在教学过程中，学生更多感受到的是教师自身的情绪结构，而不是教师所教授的知识。所以，教师对自身的看法，是可以轻易地让学生感觉到的。一个没有自尊心的教师，是无法培养学生的自尊心的。教师要客观地了解自我，肯定自我，接受自我，尊重自我，以一种自信的态度站在讲台上，对自己的教师身份有足够的自尊感，对自己的教学有足够的信心。学生对教师这一自尊自信的感知，可以使他们对教师产生尊敬，从而让教师在学生面前树立起尊严。

2. 敞开自我

Permissiveness 的本意是"放任、许可"，在这里特指 permission to be oneself，也就是个体敞开自我，用自己的兴趣与好奇心去寻找人生的意义，并拥有独立见解、信念与价值的自由，从而成为具有独特性的个体。"放任"也可视为一种自我发展，即在自己的生活、工作中，不断地接纳新的因素，从而提高自己的能力。心胸开阔，是不断吸纳新思想、保持活力的基础。人本主义教育观有时候被描述为"以学生为中心的教学"，但用这种简单的描述来说明一种教育观，难免会有偏差，而且教师的一言一行都会显著地影响到学生的个体成长和发展，可以说，教师的所有教学行为都体现了教师对自身作为人的定义。所以，人本主义的教育理念应当是"以人为本"的教育理念。教师的教学理念是教师自身理念的体现，教学行为也是教师自身理念的体现。中文教师向学生传递的是语言和文化的信息和知识，但事实上，教师自身的一言一行都传达着价值、态度等精神层面的东西。所以，中文教师不能忽视学生自身精神的培养。

教师应该是一位终身学习者，这是教育学界一直以来的共识。这个提法，无疑具有重大的意义和价值。作为一名国际中文教师，除了要不断地学习专业知识和教学方法之外，还要不断地学习怎样才能成为一个有健全精神的人，这两者就像是一个人的双脚，不能有任何的偏差，这一点也是所有国际中文教师都应该认同的。专业领域的学习是不能停止的，主要原因在于，教学对象是在持续改变的，这就导致了相同的一门课程，在教学过程中会产生各种各样的问题，教师需要不断虚心地学习专业知识，这些问题才能迎刃而解。随着语言研究的不断深入，新的理论和观点也不断地涌现出来，因此，作为一名教学工作者，应该及时掌握本体论的研究动态，不断地更新和丰富自己的知识体系。不要以为自己的专业知识足够了，就可以故步自封，可以"吃老本"，要有一颗谦虚的心，对自己的专业知识和能力有一个客观的认识。笔者在教育工作中，看到许多年轻教师在课堂上授课时，会出现拼音、笔顺方面的错误，也会出现词汇、语法点解释方面的错误，由此可以看出，专业知识的终身学习确实很有必要。同时，国际中文教师自己的心理建设也不容忽视。因为我们所受的教育是不完美的，所以我们必须对自己的个性和心理品质进行不断调节，才能逐步朝着完美的方向发展。所以，成为教师后，自我完善意识一定要非常清晰，在与学生的交往中，积极、自觉地发现自己的缺陷和问题，寻找弥补和修正的方法。

3. 独立思考

在实际教学中，同一种教材，同一种学生，同一种教学方法，由于教师不同，产生的效果也不尽相同，即所谓的"效果差"，这种现象在国际中文教学中表现得尤为突出。很明显，造成这种差异的根本原因在于教师。所以，一个教师要想做好教育工作，必须要有自己的思想。每位教师所面临的是一个不可替代的、不可重复的教育问题，这就要求他们依靠自己的专业知识与技巧来独立、创造性地解决问题。对于教师而言，虽然可以通过学习、借鉴教育理论以及其他教师成功的教育经验来改善自己的教学工作，但这一切都是建立在独立思考、独立判断的基础上。

从外在的角度来看，传统的教师工作是独立的，他们自己备课、讲课，课堂活动是由教师与学生共同完成的，没有任何其他的人参与进来。但是，在语言教学，尤其是在中文教学方面，很多教学机构都会强调集体备课，教师们会互相说课、评课，而且还会对课堂教学模式进行各种各样的创新和尝试，例如，设置讲授者，教师与讲授者两个人一起上一节课。另外，近几年来，各类教育机构举办的教学培训班、讲座、名师观摩等活动也越来越多。从这一点可以看出，中文教学中，更多的是教师们的合作以及教学资源的共享，各种各样的教学活动似乎都被纳入了一条规范的轨道。在这种大潮流之下，教师还要不要"独立"地思考？答案是"可以"。因为"独立思考"和"合作""分享"等概念并不矛盾。独立思考是教师的隐性活动，其结果体现在教师的一切外在活动中。独立思考包含以下几个方面：

（1）教学理论。教学理论就是教师的教学原则和信条，它是教学的核心。教学理论主要有两种：一是共享理论，即我们努力学习、力图使其成为教师教学实践指路明灯的各种理论；二是内隐理论，它指的是教师基于自身经验而形成的对教学的理解，并创造出来的具有实际效果的教学原则和方法。它的形成基于教师自己的经验、理解以及他们对"好的教学"所坚持的个人原则和信念。语言教育界一直以来都只注重外在的教学理论和运用，而忽视内在的理论和开发，教师往往"厚彼薄此"，缺少内在的观察，或者说，缺少独立的思维。内隐理论在教师的教学实践中发挥着更为重要的作用，教师对自己的行为所做出的解释往往不是从教师培训项目中所学到的。而教师的教学行为则由内部关联所主导。这一关联源于教师的个体经验，尤其是校园经验，而这一关联又基于教师自身的理解。因此，教师要想把外在的理论融入自己的知识体系，在自己的经历中，形成自己的特点和适用范围，就必须自己去思考。

（2）教学实践。关于教学实践的独立思考，主要指的是教师用批判性反思（critical reflection）的方式，对自己的教学实践活动的每一个层面进行审视，从而不断地充实和更新自己的教学理论和实践能力。伴随着教师在教学技巧、意识及知识水平上的发展，他们从只关注课堂教学技巧（也就是课堂教学能力）的层面，上升到另一种被称为批判性反思的层面。这个层面的独特性就是，教师可以用自己的教学理论和教育哲学来引导教学行为，而且，他们还可以在批判性反思和自我评价的过程中，持续地对这些理论和行为进行更新和提升。教师对自己的教学实践活动有最直接的了解和认知，具体包括教学设计是否完善、教学方法是否适合、学生的接受情况如何、教学效果是否达到预期目标。一节国际中文课上得好不好，关键不在教师自己，也不在学生的评价，而在学生对所学知识的理解程度。

（3）自身素质。关于自身素质的独立思考，就是教师有意识地对作为人、作为教师的自己应该具有的个性素养进行思考和反思。在这个时候，要注意杜绝自满、不以为然的态度，不要认为自己的素质没有问题，或者认为自己的素质与教学没有关系。对自身品质进行独立思考，应将注重对自身品质的培养作为起点，首先，要用与之有关的知识来检视自己，发现自己的缺陷，然后加以修正，最后才能获得更高的水准。其次是在与学生的交流和交往中，找出自己的不足，努力提高自己的能力。所谓"独立"，就是指教师在认识自身时，不仅要注重真实客观，而且要保留其独特性。在强烈的自我提升意识指导下，不回避、不忽视、不自卑；要对自身的独特之处有一个客观的认识，要承认自己，不要在与别人的攀比中失去自我。要在思想、观念和认识上独立，这是作为个人最可贵的地方。同时，实践证明，具有独特个性并能适当表达的教师，更容易受到学生的喜欢。

（二）教育机智

《教育大辞典》对"教育机智"做了这样的解释："教育机智是由各种因素组成的，具有适应形势变化的能力。在教学工作中，能够帮助教师灵活应变，果断地处理问题，能以机智、准确、发人深思的方式指导、启发和教育他人。一个教师的教育机智，是在长时间的教育实践中，通过对教育的锤炼，并与教育科学理论相结合逐渐形成的，它是教师的经验、才识和智慧的结晶。"这里对"教育机智"这一概念进行了较为抽象化、宽泛化和全面化的定义，以适应不同类型的教育者和教育领域。

对于国际中文教师而言，教学环境的变化主要表现在课堂上，而中文教师的教育机智，在课堂上则表现为一种特殊形式，即"教学机智"。教学机智是一种实践性、情境性和创造性的统称，又可划分为主动型教学机智和被动型教学机智，反映的是教师临场应变的智慧，是对教师整体素质的考验。从教学机智的特征上讲，它更多地表现为"心理素质"，而非"能力"。一个有教学机智的人，应当具有敏锐的洞察力，能够通过他人的言外之意，洞悉他人的心思；了解他人内在生活中的心理学及社会性含义；具有很强的分寸意识，从而能直觉地了解到在特定情况下应当深入到什么程度，以及在特定情况下要与对方保持多远的距离；有一种道义上的本能，可以感觉到最适合的行为。教育机智的首要活动层次是"心智"。当在教室里出现了突发或意外状况的时候，教师的第一反应就是敏感地接收信息，快速地进行思考，并形成相应的应对措施。之后，教师立刻用自己的语言或行动来完成这一教学机智活动，将问题妥善、精彩地解决。内在的心理因素是教育机智的支撑平台，外在的才是教师的能力、技能、艺术等，没有良好的心理素质，教育机智就不可能发挥出来。

在国际中文教学中，由于第二语言教学本身的特殊性、教学对象的不确定性以及文化差异的多变性，对教师的教学技巧提出了较高的要求。这就需要教师能够随机应变，在不同的教学情境下，灵活地调整自己的教学策略。在课堂教学中，师生之间的关系错综复杂，相互影响，经常会发生一些意想不到的事情，这就对教师的能力提出了更高的要求，即要善于应变、掌控好课堂教学。国际中文教师应清楚地认识到自己的教育机智，并把教育机智的成熟看作是优秀心理素质的一个基本要素。在教育机智的实现中，稳定的心态和良好的心理承受能力是两个重要的心理因素。

1. 稳定的心态

教学机智有主动机智和被动机智之分。主动机智指的是，教师在没有遇到任何意外问题或者遭遇尴尬局面的情况下，由于一定情境的触发，突然之间对一个习以为常的问题有了新的认知，从而产生顿悟，并立即给出了相应的反馈。当这种机智出现的时候，教师并不会觉得手足无措，相反，他会在自己很熟悉的环境中，激发出某种教学的灵感或直觉。由此可以看出，教师在课堂上发挥出色的主动教学机智，所依赖的硬件是教学实践经验、灵活的教学思维和教学中的创新精神。而软件就是稳定的心态。在稳定的心态的基础上，主动的教学机智才能发挥作用，进而产生良好的教学效果，产生较强的自我效能，教师会因此变得更加自信，心态也变得更稳定，如此往复，构成一个良性循环。

在不熟悉的环境中，教师的被动教育机智会被激发出来。被动教育机智的运用主要来源于课堂上的偶然事件，课堂上的偶然事件可以分为两种：一种是课堂上的教学失误，另一种是课堂上的意外事件。在教学的过程中，教师要根据偶然事件的类型进行区别对待。课堂上的错误有三种：（1）板书错误。在实际教学中，教师往往会出现板书失误，错写、漏写，严重的还会有题目和标题错写、漏写。（2）语言上的错误。就算是再好的国际中文教师，也难免会在课堂上犯一些语言上的错误。（3）错误的操作。在这里，"操作"一般指的是教师在课堂教学中，除了教学语言（包括板书语言）之外，所有的行为活动，例如演示、教具使用、教学多媒体操作等。教师在课堂上所做的操作是否恰当，将直接关系到教学信息能否被正确地表述，能否被学生所理解。

国际中文课中出现的错误类型基本与这些现象一致。在板书中出现的主要错误有拼音和汉字的书写错误、笔画的顺序不对、提笔忘字、板书排版错误等。语言错误主要包括口误、字词读音错误（误读或自身认识错误所致）、朗读断断续续等。在操作中出现的错误主要有多媒体、教学工具的运用不顺畅等。课堂上出现错误是不可避免的，每位教师都要正视这种突发性问题。要想完美解决问题，第一步就是要有稳定的心态，不要惊慌，要镇定。这样可以使思维更加清晰，能够从大脑里的储备中找到合适的解决方法，快速做出反应。

2. 良好的心理承受能力

心理承受能力指的是一个人在面对逆境所导致的心理压力和负面情绪时，接受和调整的能力，它主要是指对逆境的适应力、容忍力、耐力。一个人需要具备一定的心理承受能力。在课堂上处理突发事件，要求教师有很强的心理承受能力。课堂突发事件的类型有三种：（1）学生的不当行为。这主要是指在课堂上，学生故意或无意地扰乱课堂秩序，违反课堂纪律的行为。这种行为往往具有很大的影响，有时还会打乱教师精心设计的课堂活动。（2）课堂教学情境的改变。这是指在课堂教学过程中，教师所处的环境突然发生改变，从而对正常的教学造成影响的一种现象。它可以被划分为两种类型：一种是教师所处的内部环境异常，另一种是教师所处的外部环境异常。例如，多媒体设备突然坏掉、学校附近施工噪声大、天气突然改变等。这种现象必然会影响到课堂教学的正常进行。（3）学生出乎意料的回答。这是指在课堂教学过程中，学生的回答与教师对答案的预期有很大的差异，或学生向教师提出了一些意料之外的问题，导致教师难以应对的情况。无论在什么情况下，一旦应对不当，都会对后续的教学造成一定的影响，从而影响到学生对教师所教授知识的信任感和学习效果。

国际中文教学中最常发生的突发事件有：学生迟到或不到、上课走神、突然发问或者给出出乎意料的答案以及因环境改变而产生的各种突发事件。在这种情况下，教师往往会产生一些想法：一个学生迟到了，或者没来，是因为他不爱听我的课程吗？看我不顺眼吗？学生们在课堂上讲话或干别的事情，这是对我的不尊重吗？这个学生会不会是故意在给我难堪？在这种情况下，教师需要有较强的心理承受能力：一方面，要用积极的情绪来回应，不要轻易进行消极的推测；另一方面，也要利用积极的技巧，把这些问题很好地解决掉。

对于学生迟到或不到的问题，通常可以采取加强考勤、辅以奖罚的方法来处理。在特殊情况下，还可以与学生进行谈话，了解问题的成因，并想办法解决问题，还要对学生进行合理教育，多加督促。有些学生，一到教室就昏昏欲睡，如果教师严厉训斥，效果也不会太好。对于学生出其不意的提问，教师应该先肯定其思维能力，再视具体情况，运用教学机智加以解答。问题的类型一般分为两种：一种是利用教师的知识和经验在课堂上立即解答；还有一种问题，是很难立刻给出答案的，即使教师自己也弄不明白，这时就可以用"下课后我们讨论"或"下课后查查资料或跟其他教师讨论"来暂时搁置问题，继续原来的课堂教学。当遇到突发事件，特别是令人不快的事件时，教师必须要有足够的忍耐力、定力，并运用教学机智来解决。

（三）心理应激

心理应激是一种特殊的心理现象，是一种对外界刺激的应激反应。心理应激超过了人体所能承受的极限时，会对身体和精神造成不良的影响，甚至会威胁到生命。我们不能仅仅视压力为生理上的一个概念，它也有其自身的特点。就引发心理应激的因素而言，主要有心理压力、社会压力和文化压力；就不良应激反应而言，主要表现为多种情感、行为反应，并有认知能力受损、自我评价降低等不良表现。

造成心理应激反应的刺激因素被称为应激源（stressor）。应激源种类繁多，不同学者对其分类也不一样。根据所处的环境条件，可以把应激源划分为三种类型：（1）家庭环境；（2）工作或学习环境；（3）社会环境。

戴·冯塔纳是英国著名的教育心理学家。他认为教师就其本质而言，是一种应激性的职业。教师需要满足各种各样的需要，这些需要既来自学生，也来自同事和家长，还有的来自政府和管理部门。并且，其中一些需要是相互冲突的，一些需要是难以满足的。例如，教师必须经常保持课堂秩序，他们经常不得不花更多的时间去做这方面工作。他们的工作也遭到来自各方的谴责，包括监督人员、学生家长、学校管理者、媒体等。他们很少有机会接受新的培训，但又要经常适应新的教学大纲，以及他们所教授的学科的发展。当然，最主要的原因可能是，教师们有自己的专业水平，他们如果不能达到预期的水平，就会感到沮丧。

国际中文教师也是一种很有挑战性的工作。首先，使课堂教学符合不同的需要这一点就对教师提出了很大的挑战。教师既要适应学校教学的具体需要，又要面临评职的压力；备课、批改作业、组织学生活动等，都需要耗费大量的时间和精力，根本不存在"下班就要把工作留在办公室"的说法，一件工作没有完成，就只能坚持到完成，这让教师始终处于精神紧张状态。其次，在学生之间的交流活动中，他们可能会发生各种冲突，其中最常见的有学生的言行举止不得体、学生对教师的教法和其他事情有异议、师生之间的文化冲突等。除此之外，教师自身在工作和生活中所遇到的问题，比如职业满意度、工作成就感、工资待遇、人际关系、个人情感等，都是应激源。对于国际中文教师来说，应对压力主要靠自我心理调节、情绪调节。

1. 自我心理调节

第一，要对自己的工作情况有一个客观的了解，做出一个符合实际的预判，缩小理想和实际的落差，这样才能从根本上解决心理应激。客观存在的事物和现象本身并无问题，产生压力的根源在于人的心理。如果一个人的心理是健康的，他可以客观地不带任何偏见去处理问题，那么他就不会有太多的压力。此外，要学会知足常乐，不去和别人比较，尤其是不去羡慕别人，拿"人之所长"和"己之所短"来比较，要客观地承认自己的优点和缺点，这样才能更好地应对压力。所以，只有把自己调整到一个开放、宽容、知足的状态，才能从根本上消除心理压力。

第二，在对待工作状况、教学效果、人际关系、学生学习情况等方面，适当地把自己的期望值放低一些，这样就能使自己的满意度得到提升，同时也能减轻压力。有的教师对环境、对他人抱有过高的心理期待，对一切事物都追求完美，这种心态会给人带来很大的压力，让人始终处于心理紧张状态。大多数时候，事物是达不到完美无瑕的，而追求完美，就会给人更大的压力，让人变得不满、变得沮丧、变得愤怒，最终导致精神上的病变。

第三，如果有条件，可以利用问题解决法来排除特定的应激源；问题解决法是一种直接消除刺激因素的方法。就普遍情况而言，问题解决法要比通过改变自己的观点来消解压力更有效。教师可以通过解决问题来调节自己的心态，根据自己的实际情况，直接消解压力，从而最快地消除压力带来的负面情绪，及时地补偿自己可能还没有意识到的损失，提升自己的满意度和自尊心。

第四，当压力出现时，要反思自己的行为，比如"为何我会对此感到不安，感到失望，感到愤怒？"找出压力出现的原因，可以是某位学生的某种行为，也可以是某位学生的某句话，使教师感到不快。教师们应该为自己的心理应激负责，而不应指责别人。由于教师对自己、对职业、对荣誉、对学生、对人际关系，都有一些误解，所以才会在心理上产生与外部世界的矛盾。所以，首先要从自身着手，找出形成压力的心理因素，然后进行调整。

第五，对别人的认识要客观，不要随便评价别人。当我们对他人有了更多的理解，并以更大的包容心去接纳他时，"感觉被别人冒犯"的应激反应就会大大降低。将心比心，设身处地为他人着想，尝试为他的行为找一个合理的、可以接受的理由，从而缓解压力。

2. 自我的情绪调节

首先，让自己变得轻松。在遇到失败和挫折时，要坦然面对，承认自己的缺点和能力的不足，而不是一味地找原因、自责或怨恨自己。在和别人相处时，如果碰到不高兴的事，要学会通过幽默来消解心里的不悦。幽默不但可以帮助人减轻压力，还可以使人更容易接受自己。一个人如果能在他人嘲笑自己时不尴尬，也不自我否定，那么就说明他很了解自己，也很肯定自己的价值。这样的人，在面对外界挑战的时候，不会执着地要求事情按照他们预想的方向发展，也不会因为事情没有按照他们预想的方向发展而愤怒或者沮丧。

其次，客观地分析问题。专注于问题，而非情绪。在应激源的刺激下，要尽量把注意力集中在问题上，尽力去发现它的各种可能，并从中挑选出一个最佳的方案，力求使参与其中的人都满意，而当问题得到解决时，压力也就消失了。如果把重点放在情绪上，就会更多地关注问题所涉及的各个方面的感觉性因素，不但不能帮助解决问题，还会导致压力加大，出现不快、忧郁、激怒等情绪。

最后，我们要保持乐观。乐观是健康、成熟、坚强的表现。乐观可以在一个人面对挫折时起到缓冲作用，也能够在一定程度上为他抵御疾病。与其灰心丧气，不如采取积极的行动，向既定目标前进。选择积极正面的情感，回想、憧憬美好的事物，做自己喜爱的事，不"回味""咀嚼"、讨论不开心的往事，不让负面情绪在心中滋生，自觉地把自己的精神状态由负面向正面转变。当遇到压力的时候，要在心中告诫自己保持镇定，不能仓促做出反应，也可以告诉自己不要太紧张……诸如此类，都能减轻压力。

二、对学生的信念

（一）认识学生

教师对学生持有的态度，直接影响整个教学活动，进而影响到教学效果。国际中文教师要突破传统的学生思维模式的限制，建立适合第二语言教学的学生思维模式，为双语教学提供新思路。

1. 关于学生的概念

社会学家梅根说："教师关于学生的概念至少可以用七种比喻表达出来，即教师把学生看作是：抵制者（resisters）、容器（receptacles）、原材料（raw material）、客户（clients）、伙伴（partners）、个人探索者（individual explorers）、民主探索者（democratic explorers）。从第一种到第七种，教师逐渐从以自我为中心走向以学生为中心。"这个顺序反映出师生权利关系。前三者表现出较强的教师主导作用，后三者表现出学生逐渐主动参与学习。

（1）抵制者。这种类型的学生常常被人为归入"生性懒惰"的范畴，人们普遍认为，对于这种类型的学生，应该采取"强制"或者"惩罚"的手段，让他们跟上其他学生的步伐。如果把学习者的学习看作是一种不自觉的行为，那么教师的首要任务就是"教导"学生。另一种不同的看法是，学生们怀着求知的心入学，但他们逐渐地，甚至是很快地感到厌烦。没有任何一个孩子，一入学就被冠上"不及格"的帽子，都是学校和学校的教育给他们冠上了"不及格"的帽子。这就是所谓的"没有不会教的人，只有不会学的人"。在梅根的理念中，总体而言，学生都是乐于学习的，只有少数学生不爱学习。在这种情况下，强制和惩罚都不是什么好方法，更不会让学生爱上一门语言。对于"抵制者"型学生，教师可以采取的最好的方式就是吸引他们去学习，并设法让他们真正感受到所学的知识是有价值的、有用的。

（2）容器。如果把教师看成是提供知识的来源，也就可以把学生看成是"储存知识"的"容器"。这就好像是我们经常提到的"水壶和杯子"的理论，教师拿着一把装满了知识的"水壶"，然后给学生们倒满，学生们的接受度取决于"杯子（容器）"的大小，而这个"容器"就是他们的智商。学生把所学的东西吸收和存储起来，以便在考试时使用。如果双语教师对学生的理解是这样的，就会造成一种只注重向学生灌输语言知识，而不注重"培养学生运用目标语"的效果。可以说，在国际中文教学过程中，尽管教师并非故意，但教师的教学方式不当，使学生变成了汉语知识的"容器"这一现象在课堂上屡见不鲜。

（3）原材料。这是将学生视为一种可任意塑造的黏土，或者一种可塑、可设计的建筑材料的社会互动理论。这一理论依然体现出教师的强势主导作用，其实现也必须以"教师可以产生良好的影响"为前提，同时也要避免教师操控学生或者按自己的意愿塑造学生，使学生丧失自我的恶性后果。实际上在第二语言课中，教师在外语教学和文化教学中都发挥重要作用。学生在目标语学习中的问题和生活中遇到的文化问题，往往会从教师那里获得标准答案，并与其他来源的答案进行对比，所以，教师是有机会给予他们正确指导的。在一些领域里，国际中文教师是可以将他们的学生视为"原材料"的。

（4）客户。这种观念使原本单纯的师生关系转变为一种商品关系。这种现象在第二外语的成人学习中比较普遍。学生们关注的是学费与学习时间、学习效果是否成正比，教师是否有能力提供与其费用相符的教学。在国际中文教学过程中，这是非常普遍的现象，所以教师们必须要有一种观念，即要根据学生的需要，适时地调整自己的教学方式，尽可能地让学生学到自己想学的知识，取得自己想要的成绩。

（5）伙伴。这种观念的核心是教学活动从"咨询"到"商谈"的转变，把教师作为一个"学生"来看待，也就是说，教师本身也是一个学习者。在这种情境中，教师和学生处于一种平等的地位。教师们再也不会说："我是班级的主人！"而是和学生们商量，大家共同决定怎样才能共同获得更多的知识。在这种情况下，师生在彼此的信任和尊重中共同成长和发展。学生应该是教师的同伴，他们有权决定在教室内外进行何种活动，对教师采取何种教学方式提出意见，向教师提供自己感兴趣的话题，和教师一起探讨自己想要阅读的书籍，甚至自己动手营造想要的学习环境。在这一理念的指导下，第二语言习得的过程是师生双方都参与的过程。

（6）个人探索者。这个观念是从皮亚杰的学说中衍生出来的。在课堂中，教师充分扮演了一个引导者、促进者的角色，学生被高度授权，在教师尽可能少的帮助下，自己探索问题，自己得出结论。在第二语言教学中，教师的任务是提供适当的、可理解的语料，让学生根据自己的个性学习方法学会语言。

（7）民主探索者。这一观念来自"个人探索者"观念。一个学习社区（如班级），发挥制订学习计划、确定学习目标、选择适当的学习方式，并对教师的专长和经验进行总结的作用，该方法适用于成年人。第二外语教学中采用的任务学习法，更好地体现了这种模式，它按照学习任务将学生分成不同的小组，让学生在不同的小组之中，通过不同的方式，来达到不同的目的，而选择任务的还是教师。

2. 学习者的个体性

第二语言教育领域从业者一直以来都非常关注学习者的个体差异，它源于心理学的测量（对学习者的智力、外向性、冒险精神等方面进行科学的测量），并以此来预测学习者的语言学习水平。但该研究只测出了被人力图概括、相对固定的特征，却没有考虑到学习者个体特征的可变性和不确定性，因而缺乏实际应用价值。用建构主义的观点去认识学生，会给学生带来新的启示。所以，教师要理解学生个体因素中的可变因素对语言习得的影响，例如，学生怎样看待自己，怎样控制自己的学习，怎样归因自己的成功或失败等。在此基础上，教师可以根据自己的实际情况，进行有针对性的教学，强化教学效果。

（1）自我概念

"自我概念"是一种对自身认知的总称。自我概念具有多面性和复杂性，因此，研究者通常都会选取其特定的一些方面展开研究，比如自我形象（self-image）、自尊心（self-esteem）、自我效能感（self-efficacy）等。一个人的自我概念很复杂，它的各个层次并不一定是均衡的，也不一定是正相关的。例如，一个人因为自我形象差，所以没有自信，自尊心也很容易受打击，但他有很强的学习能力，这会给他带来很高的自我效能感，从而让他增强了自信。

自我概念的形成是一个漫长的过程。人在很小的时候，就已经在不断地观察这个世界，并确立自己在这个世界中的地位，从而逐步地对自己形成了概念。个人的世界观和自我概念是一种互动关系。个人的自我概念与社会交往是密切相关的。社会比较理论认为，学生对自己学习能力的评价，部分取决于学生在课堂上与其他学生的互动。人们总是会在一定程度上将自己和别人进行比较，而比较的结果以及别人如何看待自己，放在一起就构成了人们对自己的认知。人们总爱与和自己非常相似或在自己生命中起着重要作用的人做比较。这个比较结果的大小，是由个人决定的，也是由他从另一个人身上获得的有关他自己的信息的多少与类型决定的。这种比较在生活的每一个方面都有可能发生，尤其是在学习方面。学习者在班级中能够从教师、同学那里得到许多关于自己积极的或消极的信息反馈，会对他在学习方面的成就感、进取心以及自我效能感产生影响。研究显示，当教师提供了更多的积极信息和更多的表现机会时，那些学习成绩不佳的学生，往往会得到更多的消极信息。在课堂上，学生对教师行为的认知与教师的意图或实际所做的并不一定相符，但学生对于教师行为的这种认知与解读，确实在很大程度上对他们的学习成绩产生了影响。学生的自我概念是由教师的评价、成绩的评定、表扬和批评等因素催生出来的。

大量的研究显示，自我概念和学习成绩密切相关，而且不同领域的人对自我概念的理解也不尽相同，我们可以假设，在第二语言习得过程中，人们对自身能力的理解和对自身其他领域的理解是无关的。因此，在外语教学中，如何有效地培养和提高学生的语言学习能力是非常重要的。语言学习具有明显的个人差异，因此，针对不同的学生，教师在课堂上可以采用不同的教学方法。

有一种学生，他们对自己的语言学习有更多的肯定，这种学生把自己看作是一个"良好的语言学习者"。对于这种学生，可以采用"亦抑亦扬"的方法，即给他们出一个比较难的题目，让他们去做，如果答案是正确的，则给予他们奖励；如果答案是错误的，则鼓励他们继续努力。不能给他们太多的展示机会，以免其他学生感觉被忽视。许多教师倾向于偏爱那些表现优异的学生，因为他们反应快、回答问题准确、理解教师的意思，让教师在教学过程中更容易获得成就感和满足感。然而，如果教师过于关注这种学生，不但会忽视其他学生，还会让其他学生产生自卑心理，从而限制了其他学生的成长。这样做的同时也会让优秀者自满，对他们的长期发展不利。

还有一类学生，他们的自我观念相对消极，从考试和作业获得的分数和评价中，他们认为自己的语言学习能力相对较低，在课堂上往往心不在焉，参与度不高。对于这类学生，教师应该多加关注，多给他们一些表现的机会，"以褒扬为主"。向他们布置一些难度较低或者适合他们的任务，这些任务是他们肯定可以很好完成的，然后对这些学生进行表扬。这样，学生就会认为自己的能力很强，在接受表扬的时候，会有一种愉悦和满足的感觉，使表扬发挥出更好的激励作用。需要注意的是，这种类型的学生比较敏感，教师不应该让他们感觉到赞美是有意的、夸大其词的，不然会起到相反的作用。

（2）控制点

决定一个人如何采取不同行动的一个最关键的因素，就是他们对于所发生的一切有一种掌控的感觉，这被称为控制点。控制点让人们认为自己可以掌控生活中的事物。有些人觉得自己应该为生命中的一切负责，这种人就是所谓的"内控者"。而有些人则认为自己的一切都不在自己的掌控之中，而是掌握在命运或他人手中，这样的人被称为"外控者"。当然，大多数人都处于这两个极端之间，可是，一旦有什么大事发生，人们就会朝着其中一个极端靠拢。大量的研究探讨了个体的内外控型与其人生成就，尤其是学习成就之间的关系。在学习情境中，自我控制者具有较强的求知欲，并能恰当地运用所获得的知识解决问题，在执行任务时表现出积极、果断、自信的态度。外控型的人与之形成鲜明对比，他们更被动，更爱抱怨，没有进取心。所以，我们可以看出，认为他们能够对学业产生影响的学生，在学习中更有可能取得成功；而认为自己在学习上受制于人的学生，学习时就会抱着一种消极的态度，从而难以获得成功。在第二语言教学中，"控制点"的概念并非将学生归类和标签化，它只是给教师一个机会，使教师能够利用它增强学生的内控感。

同时，也有研究表明，在教师的指导下，可以在一定程度上引导学生对自己的学习负责，并在一定程度上改变学生对学习的控制。教师可以从以下六个方面入手，对学生的内部控制意识进行培养。

第一，胜任感。成功的学习者都有一种普遍的共识，即他们觉得自己有能力学习。教师在教学中要引导学生树立"我能行"的信心，培养他们的自信。因此，教师要注重营造一个有利于自信心成长的课堂氛围，在这个氛围中，学生不怕犯错，即使说错了，也不会觉得难堪；在这个氛围中，他们的每一分努力都是值得的，他们的活动会给自己带来成功的快乐，而不会给自己带来失败的沮丧。

第二，对自我行为的控制。能力仅仅是一方面，而要想使它展现出来，就必须有切实可行的办法。在第二语言的学习中，存在着诸多的难点，学生必须掌握一些必备的技能，才能对自己的学习进行有效的控制，所以，教师要引导学生用一种合理的、系统的方式来解决问题，帮助他们克服困难，对信息进行收集、评估及处理，并将结果合理地表达出来。通过这种方式，学生可以逐步地掌握自己的学习，并对自己的学习有效控制，从而成为一名有效、独立的学习者。

第三，设定目标。在学习上没有目标，就会造成没有方向感，没有长期计划。在第二语言习得过程中，学生如果没有明确的目标，就很容易在学习过程中迷失方向，无法获得成果。教师可以让学生自己设定一个语言学习的目标，并共同探讨如何达到这个目标。学习目标分为短期目标（比如一周、一个月要达到的目标）和长期目标。在具体细节上，教师可与学生共同探讨如何监督、如何奖励、如何惩罚等。

第四，面临挑战。激发学生的积极性，不仅需要个人的努力，也需要团体的努力。教师可以在课堂上设置一项活动，让学生们在课堂上分组比赛。这种小组间的竞赛，可以让学生更愿意参加，更好地合作，通过多种途径寻找答案，从而达到自主学习的目的。

第五，对改变的认知。在第二语言的教学过程中，教师经常通过对学生进行评价、打分、表扬等方式，来告知他们在学习过程中所取得的成绩，无论是进步还是退步，学生总是很重视，并将教师的评价与自己的评价合并，同时做出改变。事实上，让学生认识到自身的改变，并对自己的学习进行自我评估，对他们自身的成长是非常有益的。教师应该指导学生，让他们学会对自己的改变进行监测，并对改变产生的原因进行分析，从而相应地调整他们的学习策略。

第六，对正面结果的信心。在人生的道路上，总会遇到一些难题，但只要找准了问题的解决办法，就可以解决它们。汉语学习也是一样，教师应该鼓励学生秉持着"一定会赢"的信念去对待汉语学习中遇到的各种困难，要坚持，不要放弃。如果教师一味地强调汉语学习的难度，学生就会丧失自信，从而产生消极的学习态度。

（二）认识学习者的情感

在第二语言教学中，"情感"是指学生在第二语言学习中所表现出来的感觉、情绪、态度。学习者的情感状况对其学习行为、效果具有直接的影响。学生在学习过程中，由于缺少积极的情感，其认知水平将受到很大的影响。由于人文心理学的兴起和发展，情感因素在教育中的重要性日益凸显。人文主义心理学把人的情绪看成是一个人的发展问题，它的情绪会对人的认知产生影响。在外语教学中，人们已经开始探讨外语学习中的情感因素。例如，第二语言教学中的暗示法、沉默法、社团语言学习法、全身反应法和自然法等都与语言学习有关。对语言学习中的情感问题进行研究，一方面是为了消解消极情感，从而提升学习语言的效果。另一方面，也是为了帮助学生培养积极、健康的情感，将学生的全面发展放在第一位。对学习语言产生影响的情感因素，主要包括两种类型：一种是学习者的个体情感因素，另一种是学习者与同学、教师之间的交互情感因素。

1. 个体情感因素

影响国际中文学习者个人情绪的因素包括：焦虑、抑制、性格、自尊心，以及学习动机和学习风格。

（1）焦虑

在学习语言的过程中，人们在使用第二语言进行交流时，会有一种忧虑或害怕的情绪，这种情绪被称为"语言焦虑"。它与语言表达能力有很大关系，而不是一般我们说的心理焦虑。无论是在正规的课堂上，还是在非正规的课堂上，语言焦虑都是一个很大的影响因素。

（2）抑制

第二语言学习者在学习中难免会犯错，此时若被人嘲笑或批评，则自我较弱的学习者可能会回避目标语的运用，以维护自我形象，这一现象称为语言学习中的抑制性。类似于弗洛伊德的"身体自我"，语言学家们为了解释语言边界，而引入"语言自我"的概念。学习一门语言难免会犯错。在孩提时代，人类在学习一门语言时，不会受到任何约束，会随心所欲地去冒险，去尝试各种不同的学习方法。随着年龄的增长，孩子们会有自己的想法，会有自己的感情特征，他们会在需要的时候，懂得如何保护自己不会受到伤害。严厉的批判和嘲讽会让人变得更脆弱，而越是脆弱的人，对他人的抑制性就越强。在第二语言学习者身上可以看出，年龄越大的人抑制行为越明显，他们不愿模仿某些发音或者难以使用目标语言达到交际目的，因此掌握目的语的速度较慢。在教学中，第二语言教师要注意营造一种舒适、可容错的语言使用环境，以减少学生的拘束行为和自我障碍。在内在方面，当一个人做得很差时，他会对自己的行为进行批判，对所犯的错误感到内疚；在外在方面，害怕别人对自己的错误进行评论。所以，第二语言教师在构建正确的课堂教学策略时，不能忽视学生的抑制因素。

（3）性格

人的个性一般可以简单地划分为两种类型：外向型和内向型。在第二语言教学过程中，我们发现，性格外向型的学生非常活跃，他们喜欢回答问题，喜欢讨论，喜欢找机会实践，这种类型的学生是一个很好的语言学习者，他们对目标语言的掌握也比较好。与之相比，内向性格的学生的过于沉默和自我约束，经常会被教师误认为是受抑制行为的影响，而且教师还会认为这种性格的人不适合学习语言。他们在教室里不会主动地参加到语言训练中来，也不会表现得很主动，教师也很难对他们真正的语言水平有所了解。实际上，内向性和外向性并不一定与抑制行为相对应。外向型性格的人更需要通过别人的肯定来增强自我意识、自尊感和完整的自我感觉，而内向型的人则可以从自我内部获得。心理学研究表明，内向性格的人具有较强的共情能力，这两个特点都有利于语言学习，所以他们不需要采取过多的抑制行为。

第二语言教师不应让学生的个性特征影响他们的语言学习。在教学过程中，我们会注意到，性格活泼外向的学生非常喜欢使用目标语来表达自己的想法，而且还显得很有信心。然而，在现实生活中，他们对运用目标语过程中出现的错误并没有进行及时的改正。这是由于他们大多数人都只满足于交际的实现，对偏误的存在并不太关心，换句话说，他们对模糊现象的容忍程度比较高。这就使得在学习过程中所遇到的一些问题被忽视，从而阻碍学生进一步发展。性格内向的学生不太喜欢与教师沟通，在班级中也比较沉默，教师很容易忽视他们，但不爱表达并不代表不会表达。所以，教师要对性格内向的学生给予更多重视，为他们提供更适合自己的表现机会，例如角色扮演等，让他们主动参与到课堂中来，并愿意展示出自己运用目标语言的能力。同时，在教学过程中，教师也要注意处理好两种类型学生之间的关系。

（4）自尊心

虽然 self-esteem 和汉语中"自尊心"这个词的意义并不完全相同，但在当前的研究中，这两个词被认为是可以通用的。自尊是个体对自身价值做出的一种必然的评价，是认知活动、情感活动的根本要求。人们从自己的内心体验和自己与外界的联系中得到了尊重。关于自我的概念，在年幼的时候，就已经在人们的意识中建立起来了，随着人们接受外界的信息以及形成自己的记忆，新的经验、想法都会被已有的自我概念和自我保护的需求所影响。一开始，个体的自尊心来源于他人的认同，但最后，这种自尊心会被内化为一种不受外界影响的行为动机。一些学者认为，在第二语言教学中，教师所能给予学生的最大帮助，就是营造一种相互扶持、相互关怀的氛围，这种氛围既有感性，又有理性。学生觉得自己很有价值，也很有成就感，在这种环境中，他们能感受到教师对他们的爱和支持。通过调查发现，要想提高学生的自尊心，就必须营造一个可以让人持续增强自尊心的环境。大家都明白，不管是大人还是小孩，都需要被人喜爱、被人重视、被人尊重。然而，无论在什么样的学习环境里，都会有批评的声音、负面的评价。具有丰富的成功经历的学习者们愿意再一次去尝试，期望再一次获得成功。而对于已经经历过很多次失败的人来说，他们惧怕再一次的失败，想要重新开始努力是非常困难的，他们的自我意识本来就比较薄弱，很难再经受一次失败的打击。语言学习的成功与否，离不开学生在课堂上的经历：课堂是展示自身缺点的地方，还是自我发展的地方？在课堂上，可以提高自己的价值，培养积极的态度，以及培养"我能行"的精神吗？很明显，这要看教师如何做了。

（5）学习动机

在第二语言习得理论中，动机作为一种情绪变量，对一种语言的习得起着不可忽视的作用，是一种能够给人们提供能量和指导方向的关键因素。以往学者将学习动机划分为两类：综合型动机和工具型动机。前一种是指学习者在学习一门语言时，对该语言产生了浓厚的兴趣，并希望与该语言融为一体，成为该语言的一部分；而后者则是出于诸如晋升等实际目的。这两种激励方式对于提高学习成效的作用差别并不明显，关键在于哪种激励方式更有力，更有说服力。当然，也要把学生的其他变量也考虑进去。另一种分类将学习动机分为外部动机和内部动机。外部动机是指对奖赏和避免处罚的强烈愿望，学习者关注的重点并非自身的学习行为，而是一些外在的因素；内部动机来源于学生对学习的自然好奇心和兴趣，而学习经验则是这种内在动力的奖励。尽管外部动机也为学习提供了动力，但是内部动机对语言学习的影响更大。尤其是对于长期学习者来说，内部动机是支撑他们持续学习的根本动力与保障。教师也会影响到学生的第二语言学习动机，教师的个性和教学方式对学生的第二语言学习动机有很大的影响。

在国际中文教育中，我们看到了上述几种不同的学习动机，其中，内部动机是最能持续地推动学生学习的动力，但影响学生最多的却是外部动机。在内部动机支持下学习的学生，不需要教师的督促，他们自觉主动地学习，他们乐于探索，喜欢提问、思考和讨论，拥有一套行之有效的学习方法，并且在学习上有明确的目标。外部动机激励下的学生，主要考虑的是"学习中文，在以后回国就业时，会更有优势""中国与我国有大量的经贸往来，学习中文，就能在与中国的经贸往来中获益"，还有许多人想要回国后成为一名国际中文教师或翻译。这种类型的学生，本来对中文没有多大的兴趣，或者说根本就不喜欢，虽然他们还是会努力学习，但是他们的积极性不高，他们只关心自己的成绩和学分，他们的口语和听力比较好，而他们的阅读和写作能力比较差。在这种情况下，教师要经常督促和鼓励他们，在课堂上设计一些活动，让他们在中文和中国文化中找到快乐，慢慢地培养他们的兴趣，使他们的学习由被动变为主动。此外，学生的年龄和学习动机之间也存在一定的联系。年长的学生有很强的学习动力，他们有很强的主动性和自控性，学习目标很明确，努力程度也很高，所以教师只需要鼓励和表扬就可以；对于年轻的学生来说，教师不但要加强指导，而且要鼓励他们主动去学。教师也要注意培养学生的学习主动性，不仅要让学生看到学习的个人收益，还要帮助学生对主动性学习进行控制，制定目标，及时进行反馈。

（6）学习风格

每一个学生，都有自己独特的学习风格。从认知的角度来分析，学习风格可以分为场独立型、场依存型、综合型、分析型等。学习风格的研究对于语言教学具有重要的意义，它使我们更加意识到，在教学设计中应充分考虑学习者的个性差异，并为适应学习者的不同需要设计丰富的课堂活动。研究表明，学习者的性格和学习风格之间存在着一定的联系，其中包括内倾—外倾、感觉—直觉、思考—情感、判断—感知等性格类型的概念被引入语言习得的研究中。在"一对一"、小班教学等小规模的语言教学中，提前了解每个学生的学习风格是非常必要的，因为教师可以关注每位学生，满足学生的个人需要。由于课时有限，很难让每位学生都充分展露出自己独特的学习风格。因此，教师必须有一种意识，就是要敏锐地发现学生的个性化需求，不管这样能做什么、能做多少，最基本的一点是要让每个学生知道，教师了解他，知道他的特殊需要。

2. 交互情感因素

在外语教学中，除了要重视学生个体的情感因素外，更要重视学生与他人之间的交互情感因素。教师的移情、课堂交际、跨文化交际等都能够影响外语教学。

（1）移情

语言是一种交际手段，它与社会生活有着密切的联系。沟通是一种从自己到别人的过程，而语言的工具性有助于这一过程的完成。正如许多个性变量，移情也是难以精确界定的。常用的说法是"设身处地"，超越自我，理解他人的思想，体谅他人的感情，这是一个换位思考的过程。语言是移情的一个重要途径，但非语言的交际行为也可以促进移情，这一点不容忽视。换个更高级一点的说法，移情就是为了更好地了解一个人而把自己投影给他。

要达到流畅、高效沟通的目的，就必须要有很强的移情能力。要想进行有效的交流，必须了解对方的情绪和认知状态，如果对对方的情绪和认知状态进行了错误的预设和假设，那么交流就会失败。要想做出正确的推测，我们就得打破自己的藩篱，这样才能清晰地传达和接受信息。语言沟通更容易产生共鸣，因为它能立即得到反馈。如果在交际过程中产生误会，说话人就会立刻发问，这样才能达成有效的交际效果。在书面交流中，认知移情也是必不可少的，但它不能从读者那里获得即时的反馈，所以，写作者必须对读者的思想状态、知识结构等，做出清晰的移情的直觉和判断。在第二语言习得过程中，移情问题变得更为复杂。学习者在讲话时，既要对对方的认识和情感状态做出准确的判断，又要用自己不熟悉的目标语言来表达；当学生听到第二语言的时候，往往会发现自己的意思被误解，从而很容易忽略语言、认知和情绪等方面的信息。

高水平的共情能力是语言学习的重要条件，因此，在汉语教学中教师应重视共情能力的培养。移情在第二语言学习中是可以被习得的，尤其是在跨文化背景下。在教学过程中，教师要运用恰当的教学方法，促进学生移情能力得到发展。具体该怎么做，还需要更多的研究。

（2）课堂交流

班级社交结构是班级成员在公开交往中相互影响而形成的一种"文化"。在这种存在于课堂中的特殊的社会结构中，教师与学习者、学习者之间关系的情感维度极大地影响着交流活动的方向和结果。课堂上的事件所引发的参与者的情感变化，会在教学与学习的过程中、在对话中体现出来，人们的想法、感觉、精神与肉体等都包含在对话意义之中。"这些言语有意义"不一定是终极目标，"人与人之间的沟通有意义"才是最重要的。

在课堂中，教师发挥引导作用。一些学者提出了三种沟通模式，并认为在这三种沟通模式中，教师所起到的主导作用是不一样的。在层次模式中，引导者是主导学习进程的主体；在协作模式中，指导者把自己的部分权限与决策权分配给小组成员，使小组成员具有更多的"自我方向"；在自主学习模式中，教师允许学生自由发挥，但也存在缺乏责任感的问题。所以，教师在课堂教学中应该恰当地运用这三种沟通模式。

在课堂交流中，教师的指导还包括鼓励与协助学生进行自主学习。教师要避免进行知识与观念的灌输，而要引导学生自己去选择和吸收。换言之，教师要利用引导的方式，对学生的学习兴趣和方法进行培养，在学生离开这个学习环境之后，还可以保持一定的学习热情。因此，在第二语言学习中，学生所学到的知识往往与教师计划要教的知识并不完全相同。关键的问题并不在于提供给学生一个什么样的课程计划，而在于如何帮助他们建立起对这种语言的兴趣、感觉和有效的学习方法。

在课堂交流中，教师也要时刻关注如何调动集体的积极性。这就需要引导者对小组中的每个成员都了解，对他们的性格、学习风格、情感特征等都要了如指掌，这样才能采取有针对性的教学方法，让每个成员都能积极地参与到课堂活动中来，并敢于表现自己，学到自己想要的知识。针对性格外向与内向、学习积极主动与消极被动、自尊程度高与低、学习能力强与弱等方面不同的学生，要加以区别对待，要注重协调，以确保课堂活动的参与者都充满热情。

3. 跨文化过程

在二语习得过程中，由于两种文化的碰撞，学生在学习过程中不可避免地会产生一定的情绪障碍。学生在学习目标语言的过程中，也会接触到目标语的文化。文化是一种心灵建构，它既能满足人的身心需求，又能为人的认识、情感活动创造条件。

文化和语言密不可分。学生在不同的文化背景下，由于不知道该如何定位而产生紧张情绪。第二语言教师应该敏锐地察觉到学生在学习过程中遇到的问题，并在教学过程中给予指导。首先，通过与学生交流，了解学生在跨文化交际中所面临的困难，并给出自己的建议，帮助学生转变对跨文化交际的看法。与教师探讨两种语言的文化差异，寻找并解释目标语言文化特征，尽管这对学生而言有难度，但却对学习语言非常有效。其次，在语言学习过程中，教师还应注重在语言学习过程中，运用角色扮演和主题写作等方法，帮助学生在适应新的文化和语言过程中，克服情绪上的障碍。

综上所述，情感不但贯穿于第二语言学习之中，还对学习者对目标语的习得产生深远的影响，因此，教师应该加强研究情感与语言学习之间的关系，将这一研究与教学理论和方法等技术要素的研究相结合。

三、对教与学的信念

"教"和"学"是密不可分、相辅相成的关系。什么是"学"？对教育的认识不同，观点也不同。学习是一种通过研究、体验或指导而获取的一门学科的知识或技能，这是传统定义。人们认为学习是一种不断改变的个人行为取向，是一种强化实践的结果。什么是"教"？若将上述"学"的含义与之对应，则可认为，"教"指的是让一个学习者演示或协助他学习，给予他指引，让他深入研究，给予他知识，让他领悟、了解自己的学习目的的过程。很显然，这样的定义并不完整，但也正因为如此，"教"和"学"都是很复杂的概念，很难定义。

（一）对学习的信念

1. 学习的概念与特点

学习第二语言是一个十分复杂的过程。这种学习被人们多次定义，大概分为7个方面：（1）学习即习得。（2）"学"是指不忘所学。（3）保留记忆的储存体系、记忆和认知的组织。（4）学习是指生物体主动地、有意识地注意外在或内在的事件，并对这些事件做出相应的反馈。（5）学习是一个较长时间的储存记忆的过程，但又是一个持续的遗忘过程。（6）学习包括与之相关的模型。（7）学习是一种行为模式的演化。因此，"学习"这个概念所包含的复杂内容，也就是语言自身所包含的复杂内容。因此，第二语言学习者在第二语言习得的过程中，不仅表现出上述学习特征，还可能表现出其他更为多样的特征。

教师对学生学习方式的理解，直接影响到教育理念和教学手段的选择。语言学习不同于其他任何一门学科，它具有自己独有的特征，第二语言教学人员对这一特征要有清醒的认识。外语学习是一种"创造—构建"的过程。对第二语言习得的研究，应从四个角度展开。

第一，信息输入，必须是"可理解的输入"。语言学习者会把他所得到的语言信息暂时设定成一种假设，之后会通过各种方式来验证这一假设是否合理，比如查字典、查阅语法书籍，向教师或母语使用者咨询，或者是等待更多的信息输入，将新输入的实例与现有的假设相比较，最终学会这一语言。

在二语习得中，也存在着一个"中介语"的动态变化。

第二，摄取信息的过程，也就是在输入的过程中，将其纳入自己的中介语体系中。在第二语言教学过程中，有些输入能被学生注意到，有些输入却没有，这是一种很常见的现象，它与许多因素相关。

第三，师生互动、生生互动。在第二语言教学中，课堂是一个很好的实验场所，它可以使学生在第二语言教学中更好地应用所学语言，也可以使教师逐步提高自己的第二语言教学水平。

第四，偏误的角色。偏误在第二语言学习过程中是无法避免的一种现象，被认为是第二语言习得过程中学习者都会遇到的。另外，在解决偏误问题上也存在着一定分歧。除此之外，迁移、干扰、泛化等现象在第二语言习得中也不容忽视。综上所述，国际中文教师若能重视对第二语言学习特点的研究，将会对自己的教学定位有更清晰的认识。

2. 第二语言学习的目标

第二语言学习的目的在于使学生能用目标语顺利地与他人进行交流，即学生能"会用"所学的外语。它是第二语言教学中最根本和终极的理念，也是所有教学理论、教学方法、教学技巧、学习理论和学习策略等所追求的终极目标。举个例子，英语教学在新中国的教育发展史上已经走过了数十年的历程，但所谓的"哑巴英语"仍然存在。国际中文教学中也存在类似的问题，即中文词汇和语法的教学习惯以"解释性"的形式进行，而没有培养学生"张嘴说"的能力。我们经常在课堂上看到，教师滔滔不绝，自顾自地提问，而学生却只有零星的发言机会；教师只注意自己有没有讲清楚、学生有没有听懂，而不注意学生有没有学会运用。这种认识上的偏差是国际中文教学中的一个致命弱点。所以，要明确一点：学生学习第二语言，是为了运用它，而教师的作用就是通过精练的语义讲解，大量有效的操练、活动等手段，让学生学会运用这种语言。

3. 营造学习环境

教师对学生具有多方面的影响。我们应该清楚地认识到，教师对于学习环境的控制也会影响到学生。从不同的角度来看，学习环境可以被划分成如课堂、学校等微观环境，社会、教育等宏观环境，教室、街头等物理环境，母语、目的语等语言环境，以及如人际关系友好、人际关系紧张等心理环境。

教师可以创造的环境，以精神环境为主，以物质环境为辅。学生对班级环境的正面感受，会对他们的学习效率、学习态度产生积极影响。学生对班级环境的真实感受与期望的吻合程度越高，他对自己的学习就会越满意。

从生态的角度来看，任何一种学习行为都是由其所处的环境所决定的。不管是从宏观的文化、教育等精神环境方面，还是从微观的学校、课堂风气等物质环境方面，以及人际环境方面，环境都会对语言学习产生重要的影响。根据学生的情感、心理和社会学偏好，创造一个良好的学习环境，能够激发学生的学习动力，推动语言学习。不管教师在组织教学时根据什么样的原则（比如重视学生的个性、用竞争来活跃课堂气氛、培养合作学习的精神等），都会对学生的学习活动起到很大的作用。特别是在语言课堂上，需要营造一个使用目的语进行沟通的语言环境，让学生尝试用新的方式来表达自己的意思，不害怕犯错，在成功与失败中都有所收获。在情绪上，一个最好的语言学习环境应该可以帮助提升学生的沟通能力，增强学生的自尊心和自信心。

因为学生个体对于环境的认知是不一样的，不同的学生对于语言学习环境会有自己的感知，所以很难有一个用以衡量学习环境的统一的标准，想要令所有学生满意则更是困难。教师可以通过向学生咨询他们对于环境的观点和期望，并与他们进行探讨，从而确定应该创造怎样的课堂环境。在实际的环境中，教师可以和学生商量，把桌子和椅子等摆好，让学生觉得舒服；在语言环境上，教师不但要把自己的课堂语言当作学生模仿的目标语范例和语言输入的一部分，而且要用适当的语言来调整课堂气氛，创造一个舒适的心理环境。

（二）对教学的信念

1. 教学的概念与特点

有了"学"，就有"教"，一个教师对于"学"的信念，会直接影响到他对于"教"的信仰，而"教"又会直接影响他对于"学"的信念。"教"是指"学"的活动。教师对"学生怎样学"的认识，直接影响着他们的教学理念、教学风格、教学方法，甚至影响教学技能。如果一个教师把学习看作是一个操作性的限制过程，那么他的教学就特别依赖于"设计周密，步骤明晰的强化步骤"。如果一位教师把第二语言学习看成是一个更多的推理过程，那么他就会更多地把繁复的语言规则直接灌输给学生，并且用例子来解释，而不会让学生去总结和发现那些语言规则。一种可以为某些教学方法的选择提供指导原则的教育思想，一套行之有效的教学指导理论，是与教师对学生和学科的整体认识相结合的，并且可以在一定的时期内，针对既定的教学目标，在学习环境的特殊性多重限制下，为师生双方指明一条通往成功的教学之路。

教学指导理论虽然没有统一的标准，但它应该具有如下特点：（1）能够被有效地植入学习者体内，并构成其学习品质与学习经验。（2）一种学习方法能帮助学习者更好地掌握一个有组织的知识系统。（3）对学习资料进行高度逻辑化呈现。（4）奖惩具有一定的特点和频度。教师自身的观念既有其个性，又与教育中的诸多因素密切相关。在此基础上，教师必须对自己所从事的教学工作有深刻的理解，并掌握一些实践学习的理论，从而形成自己的教学指导理论。

2. 高成效教学

每个教师都想让自己的教学很有成效。那么，什么样的教育才算有效，怎样才算有效？高成效的教学有九大要素：（1）表述清楚；（2）教师具有工作热情；（3）在教学过程中开展的活动种类繁多；（4）班级活动以成绩为本；（5）有清楚的学习评判准则；（6）认可并启发学生的思想；（7）教师不太严厉；（8）将结构性评论用于教学过程中；（9）对学生的回答进行指导。

从理论上来说，上述特征都是出于好的目的，但是，在实践中，要把这些特征融入教学中，难度很大。因此，在实际工作中，指导原则的作用很小。一方面，其中有些因素是很难测量和判断的，例如，教师的表达是否清晰、教师是否有激情等；另一方面，由于在实际生活中，好教师是多种多样的，他们的个性差异很大，他们的工作方法也各不一样，他们的教育背景、生活背景和文化背景也各不相同，每位教师都在以一种与他们的个性、所处环境等条件相适应的方式工作着，因此，不能要求他们以同一方式开展教学活动。最后，就是学生的评判。不同的学生会对什么样的教师是好的教师、什么样的教学是好的教学有不同的评判标准，这也是一个变数。

因此，好的教师并不是从一个模具里出来的，高成效的教学也很难照着图纸去做。高成效的教学就是教师把自己找到的、对自己有价值的东西和学生一起分享。所以，教师和他的教学是很难分离的。教育内容与方式是教师个性的重要组成部分。这就需要教师更加自觉地认识自己的世界观、教育观、教学方法。通过以上分析，我们可以对高成效教学的特征进行一个简单的总结：学生乐于学习，学有所得；教师乐于教，教得有道；师生和谐，共同成长。

3. 反思教学

反思教学又称为反省教学。反省，或者说批判性反省，一般是指在一个行动或者一个过程中的经验，与一个具有广泛内涵的目标相比较，进行反省、推敲、评估。

早在 20 世纪 30 年代，杜威就已经提出了"反思"的概念，并进行了大量的研究。反思是指在教学过程中，教师对教学过程中所发生的事情的一种思维方式，即对达到同样目的所采取的不同方法的一种思考；反思是教师从创新、目标和效果等方面对自身工作进行评价的过程；反思是提高课堂教学质量的有效途径；反思，是一种负责的职业行为。

反思是一种自我研究，批判性并不意味着批评或者否定，而是一种可以让教师将自己的行为与教学发生的历史、社会和文化背景结合起来综合考量的一种态度，而不是认为一切都是理所当然的。反思教学观反映的是教师的职业觉悟和职业道德，在反思教学中，教师可以意识到自己的教学观念和信念，并不断地对自己的行为和信念进行检查。对自己进行反思的方法有：记录教学日志、教学日记，聆听自己的教学录音、观看自己的教学录像，观摩别人的教学，与其他教师、学生进行交谈等。

在进行反思时应注意哪些问题，杜威及其后来者对此做了如下探讨：（1）回忆事物的详细情况；（2）分析事物的理由；（3）在各种理论框架的基础上，对事物进行再构想；（4）换个视角考虑问题；（5）根据分析的结果，确定进一步的工作。

在进行反思时，情绪的影响是不容忽视的。情绪对反思的影响很大，既有积极的影响，也有消极的影响。正面情绪可以使教师更好地进行教学反思，而负面情绪会使教学反思无法客观、高效。

第三章　国际中文教师知识语言能力的培养

有句话说得好，教师是靠嘴吃饭的。教师口语教学是我国高师教育的一门专业技术课程。毫无疑问，教师的教学语言非常重要。国际中文教师所从事的是以中文为目标语言的教学工作，这对教师水平提出了更高的要求。国际中文教师应具备更多的综合素质和专业素质。广义上，教学语言包括课堂语言、教学内容语言、教学内容说明语言三个方面。狭义上，教学语言就是课堂上讲的一种语言。已有的研究多关注中文教师在课堂上所使用的语言，且多是针对课堂上所使用的词汇进行探讨。笔者认为，教师的语言是一种多方面的语言，而课堂上的语言仅仅是它的一小部分。教师语言是教师职业中最重要的显性要素，教师应该清楚地了解自己所运用的语言的功能和特征。本章在介绍国际中文教师的知识结构的基础上，从语言表达、语言运用的角度来分析国际中文教师所应具备的语言素养。

第一节　国际中文教师的知识结构

一、国际中文教师知识的内涵和特点

（一）国际中文教师知识的内涵

1. 知识和知识观

《现代汉语词典》（第 7 版）对"知识"的解释是"人们在社会实践中所获得的认识和经验的总和"。在《教育大辞典》中，"知识"被界定为"对事物属性与联系的认识，表现为对事物的知觉、表象、概念、法则等心理形式"。《实用教育大词典》把"知识"界定为"精神活动的产物，不是从过程而是从结果的角度对客观现实的反映。在科学理论中、在艺术中、在各种符

号系统中，知识表现出认识过程中的稳定性因素。所有先前社会认识活动的成果，都以人们可以掌握的现成知识形式表现出来"。

这三部在语言学界和教育学界具有代表性的词典对"知识"的解释虽详略有别，但实质都强调"知识是人对客观事物的认识，是客观现实的反映"。知识观属于人们对知识的基本认识和看法。它不仅界定知识的标准，即知识是什么，而且判定什么知识最有价值、最重要。不同的知识观有不同的知识界定标准，也有不同的价值判断。客观主义知识观和建构主义知识观是两种基本的知识观。

客观主义知识观有时也称为传统知识观。客观主义知识观认为，知识是客观事物本质属性或者事物之间本质联系的反映；它独立于认识主体，具有客观性；它超越各种社会和个人的条件，可以通过语言、符号等形式表现出来，并进行传递，在各种情况下都可以被其他认知主体所证实和接纳，因而具有普遍性；它只与认知主体一人的理性认知能力有关，而与其身份、地位、情感、价值取向无关，因而又具有价值中立性。

建构主义知识观认为，知识是认知主体基于客观性的主观建构，即认知主体在一定情境中与认知对象（即客观事物）相互作用，以自己特有的经验和方式对认知对象进行选择、改造并赋予其独特意义，因而知识具有主观创造性和相对性；认知主体在建构知识的过程中，不可避免地融入情感、态度、兴趣、价值取向等主观成分，因而知识具有价值倾向性；知识有一定的客观性，但这种客观性不是独立于人的客观反映，而是符合一定文化传统中的认识规则或者价值观念，或者说是认知主体尤其是共同体成员之间能相互检验的一种逻辑关系（比如"喜鹊"在中文语境中有"吉祥""报喜"的文化意蕴），因而知识具有文化性；认知对象总是存在于一定时间、空间、事件等情境因素之中，认知主体在特定的情境中对其进行解释，寻求其对于自己的独特意义，在此过程中完成对知识的建构；认知主体的认识能力等各方面在发展，认知对象也在发展，因而知识具有动态发展性。

2. 国际中文教师的知识

国际中文教师的知识是指国际中文教师的专业知识，即为了有效开展教学活动、实现教学目标而应具备的各种知识的总和。理解这个定义的关键在于如何理解其中的"知识"，是理解为"客观事物规律及其关系的反映"，还是理解为"认知主体在与客观事物相互作用中所进行的主观建构"。在知识理解方向上的不同选择，会影响到国际中文教师关注学习的具体内容和提高进步的方向，进而影响汉语教学的其他方面。

我们先尝试将知识理解为"客观事物规律及其关系的反映"。持这种客观主义知识观者，在国际中文教育活动中常常存在一种客观认识，这种认识具有普遍性，而且表现为现代汉语、语言学、教育学、心理学等学科知识；这些学科知识都是由该学科领域的专家研究发现的，但因为具有普遍性，所以可以被国际中文教师接纳和掌握；而且业界专家和教师们都相信，只要掌握了国际中文教育活动中需要掌握的这些学科知识，国际中文教师就可以顺利开展中文教学，预见和解释教学中出现的各种情况和现象，进而有效控制中文教学活动的发展方向，实现教学目标。

基于以上分析，这种客观主义知识观视角下的国际中文教师的知识，即国际中文教师所应具备的、与中文教学相关的各门学科知识，比如汉语语言学知识、教育学知识、心理学知识、中国文化知识等，都是既定的，作为研究结果已经被语言、符号等形式表征出来，国际中文教师只需要记忆、理解、掌握和运用即可。一般来说，这种知识掌握得越多、越精通，国际中文教师的教学水平就越高，他就越有可能成为优秀的国际中文教师。但从教学实践效果来看，很多国际中文教师虽然掌握了相关学科的知识，但往往不能顺利地将其运用到中文教学实践中，也很难取得理想的教学效果。究其原因，在于实际的中文教学情境千差万别，而国际中文教师记忆和掌握的各种学科知识则是由学科专家抽象出来的客观的、普遍的知识，二者很难有效对接，从而导致教学效果不理想。

相反，持建构主义知识观者，将"知识"理解为"认知主体在与客观事物相互作用中所进行的主观建构"，可以使国际中文教师不再局限于掌握汉语语言学科的普遍规律，而是在具体教学实践的基础上对这些"普遍规律"进行建构，形成大量的具有实践性、案例性、情境性且有利于学习者理解的具体知识。这种知识更容易迁移，更易于被国际中文教师应用到具体教学实践中，从而帮助其顺利开展教学活动，实现教学目标。

比较研究后发现，国际中文教师应持建构主义知识观，不满足于只具备现代汉语、语言学、教育学、心理学、语言教学法等学科知识，还需要在掌握这些具体学科知识的基础上，积极进行教学实践，并借此建构适合具体教学情境的汉语语言学知识、案例性知识、技巧性知识、学习者可能遇到的难点等知识。这些知识基本都是国际中文教师在教学过程中自己建构的，因而具有文化性、独特性和价值性。

比较之下，可以这样界定国际中文教师知识：国际中文教师知识从其本质上说属于在教学实践过程中基于汉语语言学科规律、规则和概念等学科知识进行的主观建构，它是一个包含多种知识类型的复杂知识结构，具体包括汉语语言学和教育学等相关学科知识、实践性知识、学科教学知识、情境性知识、有关教师和学习者的知识等，其中汉语语言学和教育学等方面的知识属于客观、普遍、价值中立的理论知识，实践性知识和学科教学知识属于教师主观建构的知识，是属于教师个体的、实践性的、情境性的、开放的、动态发展的、富有价值倾向性的中文教学知识。

有一点需要强调，我们持建构主义知识观，但并不否定反映普遍规律的各门学科知识。这些学科知识同样重要，它们是前人认识的结晶，能为国际中文教师建立知识结构奠定基础，对教师从事汉语教学工作具有重大的意义。如果缺乏相应的具体学科知识，国际中文教师将无从建构自己的知识结构。但国际中文教师不能止步于此，而应在理解掌握具体学科知识的基础上在教学实践情境中积极地对其进行改造、丰富和应用，积累经验和教训，建构属于自己的、对自己有独特意义的实践性知识和学科教学知识。

（二）国际中文教师知识的特点

1. 客观性与建构性的统一

国际中文教师知识是一个复杂的存在实体，既包括汉语语言学、教育学等理论知识，也包括学科教学知识、实践性知识等个人建构的知识。理论知识具有客观性，可以通过记忆、理解等方式来掌握；学科教学知识和实践性知识具有建构性，需要国际中文教师在教学实践中结合具体内容、教学情境来建构。因此，客观性与建构性的统一是国际中文教师知识首要的本质特点。具体来说，初任国际中文教师知识的客观性特点更明显，因为其拥有的理论知识更多，教学经验却不多，还没有建构太多属于自己的知识；成熟的国际中文教师或专家型国际中文教师知识的建构性特点更明显，因为其已经积累了相当多的教学经验，形成了自己的实践性知识架构，原有的学科理论知识都已经被融进教师自己建构的、对顺利开展教学有直接效用的实践性知识中。

2. 理论性与实践性的统一

国际中文教师最初掌握的汉语语言学知识、教育学知识等基本上都是理论知识，是国际中文教师知识的重要组成部分。但同时，这些理论知识只有在教学实践中经过国际中文教师的建构，才能真正应用到中文教学中，具有实践意义。否则，即便在形式上被记住了，也很难对中文教学产生影响。比如，一些语言学或教育学的博士理论知识很丰富，但未必就能成为优秀的国际中文教师。原因就在于他们的知识并没有在实践中得到建构或者转化，无法在教学实践中应用。所以，真正属于国际中文教师的知识是他自己在教学实践中建构的，具有很强的实践性。话又说回来，国际中文教师建构实践性知识时应吸收、融合不断发展的各学科理论知识，尤其是汉语语言学知识、教育学知识等。

3. 普遍性和情境性的统一

国际中文教师知识是一个复杂的存在，既包括汉语语言学、教育学等理论知识，也包括国际中文教师在教学实践中建构的实践性知识。理论知识的基本特点之一就是普遍性，即知识能适用于各种情境，可以用语言、符号等形式明确地表述出来，也可以被所有的国际中文教师记忆、理解和掌握。因此，国际中文教师知识具有一定的普遍性，即任何一名合格的国际中文教师都应该掌握一定的汉语语言学知识、教育心理学知识、中外文化知识等。此外，国际中文教师知识中还有占很大比例的实践性知识，这些实践性知识是由国际中文教师在特定教学情境中积累下来的。这类知识与特定的教学情境交织在一起，其意义也由特定的教学情境来确定，只有遇到相同或类似的教学情境，这种实践性知识才能被顺利地迁移、使用并发挥作用。因此，国际中文教师知识也有一定的情境性。一般来说，新手教师知识的普遍性更强一些，因为他们建构的实践性知识还不多；成熟的教师、专家型教师知识的情境性更强一些，因为他们所掌握的理论知识很多都已经被改造和转化为实践性知识的一部分了。

4. 跨文化性

跨文化性属于第二语言教师知识的专有特点。首先，国际中文教师知识结构中有一种重要的知识类型——中外文化知识，这是国际中文教师在教学中建构实践性知识的"原料"之一。换句话说，国际中文教师的实践性知识包含很大比例的"跨文化"成分。其次，国际中文教师所从事的是中文作为第二语言的教学工作，所面对的教学对象是母语非汉语的学习者。学习者文化背景各异，带有各种文化环境中的生活方式、价值取向、意识形态、宗教信仰、传统观念、风俗习惯、思维方式等，他们要学习的中文以及中华文化，包括中国人的生活方式、价值取向、意识形态、信仰态度、传统观念、风俗习惯和思维方式等，国际中文教师在教学过程中势必产生跨文化交际，不同文化之间也会有沟通、对话或者碰撞。因为很多知识内容只有在一定的文化背景下才具有相对的正确性和合理性。离开适当的文化环境，很多知识的意义可能会改变。

5. 动态发展性

国际中文教师的知识不是静止不动的，而是不断发展的、动态的、开放的。首先，中文教学所涉及的各个学科（现代汉语、语言学、教育学、心理学）都是不断发展的，即国际中文教师知识的各个组成部分都是不断发展的，国际中文教师会不断接触到学界各个方面的新信息、新理念、新的教学实验结果等。其次，随着教学经验的积累、学习的日渐深入，国际中文教师的认知能力也在不断发展，对教学内容和中文教学本身的理解也在改变、深化和发展。最后，学习者的中文水平、认知特点、教育传统、文化背景、民族等各方面不同，教学条件（时间、空间、环境、技术条件等）不同，国际中文教师建构实践性知识的教学情境也不相同。这些变化不但要求国际中文教师及时发展、更新自己的知识，而且提供了相应的条件。因此，国际中文教师只有不断反思、更新自己的知识，才能适应、应对新情况，更好地进行教学实践。应该说，国际中文教师的知识一直处于动态发展的过程中。

6. 多元复杂性

国际中文教师的知识是在诸多"原料"基础上建构而成的，既有现代汉语、语言学、文学、文化以及适当的古代汉语等本体知识，也有教育学、心理学、教育技术等条件性知识，还有国际中文教师原有的经验、认识、情感、态度等，以及有关学习者、教学情境等各个方面的知识；既有感性知识，也有理性知识；既有事实性知识，也有方法性知识；既有学科理论等客观性知识，也有教师教学经验等实践性知识，实践性知识还蕴含着很大一部分模糊知识和缄默知识（无法明确说明，解释不清，甚至意识不到的知识）；既有强调明确、具体的知识（比如某些语言点的语用规则和功能项目的适用范围），也有广博、庞杂、多样的知识（比如文化、习俗、百科知识等）。即便在某个具体的语言点上，也有从不同角度、使用不同方法得出的不同见解和观点。另外，国际中文教师头脑中的这些知识并不会"安分守己"地待着，而是在教学实践中相互作用、相互转化，最后形成具有鲜明的个人特色的实践性知识。可见，国际中文教师知识是多元综合的，也是复杂多样的。

7. 整体性

国际中文教师知识的"原料"虽然是多元、复杂的，但对国际中文教师个人来说，其所掌握的知识应该是一个完整的、结构良好的知识整体。一方面，这些多元、复杂的"原料"都是必需的，如果缺了某个部分（比如一般教学法知识），国际中文教师往往不能很好地完成教学任务，实现教学目标。另一方面，这些多元、复杂的知识经过一定时间的教学实践，往往会相互融合，建构成一个相互渗透、相互交叉的整体。

二、国际中文教师应具备的知识结构

《教育大辞典》定义知识结构为："知识领域内事实、概念、观念、公理、定理、定律等的组合方式。可分为学科知识结构、个体知识结构、群体知识结构。"知识结构是国际中文教师头脑中不同性质、不同学科的知识构成，表现为不同类别、不同层次的知识及其相互关系。它反映了汉语作为第二语言教学工作的知识需要，可分为国际中文教师个体的知识结构和国际中文教师群体的知识结构。

国际中文教师的知识至少应包括学科内容、一般教学法、学习者、教学情境、中外文化和实践性知识等几种知识类型。

（一）学科内容知识

学科内容知识主要是指国际中文教师所教授的汉语语言学知识。它具体包括汉语知识（如语音、汉字、词汇、语法、功能、话题、语篇等）和语言技能（听、说、读、写等），有时还会涉及一些古代汉语知识等。汉语学科内容知识属于本体性知识，是国际中文教师"教什么"的知识。它是国际中文教师取得任教资格的基本前提，也是判断国际中文教师是否合格的主要维度，还是学科教学知识和实践性知识的重要基础和依托。国际中文教师要发展和提高自己，其中很重要的一点就是要透彻地掌握汉语学科内容知识。具体来说就是国际中文教师不仅要非常熟练地掌握和精通语言知识、听说读写等言语技能，有很强的语感，而且能够从一定的高度来把握汉语知识的结构性，明确它的系统性和各部分知识之间的逻辑关系；抓住整个汉语知识结构中的核心概念和基本理论；准确把握汉语知识的特点（尤其是相对于学习者母语的特点）、重点和难点，以及学习者容易犯错的语言点等。可以说，国际中文教师水平越高，对汉语学科内容知识的把握就越透彻、越清楚、越明白，教学就越不局限于教科书内容，而是根据学习者的具体情况对教学内容有效地进行重新组织和安排（包括适度的增删、条理化、清晰化、多样化），越能有效地启发学习者并与其进行有意义的对话。

（二）一般教学法知识

一般教学法知识是指国际中文教师在教汉语的过程中要用到的教育学、心理学知识，具体包括课程理论、教学理论、学习理论等各个方面的知识，也包括外语教学法知识，尤其是外语教学的基本概念、教学原则、教学策略和技巧、语言测试和评估等知识。一般教学法知识属于条件性知识，是国际中文教师"怎么教"和"怎么更好地教"的知识。它是国际中文教师取得任教资格的基本前提，是判断国际中文教师是否合格的主要维度，是学科教学知识和实践性知识的重要组成部分，也是有效教学的基本保障。国际中文教师要发展和提高自己，可以在教学实践中慢慢领会、把握和运用一般教学法知识，尤其是外语教学法知识，为更好地建构汉语学科教学知识奠定了基础。可以说，国际中文教师教学水平越高，对一般教学法掌握得越好，就越能够从教育教学的角度来理解、把握、传递汉语学科知识和训练中文技能，越能使用多样化的教学方法和策略。

（三）学习者的知识

有关学习者的知识包括学习者的身心发展特点、年龄、智力、语言学能力、原有知识和中文水平、经验和经历、学习动机、学习方法、学习态度、学习风格、学习需要、个性、情感、家庭背景、第二语言习得知识等。有关学习者的知识也属于条件性知识，同样是国际中文教师取得任教资格的基本前提、影响国际中文教师教学质量的主要因素，是学科教学知识和实践性知识的重要组成部分。换句话说，只有了解学习者的基本情况和各个方面的特点，国际中文教师才能进行个性化教学，形成有针对性的教学计划。国际中文教师教学水平越高，越能依据学习者的特点、需要等各方面的情况有效开展个性化教学，教学效率就越高。

（四）教学情境知识

教学情境知识是指国际中文教师从事中文教学的环境情况，是一种条件性知识，能在很大程度上影响中文教学。它既包括宏观层面的教育政策、文化交流等方面的知识，也包括社区、学校、班级等具体教学环境情况。

（五）中外文化知识

中外文化知识主要是指中国文化知识、与中文教学有关的外国文化知识以及中外文化差异等，包括历史、地理、哲学、政治、经济、教育、宗教、文学、艺术、民俗、国情等知识。中外文化知识中，有些是需要教授给学习者的，属于本体性知识；有些是有利于促进中文教学的，属于条件性知识。掌握一定程度的中外文化知识同样是国际中文教师取得任教资格的基本前提，是判断国际中文教师是否合格的主要维度。

（六）实践性知识

实践性知识是指国际中文教师在具体教学实践中经过反思、研究等方式所获得和运用的知识，包括一些案例性知识、针对性知识以及策略性知识等。国际中文教师知识结构中的各种知识类型在具体教学实践中是交织融合在一起的，经过国际中文教师的反思加工成为实践性知识。它具有鲜明的个人性、情境性、综合性、经验性、情感性，表现为教学经验的积累。国际中文教师专业发展的主要表现之一就是实践性知识的累积和增长。只有学科内容知识，没有实践性知识，国际中文教师在教学上就无法成熟，更不能形成自己的教学个性。

第二节　国际中文教师的学科教学知识

学科教学知识（Pedagogical Content Knowledge，简称 PCK）的概念是由美国学者舒尔曼于 1986 年提出来的，即"将特定的学科内容与教育知识进行融合，重新组织与呈现特定的主题内容，以适应学习者的能力与不同的兴趣需求"。该概念提出后，由于正好切中当时"美国教师培养和认证中存在学科知识和教育知识相分离的情况，从而造成教师水平不高"这一时弊，迅速得到了科学、数学、化学、英语等各个学科教育领域学者们的认可。但在实际工作中，许多中文教师（特别是初入行者）并没有对某一类汉语教材从教学的视角加以改造，从而使之没有以更易为人所接受的形式展现。这个问题的本质是许多国际中文教师缺少学科教学知识。基于此，我们从学科内涵、学科特征、学科结构、学科功能和建构方式五个维度，对国际中文教师的学科教学知识进行系统的研究，以期从一个全新的角度，对国际中文教师学科知识结构和专业成长路径进行辩证的认识。

一、国际中文教师学科教学知识的内涵和特点

（一）国际中文教师学科教学知识的内涵

国际中文教师的学科教学知识是将汉语学科内容知识、教育教学知识、相关学习者知识、不同情况下的知识进行整合后，形成的一套综合知识体系，使得国际中文教师能够把汉语教学内容用学习者易于理解的方式展现出来，传授给学生。反过来说，基于教育与教学的知识，对某一汉语内容的知识，适当地加以转换，使之成为中文学习者更易于理解与掌握的知识，就是学科教学知识。

国际中文教师学科教学知识的含义包括：第一，中文教师运用类比、图解、模式、举例、说明、提问、归纳、演绎、推理、示范、情景、任务等方式，把中文课程的内容转换成学生易于理解的教学方式，对国际中文教师来说，这是一种独特的、具有特殊意义的专业知识。第二，这是汉语特定学科

的内容知识与教学知识结合，是一种对所教内容的整体认识与解读，不能孤立地探讨某一方面的知识。第三，是一种动态的创造，它是由国际中文教师在自己的教学活动中进行综合、探索、反思而形成的，是一种具有实际意义的教学知识。第四，强调国际中文教师在具体的教学情境中，可以针对具体的学生特征，运用一定的策略和方法，进行具体的教学，其中包括"教什么""怎么教""教谁""在何种情境中教"等核心问题。第五，学科教学知识是一种广义的知识，它不仅包括汉语专业知识，而且还包括对各种知识的整合、转化和改造的能力。

（二）国际中文教师学科教学知识的特点

在厘清了学科教学知识内涵后，我们可以清楚地看到国际中文教师学科教学知识的特征。

第一，融合性和个体性。国际中文教师专业技能培训是对汉语学科内容、教育教学、学习者自身、情境等各种知识的综合，并非简单的累加；此外，国际中文教师在对各种知识进行整合时，不可避免地会将自己的语文教学观念、教学经验和教学态度等融入自己的语言教学之中，因而呈现出明显的个性特征。

第二，实践性和情境性。在具体的教学活动中，结合有关的情境知识，构建一套实践知识体系，便是学科教学知识；而且，它也必须在相似的教学实践环境下，才能充分地发挥作用与价值。

第三，构建的动态性。学科教学知识的形成，是中文教师通过自身的学习，在自身的学习过程中对所学的知识进行不断整合，并对其进行反省、转化、构建。由于国际中文教师教学时数的增长及经验的积累，国际中文师资队伍也在不断地扩充与拓展。

从这些特征来看，对于国际中文教师来说，学科教学知识与实践性知识之间，的确有许多相似之处（都包括实践、构建等），在教学过程中的表达方式与构建方式也几乎完全一致，但是，这两种知识的实质却是完全不同的。学科教学知识的出现是为了解决学科知识与教育知识的脱节问题，它强调对学科知识进行重新组织，以便于学生更好地理解与掌握；"实践性知识"是针对"理论和实际脱节"问题而提出来的，它强调教师要从实际出发，通过对理论的"消化"，使其从纯粹理论的"消费者"变为"生产者"。

二、国际中文教师学科教学知识的结构和功能

（一）国际中文教师学科教学知识的结构

国际中文教师学科教学知识是由下列四类知识所组成。

1. 汉语学科内容知识

学科教学知识实际上是对教学过程中所涉及的知识的理解、调整、转换和呈现。中文课程的主题知识是中文教师职业能力培养的核心。参照《国际汉语教学通用课程大纲》，国际汉语专业的知识点分为四类：一是语言知识，如语音，词汇，语法，功能，主题，篇章等；二是语言能力，主要是听说读写等方面的能力；三是学习策略，包括情感策略，学习策略，交流策略，资源策略，学科交叉策略；四是文化意识，包括文化知识，文化理解，跨文化意识。

以上只是从宏观的概念来看。但是，国际中文教师构建职业技能所依赖的国际汉语专业的内容知识，必须有清晰、具体的特征，没有这些特征，国际中文教师就不可能构建出与之相适应的学科教学知识。例如，在"概数表达法"这一语言知识点上，如果只有"两个相邻的数字或数词可以用来表达概数"这一原则，那么中文教师就不可能建立起一个完整的学科教学知识，因为学生会根据这一原则，编造出"三十二三十三""四百二十四百二十一"之类的错误表达。国际中文教师要把它明确化、具体化，就是连用数字限定为"一"至"九"，把两个相邻的数字从小到大连起来，或者把它们放在量词前面（比如"五六个"），或者放在"位数"前面（比如"二三十个"），或者放在位数后面（比如"三十二三个"）。如"又、再、还"的语汇特征，中文教师仅仅理解成"又表示过去的重复，再、还表示将来的重复"，这是不够的。学生会表达为"明天再是周日"。国际中文教师应当把这个词用得更清楚些，"表示将来一定要出现的、过去已经出现过的、有规律的事情"时要使用"又"。只有对每一节汉语课程的教学内容（包括语料）都能解释得如此清晰，国际中文教师才能基于这一目标来构建自己的学科教学知识。

2. 教育教学知识

教师专业能力培养是按照教育与教学规律进行的一种转换。教育与教学知识也是学科教学知识的核心组成部分，主要包括三个层面：

第一，对汉语教学、对教育的认识。例如，对于国际中文教师来说，他们应该有这样的觉悟：教育的本源是"人"；汉语教学主要是为了提高学生的语言交流能力，同时还应该兼顾学生的情感、态度和个性；中文教学的实质不只是传授知识，还有基于教师与学生之间的互动，培养学生的中文交际能力。

第二，对教学目标、教学评价的认识，以及对教学内容的选择与组织。具体而言，就是要让国际中文教师明白中文教育在各个层面上的目标，要实现的层面有多大、要选取的内容有多少；明确中文教科书的结构与组织安排（包括教科书的逻辑顺序、教学的先后次序、复杂知识点在各个教学环节中的分配与呼应、各教学单元的核心是什么、各课程内容之间的相互关系、各课程类型之间的搭配等）；选择适合的、规范的教材，并进行相应的教学资源开发；评估学生对中文的掌握程度。

第三，中文课程的主题展示与教学的策略与方法，包括中文课程的主题展示方法（图片、音频、视频等）、解释方法（例证、推理、说明、类比、归纳、模型、示范等）和训练方法（吹纸法、拓展法、情境法、游戏、角色扮演法、专题研究、社会活动、现实任务等）等。例如，泰国人在学习汉语的声调时，经常会使用泰语的声调，中文教师要将汉语和泰语这两种语言的声调五度表相结合，进行比较和训练。

3. 有关学习者的知识

学科教学知识是一种能帮助学生更好地了解并掌握课程内容的知识。所以，关于学生的各种状况以及他们在中文学习上遇到的困难以及他们如何找到适合自己的学习方法，都是中文教师学科教学知识的重要内容。对学习者的了解可以分为两个层面：一是学习者的语言学能力，包括母语背景、学习风格、年龄、兴趣、态度、习惯、动机、需要和目的。例如，日本的学生勤奋好学，注重团结，喜欢集体活动；不少美国小学生和中学生都很注重私人空间，并希望中文教师不要触碰自己；欧洲国家的学生更喜欢以小组为单位、以课堂为单位的课堂教学。二是学习者在某一具体问题上容易犯的错误。例如，持有中文国际教师资格证的人，在英语、法语、韩语、日语、越南语等背景下，会出现"见面教师"等偏误；韩日语言学习者习惯于将宾语置于谓语之前；欧美国家的学生对声调等方面的认识较少；日本学生虽然已经有了数量的观念，但他们在量词上说细长的东西都用"本"，说薄扁的东西都用"枚"，说成块的东西都用"个"，这与中文的数量和物体的搭配方式有较大区别；越南学生虽然也有数量的观念，但是他们常常会忽略一些名词（因为相应的越南语名词不一定要使用数量），而且他们也倾向于将全部的动物量词都用作"只"。

4. 有关汉语教学情境的知识

具体的教学实践情境作为条件和环境因素，在一定程度上决定了教学方式的选择，进而对学科教学知识的构建产生了一定的影响。所以，对于中文教师来说，对汉语教学情境的了解是非常重要且必要的。其中，政治、经济、文化、外交、教育等宏观层面的知识在中文教学中起着重要作用。例如，在北美中文教学中，采用简单的抄写方法进行汉字训练是非常困难的。

（二）国际中文教师学科教学知识的功能

1. 有助于提高汉语课堂教学的质量和效率

一方面，中文教师的学科教学知识有助于学生更好地了解和运用汉语课程所学的知识；同时，也能让教师在课堂上更多地投入实践中去。具有丰富的学科教学知识的国际中文教师，可以在汉语课程中选择更多的表现形式，提供更多的教学策略，设计更多的课堂活动，更轻松地处理汉语教学中遇到的问题，更好地与学生进行交流，更好地针对学生的学习难点，进行更有效的讲解和训练，国际中文教师在课堂上的授课质量与效率，也会自然而然地提高。

2. 有利于提高国际中文教师的专业水平

学科教学知识作为一种特殊的知识形态，是教师职业成长的一个"抓手"。具备构建个人学科教学知识、专业知识能力的国际中文教师，应具备全面、深入、透彻地掌握某一汉语专业内容、教育知识、与学习者相关知识及情景知识，并据此将某一汉语专业内容的题目从教学的角度加以恰当地转换的能力；意味着经过长时间的研究学习、教学实践、反思研究，并据此制定出适合汉语课程的教学方法。由此可以看出，建立起自己的学科教学知识，将促进中文教师在各领域的进步与发展。

3.为国际中文课程知识结构提供理论框架

由于学科教学知识有助于提升汉语教学的质量与效率，同时也有助于提升国际中文师资的专业化程度，因此，与国际中文教师学科教学知识相关的课程（包括任职前中文师资培训与任职后各类继续教育）应作为师资培训的重要内容。例如，就业之前的汉语基础课程（现代汉语），教育教学课程（教育学、对外汉语教学导论），与学习者有关的课程（二语习得导论），还有一些实践性课程（教学见习论、汉语教学案例课、视频评析课、教学实务解析课等）。此外，教育主管机关亦可据此判断国际中文教师知识架构是否完备，是否需要加以补足与改进；在此基础上，教育主管机关还可以对国际中文教师的资格进行认证、评估，并遴选出优秀的国际中文教师。

三、国际中文教师学科教学知识的建构

学科教学知识实际上是汉语本体知识在国际中文教师的翻译、表达、调整等过程中，为学习者所理解、所运用而生成的一种知识。下面以国际中文教师全过程培训为切入点，包括入职前对国际中文师资培训的各阶段进行探讨。

（一）入职前国际中文教师学科教学知识的建构

1.重点学习相关专业课程，充分吸收建构学科教学知识所需要的"原料"

学科教学知识是一门综合性的知识，多个学科的知识是其"原料"，在构建学科教学知识中起着举足轻重的作用。所以，在职业教育阶段，我们应该把中文教育的重心放在与之相关的课程上。例如，包含汉语学科内容知识的《语言学概论》《汉语基础知识》《现代汉语》《教育学》《对外汉语教学概论》《汉语教学法》。入职前国际中文教师要掌握好这几门专业的主干课程，才能为构建学科教学知识提供充足的"原料"。此外，入职前阶段的国际中文教师还需要选修相关的研究方法（包括实证研究、行动研究和田野研究等），使其能够在职业生涯中从事研究，积累自己的学科教学知识。

2.依托《对外汉语教学概论》等核心课程，初步感知学科教学知识

《对外汉语教学概论》《汉语课堂教学法》《汉语学习概论》是主干课，也是特殊的专业课。这类课程大多数是基于汉语教学的实践，将汉语学科的内容、教学方法、学生特征和一些教学情境知识有机地结合在一起，基本上

是学科教学知识或学科教学知识的"半成品"。在此基础上，教师应系统地掌握汉语本体论的知识、汉语教育的规律，构建汉语教育的个体化认知结构：初步形成正确的语言观念和汉语教育观念，对汉语教育有较强的了解；能在汉语教学中，对教学目标的认识与设计、对教学内容与教材的选择与组织、对教学方法的选择与实施、对教学进行恰当的评估；了解学生对汉语的认识以及他们对某一具体汉语内容的认识，并对教学内容做出相应的调整与改变，以便于学生更好地理解与掌握。

要想更快地构建出这样一种个体化认知结构，一名入职前教师在上课之前，应该对有关的资料和教学案例进行充分的阅读，在课堂上积极地参加讨论，并对自己的理解进行分享和反思，最终通过实践性的作业（例如试讲）的方式来积累学习心得，通过具体的案例来理解、建构和储存有关的教学理论和方法。

3.通过教学见习和实习等实践类课程，初步建构部分学科教学知识

对于入职前的国际中文教师而言，实习的方式主要是以观察学习为主的教学见习、以真实情境为主的教学实习、以观看教学视频为主的教学模仿、以模拟实习为主的教学案例等，通过这些方式，教师既能获得丰富的真实情境知识，又能获得难得的教学实践机会。入职前国际中文教师要充分利用这一契机，将以往所学汉语课程的内容知识、教学方法、学生特点和可能出现的学习障碍等有机地整合起来，建构学科教学知识。

在这类实践课程中，入职前的国际中文教师要在导师的指引下，将一些具体的汉语教材与教学方法、学习者的常见错误等知识相结合，形成一种呈现形式多样、活动形式多样的知识模块，建构个性化的学科教学知识。例如，使用图形法来教授关于位置表述的句子。其次，要在课堂上建立起一套基本的程序。例如，懂得如何撰写教案（包括教学内容的分析、具体目标的确定和教学方法的选定）、如何分析学习者的具体情况、如何设计教学环节和教学活动、如何设计板书、如何提问、如何判断学习者的掌握情况、如何布置作业等。提问、小组活动、竞赛、测试所学知识、介绍背景知识，这些都是最常见的课堂引入方式。在此基础上，对学生中文学习的特点、困难、错误、思维模式、已有的概念、影响因素，以及对教师的反馈等问题进行了初步的研究。例如，学习者往往使用自己的语言规则（例如"我在北京学汉语""我

很好""他打了三个钟头的篮球")将目标语语言规则进行推广（例如在学会"桌子""椅子"等词汇后，往往将"背包"说成"包子"）。

在充分利用现有的教学实践机会的同时，入职前的国际中文教师也应该主动寻找更多的教学实践途径和机会（如寻找语伴、辅导学生、做助教、观看视频、旁听公开课程等），从而发现自己的困惑和不足之处，向他人请教、学习、实践、反思，最终形成自己的学科教学知识。

（二）国际中文教师学科教学知识的建构

1. 通过反思自己的教学实践建构学科教学知识

在国际中文教师的教学实践中，将汉语课程的内容和其他方面的知识整合为一套完整的专业技能，是其构建自身专业技能的重要手段。在汉语教学中，中文教师要经常反省、学习，总结经验，找出缺陷，从而建立起自己的专业知识体系和学科教学知识。

作为一名国际中文教师，在准备课程的时候，应该先进行自我反省：对所教授的知识有没有充分了解与掌握？所教授的内容与先前所学的，以及之后将要学习的内容有什么关系？教学内容和学生的日常生活有什么关系？学生对他们所学习的知识应掌握到什么程度？哪些是常见的错误，为什么？如何避免和改正？怎样展示所教授的内容？应该采取何种教学方式和开展什么活动？怎样评估学生对教学内容的了解程度？例如，在小学阶段，国际中文教师在教授"一点"这一语言知识点的时候，要保证他们能够理解"一点"在不同场合的含义、使用方法，了解其"有点、稍微、表示数量多少、表示某种性质状态的程度、满意不满意"等内容的关系，使他们知道"一点"与日常生活中"描述和评价某人、某事、某物或自己的心理感受"有关，我们的目的是使学生能在生活中正确运用"一点"。

在课堂上，中文教师要注意并思考：有哪些新的问题是学生没有预料到的，他们应该怎样去解决？学生对教师所教授的知识和方法有何看法？如果学生不愿意合作，那么，他们又该如何去改变？自己有哪些不良的教育行为？应该怎样纠正或避免？再拿"一点"来说，中文教师们就会发现，一些学生会说："教室有一点亮。"教师要让学生知道，这个结构一般都是表达不满的，而表达满意的方式则可用"比较"，也就是"教室比较亮"。若学生不愿做"一点"的主题练习，教师可设想一种情境：若学生对预订的房间不满，想要调换，该如何跟宾馆的工作人员说呢？

下课后，国际中文教师应当对这堂课做一个综合的思考：这堂课是否成功？如果有什么地方做得不好，怎么纠正？有没有完成事先设定好的教学目标？若不能，该如何弥补？表现形式与教学方式的有效性如何？如果有效性不佳，又该怎样去改变呢？学生喜欢的是什么，不喜欢的是什么？还是拿"一点"来说，也许有些学生会偶然地说出"他不有一点累"之类的话，其原因也许就是学生滥用"不"这个词。这实际上与"一点"的负面使用有关，即"一点（＋也）＋不＋形容词"的句型，用来表达某种性质状态根本不存在。若能在每次课堂上都能做到这一点，并将其归纳、提炼出在特定的教学内容与方法上的经验与教训，便可逐步建立起一套属于自己的学科教学知识。

2. 通过同事间的专业交流来拓展自己的学科教学知识

学科教学知识具有个体化和建构化的特征。即使是同样的汉语主题，不同的中文教师，他们的学科教学知识素质也是不一样的。所以，作为一名国际中文教师，应该积极参加同行之间的学术交流，并以此为基础，扩大个人的学科教学知识面。

国际中文教师应以集体备课、听课、评课等为主要形式，交流各自的教学思想与方法。不同的国际中文教师对同样的知识点有不同的理解、不同的表达方式、不同的教法。通过对这一知识点以及相关教学流程的深入剖析与探讨，有助于国际中文教师从同行那里汲取有益的经验与教训，从而改进与优化自身的教学模式。举个例子，某国际中文教师注意到，一名意大利学生道别时，会说一句"你好"，而在一次讨论中，他的同事也联想到泰国学生道别时，也说同样的话。"见面问候"与"道别"在意大利语与泰语中是一样的，这一点在很多语言中都是很常见的。又如，在"主谓句"的训练中，一些国际中文教师出示一幅图，并通过提问和回答两种方法进行训练；一些教师设置一个网上聊天情境，让学生把汉语教师介绍给他们的家长。

国际中文教师可旁听优秀教师讲授课程（如教学竞赛、公开课程），从他们身上汲取经验。优秀教师掌握了丰富的知识，他们的知识储备和技能储备在课堂教学的每个环节中都得到了充分的体现。从掌握教学内容到设计教学方法，从课堂引导到课后点评，从教学语言到教学行为，从教师讲解到师生互动，每个环节都是国际中文教师需要认真研究的，可以根据自身的实际，从中吸取经验教训。国际中文教师也可以和中文教育方面的专业人士进行交流，向他们学习。在此基础上，通过对汉语课堂教学实践的分析，以及与教育界人士的观点、行动比较，国际中文教师能够重新审视自己的教育理念，更好地理解学生，把握教学流程，并在一些教学内容的表达与教学手段上有所创新。此外，在共同学习的过程中，国际中文教师也能从专家那里了解到许多不能用语言表达清楚的教学技巧和经验。

3. 通过参加汉语教学培训项目来改善和更新自己的学科教学知识

随着汉语语言学、外语教育学等学科的不断发展，从事国际中文教育的人才必须参与汉语教育方面的培训，只有这样才能不断地提高自身的综合素质。国际中文教师应针对自身的"短板"，进行有针对性的培训。在选择了课程之后，要主动提出自己的训练要求，并参与训练目标的制定、训练内容与方法的选择，使自己的学科教学知识得到水平上的提高和内容上的更新。

国际中文教师应将训练的重心集中在提升自身的教学能力上，请培训专家为自己提供优秀的课堂教学视频，与其一同观摩，共同讨论，并在需要时，请其演示一些关键的教学行为，自己加以反省、消化，并在相似的教学情景下，尝试模拟教学，不断改进、更新自身的教学行为与方式。

4. 使用一些专业工具积累自己的学科教学知识

学科教学知识内容很多，也很分散，这就要求国际中文教师在教学过程中，通过一定的专业手段进行整理与积累，如内容表征表和教学专业经验库。比如，在内容表征表中，国际中文教师能就某一具体汉语课程的题目，对杰出教师的学科教学知识进行详述。主要内容包括：针对某一汉语教学内容，学习者应达到哪些特定的教学目的？哪些汉语内容与所述内容题目的前后关系密切？学生在学习这门课程的过程中有哪些可能出现的错误？怎么才能避免？这方面的知识是怎样传授的？怎样评估学生对这门课的掌握情况？

国际中文教师可以在使用专业工具的基础上，观摩优秀公开课，结合自己的授课情况，进行反省、模拟、试用、对比、改进。通过这种方式，国际中文教师可以对某些较为模糊的观点有一个明确的认识，并不断加以改正。

第三节　国际中文教师的语言表达能力

一、语言表达的物理层面

（一）教师语言表达物理层面要求

1. 语音

当汉语作为第二语言教学时，所教的是现代汉语，也就是俗称的"普通话"，教师在教学中使用的语言正是学习者的母语或教师与学习者之间的中介语。因此，对教师语言的要求首先就是普通话标准。2022 年 8 月 26 日，经世界汉语教学学会团体标准委员会审定并发布的《国际中文教师专业能力标准》对于教师语音没有明确的要求，只在模块一部分"语言基本知识与技能"中提到"教师应具备良好的口头表达能力"中，解读了这一要求。可以看出，这是对教师语言显性层面与隐性层面的全面要求。要做到"良好"，首先要做到语音标准，符合普通话语音规范。

《普通话水平测试实施办法（试行）》第十二条规定：（1）教师和师范院校毕业生应达到二级或一级水平，语文科教师应略高于其他学科教师的水平。（2）专门从事普通话语音教学的教师和从事播音、电影、电视剧、话剧表演、配音的专业人员，以及与此相关专业的毕业生应达到一级甲等或一级乙等水平。《普通话水平测试等级标准（试行）》还要求：一级甲等，朗读和自由交谈时，语音标准，词汇、语法正确无误，语调自然，表达流畅。测试总失分率在 3% 以内。一级乙等，朗读和自由交谈时，语音标准，词汇、语法正确无误，语调自然，表达流畅。偶然有字音、字调失误。测试总失分率在 8% 以内。

根据以上要求，国际中文教师的一般水平应为一级甲等或一级乙等。但我们相信，作为一名语文教师，在自己的语文能力上，应当就高而不就低，追求完美。国家汉语水平考试委员会委员刘珣也曾表示，国际中文教师所使用的语言，无论发音、词汇、语法，还是汉字，都必须准确、规范，不能有任何差错（这是教师的语言和学生所使用的语言的本质区别）。这种要求是否过于严格？我们相信，这是一种标准，也是一种追求，只有这样，才能促进整个行业的发展。其实，在现实的教学过程中，教师是不可能不犯错的，所以，这条规定起到一种警示作用，每位教师都要认真备课，仔细查阅参考书，虚心请教，朝着"零错误"的目标前进。

国际中文教师在语音上的错误，主要有以下几种：（1）由于发音或声调的影响，在某些方言中，不能区分 n 和 l，或者不能区分前后鼻音，也可能是受通俗化的影响，比如，"一束花"中的"束"字念 sù 等；（2）由于认识上的局限或错误，存在不固定的发音偏差。针对这样的问题，有两种办法，一种是自觉地进行语音识别，另一种就是通过查词典的方式来确认发音。正音方法就是要使用正确的发音部位、正确的发音方式，区分出方言与普通话之间的差异，可以利用镜子、手势等来进行反复练习。汉语方言有很多种，不同的方言和普通话的区别是方法论的重点。

此外，在某些地方还存在古代汉语的入声，但现在的普通话已经不存在入声，这就要求对"入声"的短读进行纠正。另外要指出的一点是，有些人在讲普通话的时候，会有一些发音上的偏差，这也和个人的具体情况有关系。这一现象也要有意识地纠正，可以通过揣摩和模仿的方式来纠正。准确、清晰、集中、圆润、流利是语言艺术的要求。

准确，就是正确地发音。在了解并掌握普通话语音特点、发音部位和发音方法的基础上，结合正确的用声，发准每个音素、每个音的声调，并准确掌握语流音变规律，纠正方言，杜绝错字。清晰，是语言发音和学习的基础。要想发出细腻、清晰、悦耳的声音，就必须做到字正腔圆。集中，就是声音要集中，发音要清晰，否则，发音分散，即使音量再大，发音也不会有很好的效果。圆润，指的是在发音的过程中，每一个字的字头、字腹、字尾都要连接顺畅，并且要润滑，每个字音都是完整的，这样才能充分地发挥出普通话语音的音乐性特点。流利，就是语言的流畅性，好的发音不会让人觉得像是跳词一样。流利的语言可以传递信息和美。

国际中文教师也不能忽视自己在普通话发音上的缺陷，假如国际中文教师自己连普通话都讲不好，又怎么能教导学生们讲好中文呢？自己的中文发音出了问题，如何能纠正学生们的发音错误呢？所以，对于一名国际中文教师来说，发音标准应该成为一种最基本的职业素质。

2. 词汇

国际中文教师应该使用标准的词汇，不管是在课堂上，还是在课堂之外，他们与学生进行沟通时，所使用的语言都要与普通话标准相一致。因为中国的方言词汇状况非常复杂，而且对人的影响也很大，所以在使用语言时，一定会有自己的方言，这一点在中文教学中应该引起足够的注意。社会的发展和变化往往很快地反映在语言上，外来语的渗透和网络语言的进入，都对普通话的规范使用造成了一定的负面影响。从中文的角度来看，国际中文教师们所教授的词汇，都应该是比较稳定、比较常用的，且相对规范，教师在自己的语言运用中，也要按照这个原则进行。

首先，在一般的语篇中，要尽量避免将方言词汇混入。方言词汇对中文尤其是口语有很大的影响。方言中的词语，尤其是日常用语，往往与普通话不同。部分方言词汇具有方言特色，与普通话在语义和用法上存在差异；有的方言词语与普通话的词语在意义上相同，在形式上却有差异；有些方言词语的形式和普通话一样，但意义却不一样。其次，不能滥用外来词以及网络词汇。比如日语中的"料理"是菜肴的意思，但汉语中"料理"没有菜肴的意思，所以"中国料理""法国料理"等汉语词汇表达是不规范的。要让学生们明白这些词汇的含义和用法。最后，要对广告词中的谐音进行改造。随着商品经济的迅速发展，很多广告语中都出现了"谐音成语"，希望能给人留下深刻的印象。"换字"是一种影响标准语言的行为，在汉语教学中应该杜绝。

（二）教师语言物理层面特点

教师语言是指在外语教学过程中，为了更好地完成外语教学任务而刻意运用的一种目的语系统的变体。从实践中我们发现，它是一种以目标语为基础的自然语言，在语音、词汇、语法等物理层面具有一定的特点。

1. 语音、语速、节奏与音量

（1）语音。国际中文教师在说话时，不仅要说得准确，而且要说得清楚，甚至要稍微夸大一点。其实，这一标准只是在某些教学活动中才有应用。在学生语言学习的初期，在语音教学过程中，教师为了让学生能听清楚，并且更容易模仿，就会把音发得夸张一点，还会拖长音。无论在哪个阶段，在纠正学生的语音偏差时，教师都能用一种比较夸张的方式来演示正确的发音。

（2）语速。通常情况下，国际中文教师说话的速度要慢一些，停顿要多一些，但也要看学员的接受程度。刚开始学中文时，教师的语速要放慢，尽可能地让学生听到，多做几次停顿，给他们一定的反应时间，然后根据他们的提问和回答，教师再决定是接着说还是重复之前的内容。当学生的语言水平达到中级后，教师就应以正常语速进行教学，学生应尽快习惯于正常语速，并在此基础上培养其获取信息的能力。如果教师总是讲得很慢，也不利于提高学生的听力水平，因为学生很可能只能听懂教师所讲的汉语，而很难理解其他人所讲的汉语。有些教师脾气急躁，说话很快，这就需要对教学时的语速进行有意识的调节。

（3）节奏。从某种程度上说，教师的话语节奏就是控制和调控课堂氛围的一种手段。在讲述比较重要内容的时候，要提高音调，放慢语速，对关键词句使用重音，并适当进行重复，以吸引学生的注意力。若有学生走神，教师应适时降低语调、放慢速度或停止，等学生回过神来，再继续授课。教师可以在课堂上讲些笑话，逗学生开心。整堂课，教师的音调、语速高低、快慢等变化，构成一种节奏，让课堂气氛始终处于变化之中，不会让学生觉得单调而昏昏欲睡。轻松多变的课堂气氛是提高教学成效的关键。

（4）音量。国际中文授课班的规模大小不同。最小的是一对一授课，稍大的班级有五六个人，更大一点的班级则有二三十人。对于容纳不同学生人数的课堂，教师在课堂上需要调节声音的大小。有些教师声音很大，能让二三十个人都能听清。还有一些教师说话声音很小，只有前面几排的学生能听见。小班授课时，教师的声音可以放得小一些，用对白的方式就可以了；大班上课的时候，需要提高音量，以此引起学生的注意，还要活跃课堂的气氛并维持课堂秩序。

2. 词汇、语法等

（1）词汇。对于国际中文教师来说，他们的语言有一个很大的特征，那就是容易理解。在词汇量上，国际中文教师应多用基础词汇，少用高阶词汇，重复使用学生熟知的词汇。为了让学生能够理解，教师可以尽可能地选择一些学生已经学过的词汇，如果遇到一些学生不理解的词汇，教师应采取回避策略而使用近义词替代，这样虽然可能降低意思表达的准确度，但是教师可以利用自己的思维能力来进行弥补，学生可以查找出教师避免使用的高级词汇在自己母语中的对应词，或者至少可以理解这个基本词汇所对应的高级词汇的大致意思。当一定要用到高级词汇时，教师可以采用迂回的方法，先从学生所知道的词汇开始，再从该词汇的外围逐渐深入到核心，让学生自己去分析得到答案，或者去理解这个词的含义。例如，在讲解"炕"这个字时，可以按照以下的顺序来引导学生：是一种床→中国北方农村用的→用砖做的→里面可以烧火（这里可以画简易图或看图片）→它的上面是热的→冬天在上面睡觉很暖和，这样学生就会知道了。

（2）语法。国际中文教师的语言简洁，同时也体现在语法上，他们所用的都是一些具有完整结构的单句，复合句很少。即使一定要用复杂的句子来表达某个意思，国际中文教师也可以将其拆成几个简单的句子，减少对复杂句式的使用。在汉语中，陈述句和祈使句是常用的句式。在语法方面，国际中文教师在授课中应该尽可能地简化所使用的语句，就像在用词上一样。如果一个句子不能让学生明白其含义，教师就要迅速改变句型，直至学生明白并给出期望的反馈。还有就是可以将一个句子缩减到单词层面。这种现象通常出现在学生语言水平不高的情况下，教师为了让学生能听懂，会放弃使用复杂的句型，而直接使用表达核心意义的词语与学生进行最简单的沟通。教师在教学过程中所使用的语法水平会随着学生能力的提高而趋于常态化。

（3）其他。国际中文教师的语言还有许多其他特征。一是在教学过程中，学生的母语或媒介语混入了教学内容。二是通过手势、动作、表情等方式来表达思想。当交流遇到真正的困难，或者目标语解释词义等无能为力时，教师可以利用学生的母语或媒介语中的词语来帮助他们，有时候这种方法可以快速地解决难题，非常有效。但在教学中，尽可能地使用目标语这一原则是不变的。动作、手势和表情都是交际中很常用的辅助手段，在中文课上也是如此，尤其是在教一些动词或者表示感受的词语时。通过这种方式，可以很直观地让学生明白，也可以避免对学生母语或媒介语的依赖。

二、语言表达的意义层面

教师语言的意义层面应该具有如下特征。这里说的意义层面不仅是指语言知识层面，还包括生活和文化知识层面。

（一）准确规范

在汉语教学中，教师的语言在语义层次上应做到精确、规范，避免向学生传达错误、不正确的信息。

（二）清楚达意

教师的讲解既要明确，又要切中要点，还要了解学生对知识的理解程度，并以学生对知识的理解为依据，来调整讲解的方式，不然就算讲了半天，学生头脑中也是一片混乱。

（三）围绕中心

在课上，师生之间会围绕某个主题进行对话，有些时候，对话会脱离主题，教师应该有意识地将对话带回主题，而不是让对话离主题越来越远。

（四）实现目的

教师和学生在课堂上适时地聊一聊，活跃一下气氛，增进一下感情，也是一件好事。但要记住，教师的语言是有目的性的，就是说，在课堂上，话不是胡乱说的，而是要对教学内容有帮助，或者是引导，或者是解释。

（五）收放自如

在上课过程中，当教师和学生进行交流的时候，如果不注意，学生就会把话题引向另一个方向，从而脱离中心。出现这样的情况，有时候是因为学生们在练习中，不断地提出问题，从而使教师的答案与授课的主题相去甚远。另外，也有一些原因是教师没有掌握好话语的方向。教师应该做到能够随时将话题拉回授课主题上，收放自如。

三、语言表达的情感层面

（一）语言中的情感

1. 语气

语言中的情感是由语气透露出来的，语气反映的是一个人心底最真实的情感，它是在无意识中表达出来的，不容易被掩盖或伪装。教师总是对自己的学生抱有期望，这种期望会不自觉地表现在言语中。当学生符合教师的期望时，教师会表现出满意；相反，当学生达不到教师的要求时，教师的失望也会通过语气表现出来。失望的语气、不耐烦的语气、冷淡的语气、厌烦的语气，都是教师的大忌。语气的本质是情感，只有教师内心具有喜爱、同情、宽容、理解等正面的情感，通过语气传递，才能对学生起到积极的作用。

2. 表情

人类表情的表现形式有三种，分别是面部表情、语调表情、身姿表情。脸部是最能表达情感的。如果说，故意隐藏的话，语言还可以做到遮掩，但是神情却是遮掩不住的，尤其是眼神。俗话说，眼睛是灵魂之窗。《孟子·离娄上》说："存乎人者，莫良于眸子。眸子不能掩其恶。胸中正，则眸子了焉；胸中不正，则眸子眊焉。听其言也，观其眸子，人焉廋哉？"从眼睛里就能看出一个人的真诚，眼睛还能传递感情。教师的脸部表情和眼神应该是友善的、温柔的，就像我们常说的"相由心生"，从脸上流露出一种真挚的爱、宽容和理解。如果表情太过严肃，目光太过淡漠，就会使学生感到不安，甚至想要逃避。面无表情地回答"很好"，这是用语言来掩盖内心的失望，这种方式也会给学生们带来很大的心理压力。

（二）教师情感的传达

在教学过程中，教师必须倾注自己的情感，发自内心地热爱教学、喜欢学生，把上课当成一件乐事。国际中文教师在教室里讲课，就如演员在台上表演，表演要有情感，上课也要有情感，不能将上课只当作一项任务。教师在讲课时，既要用心，又要有与学生交流的意愿，并能倾注自己的情感，这样教师才能"教"得更好，学生才能"学"得更好。一名高级中文教师曾将教学比喻为"煮咖啡"。首先，选材。根据不同的喜好，选用不同的咖啡豆，如同根据不同的学生，选用不同的方法，以确保每个学生都能有所提高。其次，研磨。这是一个不断摸索、不断磨炼的过程，而行之有效的教学方式，则是漫长探索的总结。最后，冲泡。在煮咖啡的过程中，加了一杯水，这就如同加了一份教师对学生的关心。有目的的教学方式和教师的真诚情感结合在一起，就形成了一个既"教"又"学"、有效而又愉悦的过程。

语言教学的总原则是：让学生在快乐中认真学习。而要做到这一点，首先要使学生产生一种安全感和成就感。教师的宽容、耐心、诚恳是学生获得安全感的基础。在语言课上，学生的安全感可以用"It's OK to make a mistake."这句话来概括。当学生产生偏误时，教师的态度和方法直接影响着他们的安全感。如果教师能以一种宽宏大量的态度接受"出现偏误"的现象，耐心地解释和指导学生自己去给出正确的答案，并由衷地称赞学生取得的成绩，这样，学生将会感到安全，也会在课堂上积极地参加各项活动，也会主动地去表达自己的观点。相反，当学生在错误发生之后，感到教师没有耐心去指导，他们的自尊心会被伤害，不愿意再进行语言训练，学习动机也会被削弱。教师若能巧妙地引导，耐心地鼓励，真心实意地表扬，学生则会产生一种成就感。"安全感"能使一个人"敢说"，而"成就感"则能使一个人"有更多的话想说"。这样，教师在课堂上的情绪投入，就成了一种催化剂，促使学生在课堂上愉快地学习。

不要使用"保姆式语言"或"幼儿园教师语言"。有些教师会把自己的语气、声调、表情等调整成幼儿园教师对孩子说话的模式，但这是不必要的。教学用语要温和而不阿谀奉承，自信而不生硬。举个例子，同样是教拼音，虽然教学内容是幼儿园儿童也在学的东西，可是所教的对象是大人，如果授课教师使用幼儿园教师的语调、表情，就会让他们觉得不舒服。在我们进行的问卷调查中，有93%的学生希望教师在课堂上带着微笑，说话语气柔和些。可见，温文尔雅的教师更能得到学生的信赖，而当学生觉得受到了羞辱，或者是觉得自己无法达到学习目的的时候，他们就会拒绝学习。在我们国家，教师的传统观念是，教师要赢得学生的尊重，就必须严肃、不苟言笑。但这不适合于国际中文的教学。

第四节 国际中文教师的语言运用能力

一、教学语言

（一）生理维度

在教育学理论飞速发展、教学技术日新月异、教育新潮流新趋势不断涌现的今天，教学语言始终维持着它作为主要教学资源的地位。对教师语言的最低要求就是声音要大要清楚，这样才能让学生在嘈杂的环境中听得懂。这一点使他们想要避开语言表达所带来的身体与心理上的压力。教师的语言应该如一位表演者在演奏一种乐器，要有丰富的变化。教师的语言心理特征曾一度受到重视，但如今它的地位已明显下降。其中一个重要的因素就是，在课堂上，阅读示范资源丰富，易于运用。但我们认为，在教学中，还应该追求语音的标准化、语音的科学化。然而，人们对语音训练的关注却越来越少。在调查了各地的中文教师后，我们发现很多教师都有"发音疲劳"的困扰，这不仅影响了他们的教学质量，也影响了他们的身体素质，所以他们更希望有一位助教来帮助他们。因此，建议国际中文教师定期接受语音技巧的培训。要学会用气发声、谐振控制、吐字回声的方法。有的教师上了一两节课，就嗓子发干沙哑，这都是因为他们不会科学地发音。所以，发声技巧是国际中文教师必须掌握的。以下是关于发声训练的技巧：

1. 用气发声

（1）深吸气：气沉丹田，并蓄积足够多的气息。肩膀放松，手臂可随意甩动，缓慢伸展肋骨，扩大胸口的前胸和后侧直径，增加呼吸量。当吸气的时候，就像是用肺部底部呼吸一样。随着呼吸，腹肌开始收缩，可以通过腹肌的收缩来控制自己的呼吸。深吸气训练的方式有：站立式（全身放松，站立做深呼吸）、坐式（坐在椅子前端，上身略前倾，小腹稍内收，吸气）、闻花香（深入、自然、柔和深吸气）、举重物（深吸一口气，然后憋足一股劲）、半打哈欠（不张大嘴地打哈欠）。

（2）呼气：稳定地呼气，将空气均匀地排出体外。要有自控能力，运用腹部肌肉收缩到丹田的力量来控气。要有变化，根据所表达的内容和情感的变化来调整呼气的强度。借由模仿生活中的叹息、吆喝、大笑等，来练习呼吸的平缓和顺畅，或是通过呼喊别人的名字来训练呼气的肌肉群的调节能力。

（3）呼吸综合训练：学会呼气和吸气的密切配合运用，并学会对呼吸进行控制。可以朗诵几首短而舒缓的诗歌，再朗诵几首比较复杂的长诗，并注意呼吸的节奏。

2. 共鸣控制训练

（1）口腔共鸣：掌握张口的要领，使之发出坚实饱满的声响。不要张大嘴巴，要适度地张开后齿，这样可以让音波顺利地进入口腔。用单韵母 a， i，u，e，o"吊"出嗓子，让人在阅读时有一种上下连贯之感。发复韵母 ai、ei 时，要适当张开后齿，在说话的时候可以感受到声束沿着上腭中线向前，挂于前腭。通过模仿汽车鸣笛和鞭炮声，感受声波击在硬腭前端的感受。

（2）胸腔共鸣：让学生学会胸口松弛的呼吸法和发声法，使得声音浑厚、有力。颈部和背部自然伸展，胸口放松，吸气时不需要太用力。为增强胸腔共振，可以以自己最舒服的音高和降低后的音高交替发出 a，i，u，e，o 及这五个音降低后的音。当人在说话的时候，会感觉到自己的胸口有一个比较密集的"响点"，可以通过夸张地发阳平字音，比如停——留、离——开，让人感受到响点在胸口的上下移动，从而不断强化胸口的"响点"。还可以加强感受声束冲击的范围，通过发元音 a、i 或 u，从低到高，逐步升高，再从高到低，逐步降低，感受声束沿着硬腭中线前后滑动冲击的区域。

（3）鼻腔共鸣：在发出鼻音和非鼻音的时候，要把握好软腭上下移动的规律，使共鸣的声音达到高亢明亮的程度。在发出鼻音时，软腭向下，声源完全由鼻腔发出；发出鼻韵尾音时，软腭由上而下，气息由口而入，由鼻腔而出。练习的时候，以 ba、pa、da、ta 的口音开始，接着发出 ma，mi，mu，an，en 等鼻音，感受鼻腔振动的不同；交替发出口音 a 和其鼻化音，感受软腭上升和下降的不同状态，并形成不同的音色。

（4）共鸣控制训练：即三腔共鸣的灵活使用，以求音色丰富多变。打开口腔，让胸部和鼻腔通畅，大声念"阳——光——明——媚""乘——风——破——浪"，也可以大声呼叫 50 米以外的人，向对方呼告一句话或一件事，蓄气有力，声音要大。

（5）吐字归音训练：音节的发音过程可分为三个阶段：出字（声母与韵头）、立字（韵腹）、归音（韵尾音），每个音节的发音过程都是有头有尾的，形状如同一个枣核，整体上达到字正腔圆的目标。如果没有正确的发音练习，就会导致"吃字""倒字""丢音"等问题。在练习过程中，应注重掌握声母的发声位置及发声方式，并要有足够的蓄力，快速配合韵头。嘴巴该张开时要张开，嘴形丰满圆润，松紧适度。重音要清晰、清脆。

（二）人际维度

从人际维度来看，国际中文教师的课堂语言在三方面被使用：控制，组织，激励。

1. 控制

（1）指令语

在教师语言中，指令语是一种非常重要的语言，它可以用来指导学生在课堂上的行为，从而维持课堂秩序。与教学内容有关的指令语是影响教学活动能否顺利开展和完成的关键因素：如果学生遵从了指令语，那么指令语的使用意图就会得到贯彻，从而使教学得以顺利进行；当指令语无法达到其所要达到的目的时，整个教学过程就会陷入停顿状态。为了使整个过程顺利进行，教师必须不断地重复或变换指令语。与班级秩序有关的指令语可以反映出教师的班级管理能力。如果这类指令语太多，就说明班级没有秩序，学生的注意力处于分散的状态，教学进度被拖延，教学效果也会受到影响。教师在教学中能否恰当使用指令语，决定了教学目标能否迅速达成。

有关教学的指令语应当清晰、简明、易懂。在国际中文课中，经常会出现一些迟迟不能进入教学环节的情况，这些情况大多数是因为教师的指令语模棱两可，学生无法理解教师要他们做的事情，教师一般都需要重复一到两次指令语，或是用另一种方式表达，最后学生才能理解教师的意思。但这样的话，就会浪费大量的时间，不但影响教学进度，还会让课堂气氛变得沉闷和尴尬，甚至影响学生的学习效果。在课堂教学中，与教学秩序有关的指令语要尽可能减少，多用非言语方式的指令语，少用言语方式的指令语。比如，静默地环视所有人，向心不在焉的学生示意，在心不在焉的同学面前停留几秒再离开。

（2）提问语

在教师的课堂语言中，提问语是最常见的一种教学用语。提问语的使用情况，是衡量一位教师教学艺术水平的一个重要指标。在国际中文教学中，提问是口语教学中不可缺少的一部分，是一种重要的教学方法，它对提高学生的口语表达能力具有重要作用。

提问语的形式主要有两种。第一种是封闭式提问，又称展示式提问。回答要么是"对"要么是"错"，要么就是大家都知道的。这种类型的问题属于比较机械的问题，在理解新知识、练习语言使用、复习等环节可以用到，但是如果用得太多，就会显得很单调，也不利于培养学生的语言交际能力。第二种是开放式提问，又称查询式提问。答案是不确定的、多元的。不同的学生会给出不一样的答案，同时还会伴随着说明情况、解释原因、阐释观点等大段话语输出，这有利于培养学生用目的语思维、成段表达，所以应该提倡。在教学实践中，为了有效地利用课堂时间，达到培养学生口语能力的目的，教师应注重由封闭式提问向开放式提问转变。

提问语使用时应注意以下几个方面：第一，面向全体学生，机会平等。在汉语课上，总会有一些性格开朗、健谈的学生，无论对错，他们都会争先恐后地回答问题。这些学生活跃了课堂气氛，但是他们也容易使课堂活动脱离教师的掌控，而且还会压制性格内向的学生主动发言。教师要有技巧地指导，使每位学生都有机会表达自己的观点。第二，要有目标，难易适度，激发成就感。教师要对班上学生的语言水平有一个清晰的了解，在提出问题前要考虑由哪些学生来回答。将较难的问题留给语言水平较高的学生，将较容易的问题留给语言水平较低的学生。这样，能够最大限度地确保每个学生都能较为顺利地给出解答，从而获得成就感。第三，提问在先，回答在后。用清晰的方式提问，让学生阅读、思考、讨论，并确定每个学生都思考过，并询问他们的答案。问题的作用在于激发大家的思维，因此，不可以先点名某个学生，再去单独问他。第四，让学生有足够的时间去思考。在教师提出问题之后，要让学生思考。这个时候，教师会给所有人一小段静默的时间。有些教师好像不能容忍学生和自己的沉默，所以经常会不停地说、重复问题，或者是进行指导。教师应该在学生思考的时候尽量给足他们时间。学生们在做准备的时候，教师的话只会让他们分心。

提问应回避以下情形：第一，没有目标的提问。在课堂上，存在着大量的"没有目标的问题"。提问的随意性较大，讲到一个地方，教师就随便问一句，学生在下面七嘴八舌地回答，教师选择声音最大的答案，或者是自己想要的答案，先重复一遍，再稍微解释一下，这个问答过程就完成了。这一现象反映出教师对课堂的掌控力不强，在不知不觉中造成了课堂秩序混乱。第二，教师回答自己的问题。在课堂上，教师自己提问，自己回答，也是一种常见的现象。通常在提问之后，若学生未及时回答，或者学生在沉思，脾气急躁的教师便不给学生足够的时间去思索，自己就说出了答案。但在大多数情况下，因为教师没有训练意识，问题本身就不是为学生准备的，而是被用来在自己讲解的时候使用的，所以教师并不是真正地提问，而仅仅是设问而已。这就造成课堂上教师占去了太多的时间，而学生的实践活动却没有得到充分利用，从而影响教学效果。第三，跟学生抢着说。在教师提出问题之后，很多教师都在不知不觉中加入了学生的问答过程。学生在回答问题的过程中，有时会出现停顿、犹豫，考虑该怎么用更恰当的词汇来表达自己的想法，这时教师就会打断。有的时候，学生回答得非常好，教师就会显得很激动，并打断他们的发言。教师插嘴的时候，学生还没有说完，所以就出现了教师和学生同时说话的现象。这将使得其他学生很难识别正确的问题答案。教师要有耐心，认真地听，然后再补充、反馈。第四，重复问题时改变原句。当教师提出问题时，如果学生不能在规定的时间内回答，教师就会以为学生不明白，并不断地重复这个问题。在复述时，为了使学生更好地理解题目，还可以有意识地更换原来题目中的词汇或改用其他句型。在提问之前，教师实际上应该在备课的时候，就已经准备好问题。在提问的过程中，不能存在词语或者句式方面的难度，问法也要避免有歧义，要准确、清楚。在课堂中，如果问题已经被提了出来，那么就应该尽可能地不去修改，在要找学生回答问题的时候，再把自己第一次说出来的句子重新说一遍，可以通过放慢速度、增加停顿、增加重音等方式来帮助学生更好地理解问题。如果教师一直在重复问题，在每次重复的过程中，都有词语或者句式上的变化，那么学生就会变得越来越困惑，不明白教师到底在问什么，这样还会耽误课堂时间，影响教学环节的正常进行。

（3）回答语

国际中文课堂教学的一个显著特征就是学生在任何时候都可以向教师提出问题，教师必须及时回应和解决，这又是一种对课堂的控制。教师平常面对的问题大体包括以下几种：

第一种，与教学内容有关的问题。大多数学生提出的问题与所教内容相关。例如，在学习一个单词时，学生联想到先前所学过的单词，立即提出问题，并要求教师辨析二者的区别和相似之处。又如，在课堂上，当教师讲述一种文化现象的时候，学生有了疑问，就会立即提出问题，或者是学生对课文中的某一句话不懂，当场提出问题等。面对这种突如其来的情况，教师可能在备课时就已经预料到并有所准备。不过实际上，很多情况下教师们也对问题的出现始料未及。这个时候，教师就必须利用自己的知识储备和教学技巧，在课堂上给出答案，这是对教师临场应变能力的一种考验。这就要对自己的教学内容、教学对象进行透彻、深入的研究，通过不断积累，在面对这类问题时，给出合适的答案。

第二种，与教学内容无关的问题。上课的内容有时候会让学生产生一些联想，通常都是一些生活中的事情，例如饮食、购物、医疗、交通、生活等。教师们不应该因为这些问题和所教的东西不相干，或者因为这些问题很有意思，不回答或回答得过于详细。对于一些教师需要回答的问题，如果比较普遍，应向所有学生解释，力求简明扼要，避免浪费过多的上课时间；对于个人的问题，可以让提问的学生在课下和教师讨论。最忌讳的是讲得太细，或者说得太远，甚至发展为整个班级的讨论，这样会对教学活动的正常开展造成不利的影响。

第三种，不会回答的问题。如果教师对学生提出的问题没有任何准备，也没有相应的知识储备，一时之间不能回答，教师可以直接承认自己不太清楚，无法立即给出准确的答案。可以先将这些问题备注在教案或书上，并承诺下一节课给出准确的答案，请学生理解。下课后要多找一些问题的答案做参考，再给学生解答。错误的做法是不懂装懂、瞎解释；或虽然承诺，但下一堂课完全没有给出答案。这种做法，很容易让学习者心寒。同时注意不要在这种情况下说"汉语有这个习惯"或者"中国人都会这样说"之类的话。

第四种，不想回答的问题。学生的多样性和问题的多样性，有时会使教师感觉自己的文化底线受到了触碰。例如，有学生在上课的时候，会问一些比较私密的问题，比如年龄、婚姻状况、体重等，如果教师不愿意回答，那么就可以让其猜一猜，如果学生把自己的猜测说出来，教师随便点一下头，表示同意，那么这个问题也就迎刃而解。另一个例子是，学生们会问一些与政治有关的问题，比如教师的政治态度等。此时教师应该维护自己的尊严和权利，可以直接对学生说这个问题与课程无关，不会讨论。

2. 组织

（1）导入语。导入语指的是在上课之前，教师对学生说的与教学目标相关的一番话，目的是让学生进入上课状态。与中国学生相比，国际中文班的学生显得轻松，铃声响过之后几分钟，所有人才到齐，坐好后还有人在闲聊，这很正常。总体来看，学生们在上课时的反应比较慢，他们的注意力也不够集中，所以，教师的导入语显得尤为重要，一句好的导入语可以将学生的注意力吸引到教师身上，进而将他们的注意力集中到课堂学习的内容上来。导入语的设计应遵循目标明确、简洁明快、引人入胜的原则。导入语跟本堂课的教学内容有密切的关系，在进行这方面的设计时，教师要把握好教学内容的特点以及学生感兴趣的点，用简短的几句话来吸引学生，让他们对本堂课的内容产生浓厚的兴趣。

（2）过渡语。过渡语是课堂进行过程中常见的衔接语言，一个教学环节结束，要开始下一个教学环节，或者是一个问题解决后，开始解决下一个问题，这中间都需要衔接的过渡语。过渡语反映教师对课堂中各个环节的整体把握以及清晰的授课逻辑。使用过渡语，让学生感受到自己在这堂课中所学的、所练习的内容既有层次，又有合理的排序。还有一种情形，是在引入新的知识前，先用过渡语过渡，再从已有的知识向新知识转换。

（3）小结语。小结语是指在一节课中，教师在完成了一个相对独立的教学阶段之后，或者在整堂课的最后部分，教师所说的总结性的话。在教学过程中，教师要对教学内容进行总结，要对学生的练习进行评价，要对教学中存在的问题进行归纳。在课堂教学最后的小结部分，主要内容是对整堂课的总结，包括复述教学内容要点、评价学生的表现、总结教学任务的完成情况、布置作业等。研究者在收集的实际教学实录中发现，小结语的使用情况并不乐观，大多数教师都没有在一个教学环节完成之后，对教学过程进行总结。此外，他们对于课堂整体时间规划的意识还不清晰，所以对于整堂课也缺乏总结意识。

3. 激励

（1）纠错语。在外语教学中，纠正错误是不可或缺的一环。纠正错误是激发学生积极性的一种方法。在国际中文教学过程中，学生往往会犯一些错误，如语音、词汇、语法、汉字、语用等。但是，纠正错误的基本方式和语言风格确实具有普遍性。我们认为，纠正错误的基本方针应该是：先纠重急，后纠缓轻，细水长流，不懈不急。通过对错误类型的分析，对错误进行直接纠正和间接纠正，从而达到有效纠正错误的目的。纠错用语反映错误纠正的方法。在课堂上，大多数学生都会出现普遍性偏误，教师可以通过板书、示范、集体讨论等方式，对错误进行集中纠错，这也是一种直接的纠错方式。

在这种情况下，纠错语不需要进行特殊设计，它与我们后面要说到的讲解语相似，只需要告诉学生：哪里错了、出错的原因、什么是正确的、如何改正，让学生把错误记录下来，然后不断练习，就可以完成整个纠错过程。在日常的教学过程中，教师要注重收集学生在日常口语中经常会出现的偏误，并设计出与之相关联的强化练习题，每天练习，这样才能从根本上纠正这些偏误。

（2）反馈语。在学生回答问题之后，教师会给予他们反馈，而适当的反馈语言又是激发他们学习积极性的一个重要途径。课堂教学实质上是一种教师与学生之间的交流活动。整个教学界趋向以学生为中心，以教师为引导者的课堂模型，所以，教师要带领学生参加各种各样的课堂活动，在学生的每个活动结束之后，教师都要对学生进行及时的反馈，并做出评价、指导，这也是激发学生积极性的机会。学生回答问题后、学生进行小组讨论后、学生完成了教师所布置的一些学习任务后，都是教师进行反馈的最佳时机。在反馈过程中，教师要对学生的表现进行中肯的评价，将每个亮点都找出来并给予赞美，同时巧妙地引导学生纠正错误。教师的反馈应该是一种真诚的鼓励和宝贵的指导意见的组合。只要学生积极地参加了课堂活动，即使是非常微小的一件事，教师也要给予足够的认可。鼓励可以发挥出人意料的作用，激发学生的自信心，让他们在课堂上大胆地进行中文练习，同时也让课堂气氛变得活跃起来。在被鼓励后，每个人都能够被别人认可，从而提升自信心，获取喜悦；在国际中文教学中，教师对学生的评价是提升他们自信心的关键，而教师对学生的积极评价也是他们提高中文水平的一个重要因素。

（三）教学法维度

1.讲解语

在词汇教学和语法教学中，教师的讲解语以解释为主，要求简洁、准确、清楚、条理清晰。

（1）词语解释

如果教师能把握住一个词的难处，一口气讲完，就可以避免重复讲解，同时也避免了浪费时间。词汇教学应以"教用法"为中心，而非以"意义"为中心。其中有一类词汇不需要太多解释，比如一些名词、动作性动词等，都不需要重复解释。第二种是要进行大量解释的，比如副词、形容词、连词等，这些都要说明其意义和用法，尤其是虚词，要着重说明。词汇解释不当，会导致学生不能正确地运用词汇。

（2）语法教学

无论是教师还是学生，都十分重视语法。教师更是认为语法知识要多讲，讲得越详细越好，但教育界普遍认为，语法讲解语也应该简洁，要切中要害，在每一次简单的讲解之后，都要做大量的练习。教师的角色是辅助性的，他的角色是帮助学生认识和理解汉语的某些语法现象，并从用法的角度构建汉语语法的认识体系，以便举一反三。所以，在讲解语法的时候，要抓住重点，讲授对学生来说最直接、最有帮助的内容，还要具有启发意义，让学生能够主动地参与到教学活动中去，而不是被动地接受知识。在语法教学中，语法点的展示技巧是十分重要的，如果能够将语法点进行简化、直观、形象的展示，自然就不需要再用大量的语言来进行说明。

2. 教师讲解语常见问题与解决策略

（1）教师说得比学生多。从收集到的课堂教学实录来看，在口语技能训练类课程中，60%—70%的教师的话语量比学生的要多得多，教师的话语都是很长的一段，而学生的话语则是一两句，甚至只有几个字。教师说得多是因为不会操练学生，不明白操练的重要性；或是因为没有设计练习，没有准备充分；又或是因为在讲授字词或者语法要点的时候解释不清。教师讲话过多，从根本上说，主要有三个解决方法：一是增强掌握汉语本体的能力，培养汉语语言特征的敏感性；二是要深刻认识汉语教学中的语法知识点，找出学生在理解上的困难；三是对汉语的教学方法、教学技巧进行细致的研究，并以灵活有效的教学方法代替大量的语言文字解释。

（2）对词汇进行过多的解释和分析，对新词汇采用更困难的词汇进行解释。在教学过程中，教师的语言尤其是讲解语要尽可能地使用学生们已经学过的词汇，不要用他们还没有学过的词汇来对新词汇进行解释。释义时应注意以下几点：一是不要用字典中已有的说明文字，可改用通俗的说法，用简单的文字来说明；二是不使用语法术语，教师要掌握语法知识点，并深入地传授给学生，而不是让其死记硬背语法知识，教师要把语法知识运用到教学中去。

（3）例句难度较大，所用的句式都是学生从未学习过的，或者例句虽多，却无典型意义。在讲解单词和语法要点时，通常都会向学生进行例句展示。在实际授课时，应遵循如下原则：①例句中不能含有新词汇；②例句中不使用不常见的句式；③例句要有典型意义；④例句一定要事先准备好，不要临场现编。违反这些原则，不仅无法使例句发挥应有的功能，而且还会使学生在理解过程中产生更多的困惑。

（4）把学生的回答复述一遍，再做一遍说明。很多教师在授课时，总是喜欢把学生说的话复述一遍，教师这么做有时是由于学生说的话不正确，重复一遍，期望别的学生能为其指出错误。不过有的时候，看起来反而像是对学生回答的肯定。还有许多教师喜欢复述两到三遍，然后再分析学生的回答。这个的确没有必要。当其他学生没有听清楚时，教师可以让该学生再重复一遍。不管学生的答案是对还是错，教师都尽量不要去重复。在学生给出答案后，教师再提出自己的意见。

（5）对学生母语的过度运用。在教学过程中，有的教师会在教学过程中加入一些媒介语言词汇，其中以英语词汇最为普遍。有时候，教师会用"OK"或者"very good"来代替自己的讲解，但这并不能收到很好的效果，教师应该从一开始就让学生熟悉一些简单的引导语和反馈语。在解释一个词的时候，如果不能确定它在他们母语中的意义、用法、情感色彩等与汉语中的意义完全相同的话，就不能用他们的母语来解释汉语。

二、教师语言的作用

（一）建立和维持课堂交际模式

一般而言，国际中文课堂教学中的交流内容与交流方式主要是由教学语言所决定的。教师可以根据不同的教学目标，在不同的条件下，通过不同的方法来控制和引导课堂交际。

1. 根据课型调整语言运用

从整体上讲，国际中文教育的授课类型可分为两大类，一类是口语技巧培训课，另一类是文化课。在口语技巧培训课程中，教师语言的使用原则应是：（1）不超过总课时的30%；（2）主要运用指令语、引导语和激励语，指导学生进行口语技巧的训练、参与课堂活动等；（3）讲解语的使用与特定的教学内容有关。

在文化课上，教师的教学重心转向了讲授，例如，在外国留学生的大学阶段，学生们所学的文化课程有：中国人文地理、中国古代历史、中国民间故事、中国现代文学、当代中国专题、经典文化导论、当代中国经济。这些课程的教学目的是使学生们更好地理解中国文化，这就要求教师们更多地讲授，这里的讲授应该按照国际中文教学的特点和学生们的水平，尽可能地简化和浅化。在文化课中，可以多安排一些学生参与度比较高的活动，这些活动可以以学生展示和讲解自己的作业、小组讨论等形式出现，教师还可以对这些活动进行适当的评价和总结，同时还可以多使用反馈语。

2.针对班级特点调整语言运用

任何一位具有一定教龄的教师，都会发现，每个学生都有个性。当一个班中有多个性格活泼爱说话的学生时，整个班的氛围就会非常活跃，此时如果教师没有足够的教学经验，就会觉得很难掌握课堂节奏，有一种被学生带着走的感觉。有些班级里没有活跃分子，大多数学生都很安静地听课，他们不喜欢回答问题，经常让教师觉得枯燥乏味，认为学生不配合授课，很难调动起活跃的气氛，教师就像是在唱独角戏。针对具有不同特征的班级，通过对语言运用策略的调整，使课堂气氛保持适当活跃。在课上，教师要注意控制那些表现得太过积极的学生，可以让他们"休息一下"，或者让他们听一听，然后再重复一遍，这样就可以让他们少说一些话，还可以鼓励那些沉默寡言的学生主动回答问题、参加讨论，这样就可以均衡地让每个人都有说话的机会。在课堂上，教师应该多一点耐心，给同学充分的思考时间。教师也要与学生保持良好的合作关系，不能为了活跃气氛而表现得太过浮夸。教师可以用温和而坚定的方式鼓励学生参与到课堂活动中，如轮流发言、点名等。

（二）营造课堂氛围

无论什么样的课、什么样的学生，课堂交流模式的构建与维系，都离不开教师与学生之间的语言交流。如果任何一方觉得不开心，那就说明课堂的氛围存在问题，对教学不利。

1.宽容友善的课堂氛围

教师可以主导并创造一个包容、友好的班级氛围。教师的言语、态度是影响学生学习效果的重要因素。在第二语言的课堂上，应该容许学生在运用目标语的时候产生偏误，教师要利用适当的时机，运用适当的方法和适当的态度进行纠错，这样学生在参加课堂活动的时候，就不会害怕自己因说错了话被教师反复纠正，觉得丢脸。只有在一种轻松的、没有防备和自我保护的状态下，他们才可以大胆地参加到学习中来。教师应该从内心深处理解并接受学生出现偏误这一现象，并意识到这是实现语言习得的必经之路，从而愿意陪伴学生成长。在这样的心理状态下，教师就会表现出耐心和亲切的态度，从而使学生感受到温馨。在对开放性问题讨论结果进行反馈的过程中，除了要对语言运用方面的偏误进行纠正之外，教师还要对学生的独特思维方式和对事物的看法进行认可，而不是判断其对错。若一位学生的答案引发了其他学生的不同意见，教师应及时制止，并指导学生互相尊重，保留自己的观点。

2. 愉快的课堂氛围

让学生在快乐中认真学习，不仅是国际中文教学的基本原则，更是具有普遍意义的教育原则。学习的乐趣不仅是小学生和中学生的需要，成年人同样也需要。学习的乐趣是什么？对自己所学内容感兴趣，对自己的学习能力受到教师的认可而感到自豪，在学习中不断取得进步。对于大部分学生而言，第二语言学习既枯燥又困难，还需要克服跨文化交际所带来的障碍。因此，要让学生快乐地学习，教师要下一些功夫。首先，要引起学生的兴趣。导入语、教学内容的展示、练习的设计等都要具有吸引力。其次，要使学生感到安全。教师的温柔体贴、同学之间的友好，这些都会使学生感到轻松、快乐。最后，要让学生有成就感，有自信心。在教学内容方面，教师可以用科学的方式来安排教学内容，比如化整为零、分段教学等，从而降低接受难度，让学生更容易获得成就感。在教学手段方面，教师应尽可能地为学生提供更多的展示机会，使他们觉得自己很能干。在教学态度方面，教师对学生的夸奖发自内心，更能激发他们的自信。愉快的课堂氛围，应该充满笑声，但又不是毫无意义的笑话、胡闹，教师和学生在上课的时候，都应该保持严肃的态度。在课堂上，教师要明确每个阶段的目标，充分利用好课堂上的每分每秒，使学生获得更多的知识；在教室里，学生对教师和所学的东西都很感兴趣，全神贯注地投入学习中。这样的课堂氛围才是理想的学习氛围。

（三）与学生有效沟通

1. 评价与赞美

在教师语言中，教师和学生之间所用的语言是教师和学生之间有效交流、构建和谐师生关系的重要途径，也是提高教学质量的重要保证。评价是师生交流的重要组成部分。在课堂上，教师对学生的评价应该是积极的、真诚的，不能夸大、过分。评价要注意措辞、句式的选择，尤其要注意词汇的选用，避免绝对词汇的使用。说话要委婉，不要妄加评论，多用疑问句和询问句。在进行评价的时候，要有针对性，不要一概而论。"很好！""太棒了！"表达的意思太笼统，但如果能对学生表现得很好的细节进行有针对性的夸奖，就能起到更好的作用，比如："你的句子很标准，尤其是其中一个词，用得很准确！"在评价中，有一点对学生有很强的激励和鼓舞作用，就是"对学生认可，采纳学生的意见"。教师的低姿态会让学生发自内心地认可自己的能力，在这种情况下所获得的自信比教师表扬所得到的自信更加真实、更有价值。在课堂活动中，如果学生的回答是正确的，或者在讨论过程中有非常好的观点，那么教师就可以抛弃自己已经准备好的答案，将学生的答案作为最后的答案，或者直接同意和接受学生的观点，并承认自己没有想到。

教师应该多赞美学生。赞美的态度应该是诚恳的，不应该矫揉造作，应该发自内心，语气诚恳，态度自然。教师要更多地关注学生的长处，并随时给予由衷的赞美。在二语教学中，当学生面临着目标语学习困难时，他们会感受到很大的压力，同时也会对自己的学习能力产生怀疑，这时，他们如果经常听到教师的夸奖，看见教师的笑容，他们就会感到欣慰，从而学习得更加愉快。教师对所有学生都应该一视同仁，要记得每个学生的名字，要熟知每个学生的性格特征。热情的表扬会让学生觉得自己受到了教师的重视，并得到了教师的肯定，这样就会有更多的自信心去学习语言。

2. 劝诫与鼓励

国际中文教师可以对学生进行批评，但必须态度好、手段佳。一般情况下，学生普遍存在的问题有迟到、早退、旷课，不按要求完成作业等，其中以低年级学生居多。在中国传统意义上，此时对他们教育，并不是"批评"，而是"劝诫"。劝诫要有诚意，还要加上鼓励。

　　一个教师应该用什么方法来劝诫他的学生？怎么让学生听自己的话？首先，教师与学生应该是平等的。教师在面对学生时，不能摆出一副高高在上的导师姿态，也不能卑躬屈膝，教师与学生的沟通就是两个平等的人之间的沟通，沟通的内容是语言学习的态度和方法。其次，教师要热心地去了解学生，尤其是他们的困境，他们在生活、学习中所遇到的难题等，在理解的基础上进行劝导或协助。再次，教师要以诚恳的态度对待学生，规劝他们珍惜时光与学习汉语的机会。最后，要对学生保持耐心，当学生迟到、旷课时，要温柔耐心地督促、劝诫。在劝诫的过程中，一定要给予鼓励，并指出学生的长处，在充分了解情况后，认真聆听他们的解释。教师的关怀本身就是一种鼓励。

第四章 国际中文教师课堂教学能力的培养

第一节 国际中文教师应具备的教学基本素养

一、良好的课堂素养

（一）板书

作为一名中文教师，尤其是国际中文教师，写一手正确而标准的汉字是课堂上应具备的素质。板书在课堂教学中起着举足轻重的作用。它不仅有助于学生的理解和记录，而且能让学生感到授课内容更清晰、对知识体系的把握更有条理。板书能突出重点，吸引学生的注意力。教师要重视板书的作用。整齐、清晰、设计周密的板书，体现了教师的严谨。相反，如果板书字迹潦草、杂乱无章，甚至有错别字，那就说明教师的教学态度不够严谨。教师在写板书的时候，首先要注意的就是汉字书写的正确性和准确性。汉字写法要符合教材要求，字体要美观、端正，起到示范作用。

板书的设计要合理。教师应该对板书进行精心设计，要考虑到前后环节之间的联系，一次板书可以进行多次使用，避免因写写擦擦而浪费时间。好的板书设计，用照相机拍摄下来就是很清楚的课堂笔记。板书的作用是明确展示教学内容以及临时增加的内容，因此，呈现在学生面前的板书内容应当目的明确、意思清楚。板书写什么，教师既要有提前的准备，也要有临时的安排。

板书是一个重要的教学手段，除了展示教学内容外，同时还有一个重要作用就是在课堂上解答疑难、说明问题时随机使用。我们在听课过程中发现，不少教师不会有效地利用板书。教师在课堂教学时往往说话过多，特别是在解答学生问题时，大部分教师自然而然地选择用"口头解释"的办法，反复地解释，但是效果难以保证，学生往往不明白，课堂时间还被白白耽误，甚至整堂课陷入僵局。事实上这恰是一个使用板书的最佳机会。比如说，学生对某个词的词义或用法不清楚，教师要快速形成比较清晰的解释，写在黑板上，进行讲解。

（二）范读

教师的范读对学生来说是促进听力与语感的有效渠道。朗读能力是第二语言学习者的重要能力。从最基本的字音、断句、停顿到重音、语调、表情，是对语言的全面感知与表现。在教学中，大部分情况下教师都会通过让学生听课文录音、模仿朗读的方式学习汉语。录音的优势在于对语言语音形式的各方面都表现得比较准确、清晰，但是明显的缺陷是非人性化。教师的范读可以给学生更直观的感受，比如某个发音，学生听录音后可能仍然无法模仿，教师就可以给他们看口型、放慢发音速度、用夸张发音进行引导。教师范读时，还可以随时指出需要注意的读音、语调等细节。

范读的方式主要有两种。一种是教师逐句范读，学生跟读。这种方法主要用于初级阶段教学，目的在于正音正调。另一种是教师范读整段课文或整篇课文（较短的），主要用于中高级阶段教学。学生学习对整段、整篇内容的理解，以及在听的过程给不认识的字词注音、捕捉内容大意等，并在听后朗读。教师范读的同时，要让学生完成相应的任务，比如"听后模仿朗读""边听边找到某些字词的读音""带着一两个问题听""听后说出大概意思"等，这样，教师的范读就成为课堂教学的一个有机环节。可见，范读是课堂教学基本素养之一，教师应当具备自我培养意识，重视范读能力，并放弃对多媒体语音资料的过度依赖。教师范读应当发音标准、清晰，语速适合学生的听力水平，语调、重音、停顿准确，表情到位，不同的语料要用恰当的形式表现。比如说，范读对话，要将对话中不同人物的语气、态度表现出来；范读诗歌、散文，要将作者的情感、语言之美表现出来。

（三）肢体语言

课堂教学本质上就是一种交际，教师与学生之间除了语言交际外，还有非语言交际，因此，教师在课堂上的肢体语言也是不可忽视的。我们认为比较重要的有以下两个方面。

1. 站立授课

汉语课常常会有上课学生人数较少的现象出现，很多教师就会坐着上课。但是大家普遍认为，教师站立授课，效果会更好。从教师的角度来说，首先，站立可以让人精神状态更好，就像俗话说的"提着劲儿""打起精神"。有一种比喻，教师上讲台就像演员上舞台一样，是一种"入戏"，处于精神高度集中的状态。如果坐着，整个人的精神状态是放松的，很容易给学生一种懈怠的感觉，教学效果会受到影响。因此，站立授课也是敬业精神的一种外在表现。其次，教师站着上课，整个教室的状况、每个学生的状态都尽收眼底，对于掌控课堂非常有利。如果教师坐着，学生在底下干什么教师都看不见，何谈掌控课堂？最后，教师站立授课，更利于开展课堂活动。教师站立、走动，引导学生参与活动，不断关注学生活动的情况，如此一来，教师活动与学生活动也能更好地融为一体。

2. 运用肢体语言

肢体语言是各个语言群体进行自然语言交流的主要方式之一，其文化内涵丰富，且不同语言群体之间存在着大量的共性。教师经常会使用这种能相通的肢体语言来辅助教学语言，使肢体语言对教学语言的其他元素起到强调、解释、附加语义信息等作用。成熟的中文教师可以通过表情、动作甚至表演等方式，为学生提供更多的语义输入通道，从而在课堂环境中顺利实现交流。肢体语言主要包括手势与面部表情。从教学角度来看，对初学汉语的学生来说，他们掌握的词语比较少，因此教师应该力图用最简单的话把一个词、一个语法点讲清楚，在课堂上多用肢体语言，有时一个简单的手势比一大堆令学生听不懂的话更加有效。

二、合理安排课堂教学

（一）教学环节安排

1. 科学设计

一节课要完成哪些教学任务，教师要在备课时就设计好，每个教学任务都是一个教学环节。每个环节如何开始、如何结束，都要有清楚的安排。如果教师没有提前设计，那就只能拿着教材带着学生一页一页读过去，如果把整堂课比作一篇文章的话，那这样的课就是一篇流水账，平淡乏味，令人昏昏欲睡。很多教师存在"教学环节不清晰""教学环节松散"等问题。产生这种情况的原因一般来说有两种，一是教学态度不严谨，二是教学经验太匮乏。一个合格的国际中文教师，一方面要秉持认真严肃的教学态度，按照学科特点备课，不可抱着轻视、随意的态度；另一方面要有主动钻研教学方法的意愿，谦虚地向有经验的教师学习。课堂教学环节安排不好的话，一节课就是一笔糊涂账。我们要明确：教师在课堂上的每一个环节都是为了带动学生活动，教学内容分成循序渐进的多个环节，每个环节都要有预期目标。教学环节要根据学生的反应及时做出相应的调整。

2. 主次分明

教学环节的安排要根据教学内容分出主次。比如，本堂课的主要教学内容是主要环节，占据的教学时间最多，大约60%—70%，而复习、总结、回答学生问题等是次要环节，所占用时间不可过多。教学环节主次清楚，教学任务才能顺利完成。教师常常会遇到这样的情况：备课时设计好的教学安排在实际的课堂教学中会被打乱，某个教学环节拖延了时间，导致后面的环节不能按时完成。一般有两种可能：一是由于某个问题在备课中的预测不准确，学生出现了疑问，教师处理问题的时间超出了预先的计划；二是学生向教师提出问题，在处理过程中，教师延伸出其他问题，导致越说越多，不知不觉让一个次要的教学环节占据了大量的时间，挤占了主要教学环节的时间。另外还有因为学生回答问题速度慢或者迟迟完不成课堂练习造成课堂教学安排被打乱的情况出现。面对这样的情况，教师不仅要有控制局面的意识，当出现拖沓状况时要想办法尽快解决或者延缓解决，总之要尽量少占用课堂时间，而且要有明确的主次意识，处理好次要的教学环节与主要的教学环节之间的关系，如果没有这样的意识，就很容易导致课堂教学散乱、随意，教学目标也会难以实现。

3. 适当留白

教学环节的设计还要注意不能过"满"，要有适当的"留白"，也就是说，需要留下供学生思考、回顾、消化的"沉默片段"。每个教学环节结束后，教师要进行总结，并且留一点时间给学生安静地回想一下刚学过的知识，有问题就提出来，教师及时处理。但是，研究人员在听课的过程中，发现许多教师要么忽略这个环节，根本没有安排，要么不能落实这个环节。一般中国学生在课堂上不习惯提出问题，但是外国学生喜欢在课堂上直接向教师提问，因此，在一段教学结束后，给学生几分钟安静思考的时间是很有必要的。此时教师已总结完毕，不必再继续提问或者自行总结之前教授的内容，而应该安静地等候学生消化思考。对于学生来说，课堂教学环节过于紧凑，如果一直跟着教师的节奏，会有无暇喘息的感觉。

（二）有效利用时间

1. 合理地安排时间

课堂教学时间的安排与教学环节的安排密切相关。课堂时间安排不合理的原因，基本上有以下几种：一是教师时间观念模糊，自身的行为过于随意，造成时间的浪费。有些教师面对学生的厌倦情绪，会顺应学生的要求，放弃正常的教学内容，用多媒体设备放电影或者别的娱乐节目，看起来让学生放松，但是实际上浪费了学生的学习时间，并且助长了他们的厌学情绪。另外，有的教师会在教学中谈到某个话题时，跟学生讨论起来，这样做很容易偏离教学内容，特别是在一对一教学的条件下，汉语课容易变成聊天课。还有就是学生的不良时间观念。有些学生由于文化、习惯和年龄等缘故，时间观念淡薄，上课迟到、课上开小差，有时甚至直接表现出对学习的厌倦情绪，这时教师要反思自我，改进教学方法，提高教学的吸引力，将学生的注意力吸引到课堂上来。教师应当采用恰当的方法进行教育。

二是教师对时间的掌控能力不强。这些教师很容易被学生牵着走，或者自己展开教学而收不回来。要做到合理地安排课堂时间，教师首先要有"课堂时间宝贵"的概念。学生在课堂上学习的时间是十分宝贵的，应当学有所获，不能随意浪费课堂时间，教师更不能随意浪费课堂时间。此外，教师还要在备课安排教学环节时计算出每一部分活动大概所需要的时间，并在课堂上按照这一时间计划进行教学。如果有时教学环节因故改变，要及时重新调整时间计划。

2. 灵活地调控时间

教师在课堂上遇到突发情况，既定教学环节与时间有可能会受到影响时，要迅速调整，将课堂时间安排引回正轨。教师除了要严格要求学生遵守时间外，还要在需要叫停时及时叫停，不可任由拖沓的情况延续下去。教师对于自己在每个环节中的角色要有明确的认识，不能在课堂的每一个环节中都大幅度地介入。课堂上学生对于一个教学内容始终不能理解并且提出疑问，此时教师会有受挫的感觉，这种情况是很常见的。在多次的听课中，研究人员发现，不少教师特别是教学经验较少的年轻教师，面对这种情况时都会紧张，下意识地使用之前用过的教学方法，反复解释，但是教师自己也能意识到，这样做并不能有效地解开学生的疑惑，从而解决问题。研究人员建议，在课堂上出现这种情况时，教师首先要冷静，快速分析学生疑问的关键点是什么，调动自己的知识储备，沉着应对；然后针对疑难关键点灵活调整教法，解决问题。学习国际中文的学生对一个教学内容表示不理解、不明白，原因可能是多样的：母语负迁移、生词记不住、文化差异、语法概念不清、教师讲解不清楚等。教师分析疑难关键点所在之后，就会发现很多时候问题的根源在于自己所用的教学方法有误，备课时没有预测到学生可能会出现的疑问，而使用了不恰当的教学方法。疑问关键点找出来后，就必须换一种方法讲解。

3. 与学生有效互动

对语言教学的研究多集中在理论、教学大纲设计上，其实，第二语言课堂上到底应该发生什么，是值得关注的，这就涉及与学生的有效互动。在师生互动问题的研究上，难点在于"设想应当发生的"和"实际上发生的"不一致、"教师认为自己做了的"和"教师实际上做了的"不一致。教师在课堂上与学生的互动几乎无时不在：教师对学生的目的语输入、师生参与课堂活动的方式、教师纠错等。有意识地与学生互动、随机灵活互动，并且让每一个互动产生应有的效果，是教师应当追求的目标。在多数情况下，教师与全体学生的互动是第二语言课堂中最常见的互动形式，其质量直接决定第二语言教学的成效。高质量的互动有四条标准：（1）互动即使不能满足全班所有学生的需要，也得满足绝大多数学生的需要；（2）互动应有助于学习者心理语言机能的生成、开发中介语、提供具有智力挑战特色的学习活动；（3）互动应给学习者提供充足的时间空间，以使其对任务信息进行解码、检索和处理；（4）互动应将相关社会语言学因素考虑在内，如创建肯定性的有推动作用的课堂身份，消除合作过程中同伴之间的压力。互动还需要考虑这样的事实：教师的反馈在以上四种情形下都会对互动产生不同程度的影响。教师可能并不明确，他们对反馈效果的预想与这些反馈对学生可能产生的影响之间是有很大差距的。

三、课后总结的良好习惯

（一）回顾反思

一堂课上好了没有，有什么优点和缺点，应当如何改进——这样的教学反思是必要的，也是有益的。教学反思是教师必备业务素质之一。如果教师没有反思意识，上完一堂课就完了，不做任何反思与改进，那么其教学水平必然只能原地踏步，如果长期没有改进，那么势必会倒退。具有强烈进取意识、敬业精神的教师，应当具备教学反思的意识与能力。教学反思的具体方法，从教师的角度来说，主要有两种。一种是自我教学总结。即在一堂课结束后，回顾以下方面：（1）教学目标是否实现，教学环节设置合理与否，教学任务完成情况如何，出现了哪些问题，原因可能是什么；对于自编教材而言，还要注意哪些内容需要调整、改变。（2）学生的表现是否符合预期，他们提出了哪些问题，为什么会提出这些问题，自己处理恰当与否；遗留的问题有哪些，应当如何解决，下一次上课时如何反馈给学生。（3）课堂上出现了哪些超出预期的情况，出现的原因是什么，自己是如何处理的。（4）本堂课的优点、缺点是什么，应当做出怎样的修正与改进。

另一种反思的方法是与同事共同探讨。每个教学单位都有同事之间相互听课、观摩的活动，这是一个改进教学的有利机会。年轻的新教师可以请经验丰富的年长同事前来听课，听完课后，请对方谈谈对这堂课的感受，指出不足之处，还可以就自己不清楚或者困惑的问题请教对方，获得一些建议和指导。

（二）收集学生反馈

教师的课上得好不好，学生最有评价的权利。因此，对于教学效果的调查，可以通过学生的反馈来获得。这种调查一般有两个角度，一是教师的角度，一是教学管理者的角度。教师可以就自己教授的某一门课做调查问卷，请学生填写，从而获得教学效果的反馈。特别是在课堂授课效果不佳的情况下，比如学生出勤率低，学生在课堂上注意力不集中，师生课堂上互动困难，测试或考查结果不理想等。如果教学中出现这些情况，那就必须探究教学出现的问题以及原因，改进教学。从教学管理的角度，一般是用问卷的形式让学生评价教师的教学，管理者汇总后向教师反馈，以提高教学质量。收集学生反馈还有一个方法，就是与学生进行比较深入的谈话，通过学生口头回答问题，收集关于国际中文课的教学情况。但是，这种方法可能不如匿名填写问卷的效果好，因为学生可能出于种种原因，不愿说出真实的想法。

（三）自我修正调整

通过自我反思、同事建议、学生反馈，教师可以获得自己教学状况的大量信息，这些信息应当及时记录下来，一方面作为教师自己成长进步的参考资料，另一方面也是改进教学的重要依据。记录的方法比较灵活，可以直接写在本堂课的教案后面，作为总结与反思的书面资料；也可以另外准备一个专门记录的材料册、一个专用的笔记本或者电脑里一个专门的文档，这些资料在教学活动中具有不可替代的意义和价值。根据这些记录，教师可以在教学中有意识地自我调整教学方法，重新安排教学环节。最后，我们还要谈一谈关于自编教材的教学调整。自编教材课程的教学，由于教师既是教材的编写者，又是授课者，因此更需要自我反思。教师要悉心观察课堂中学生的反应，关注学生的兴趣点和学习中的难点，做好反思笔记。同时也需要征求同事的建议，听取学生的反馈，适当调整教学内容，改进教学方法，使课程更符合学生的需要和接受能力，也使教学更有成效。

第二节　国际中文教师教学能力构成

国际中文教师教学能力是指在从事课堂教学时所应具备的能力，是国际中文教师最核心、最基本的专业能力，是教师能力的主体部分。我们把国际中文教师教学能力具体分为五种，依次为：汉语教学认知能力、汉语教学设计能力、汉语教学实施能力、汉语教学管理能力、汉语教学评价能力。

一、汉语教学认知能力

汉语教学认知能力是指教师对汉语教学的理念、要素、过程、方法、策略等各个方面进行深层理解和准确把握的一种能力。它是国际中文教师教学能力形成和发展的基础，属于"灵魂"部分。在汉语教学实践中，教师教学认知能力主要表现为把握教学大纲、熟悉学习者情况、了解教学环境、认识教学主体四种具体技能。

（一）把握教学大纲

优秀的国际中文教师会积极了解汉语教学界已有的一些课程标准和教学大纲，针对教学内容有意识地对这些课程标准和教学大纲进行研究，对照其中关于汉语教学性质和目标等方面的描述，反思自己的教学实践有没有偏差，并通过学习者的汉语水平来确定自己正在进行的汉语教学处于标准或大纲中的什么位置，进而明确接下来应该设定怎样的目标，教学重点是什么，以便适应课程标准和教学大纲的"节拍"。优秀的国际中文教师对汉语教学界的课程标准和教学大纲已经非常熟悉（往往也会翻看其他第二语言教学的标准和大纲，以及任教国的教育制度和政策），甚至已经内化到自己的专业认知结构中。他们会制订教学计划、设计教学目标、安排教学内容、确定教学重点难点以及实施汉语教学时能自觉以此作为参照，但这种参照，更多的是从原则上、宏观层次上进行参照，在很多时候会根据自己面对的实际情况（如学习者的汉语水平）来把握和调整汉语教学，以更好地实现汉语教学目标。

（二）熟悉学习者情况

优秀的国际中文教师会在教学之前、教学刚开始时及教学中采用一些方法对学习者的学习需求、母语背景、文化特征、学习动机、汉语水平、身心发展特点、认知风格、兴趣爱好、学习背景等各个方面的情况进行了解和熟悉，以便进行有针对性的汉语教学。他们会积累不同类型学习者的情况信息（尤其是母语背景及其文化特征），有意识地采用多种方式、方法与学习者进行沟通，重点了解其在某些方面的独特情况：一方面会尊重学习者的具体情况和个体差异，并根据其在某些方面的特点调整和改进汉语教学（比如调整教学内容和教学方式），按照习得规律最大限度地将"学习"转换为"习得"；另一方面会预设学习者在学习汉语时可能遇到的困难和问题，因材施教，提前制定解决方案，让每个学习者都体验到学习成就感。

（三）了解教学环境

优秀的国际中文教师会在教学之前或刚开始教学时有意识地采用一定的方式方法全面地了解教室、学校、社区乃至所在国家和地区等不同层次的环境（包括软性和硬性）条件，以便在汉语教学时熟悉并充分利用资源，同时避免可能带来的不便。他们能很快熟悉任教国家和地区的教室、学校、社区（尤其是学习者居住地及其活动范围）等环境特点，会基于自己汉语教学的需要有意识地采用多种方式去了解和考察环境条件的具体情况，明确其优势和劣势，并在此基础上进行一定程度的设计和改造，以便最大限度地满足自己的教学需要并在实际教学中充分利用。

（四）认识教学主体

优秀的国际中文教师能认识到自己在教学方面比较明显的长处和短处，同时了解助教、家长、志愿者、合作教师、搭班教师等其他教学主体的情况，以便在汉语教学中更好地互相配合和支持。他们善于利用自己在教学方面的长处，不断补齐自己的短板，同时在了解基本情况的基础上善于调动和利用其他教学主体的相关资源，与其他教学主体建立良好的关系。从团队管理的角度构建强有力的教学团队，以便在汉语教学过程中形成良好的合作，得到有力的支持（比如确定教学内容和教学重点时与其他教师交流讨论，实现资源互补，即"协同作战"），以最大限度地提高教学质量和效率。

二、汉语教学设计能力

汉语教学设计能力是一项综合能力，具体包括制定教学目标、把握教材内容、明确重点难点、预测学习者问题、利用教学资源、安排教学流程、设计课堂活动、制定教学策略、制订长期计划、编写课时教案等 10 项具体教学技能。

（一）制定教学目标

优秀的国际中文教师能够依据学习者的特点、汉语课程标准和教学大纲，在参考教师手册等资源的基础上设计出适合、具体、可操作的教学目标。他们能够整体考虑教学状况（比如不同课型之间、初中高不同阶段之间的"高低深浅"），不仅会在参考课程标准、教学大纲和教师手册的基础上尽量照顾到学习者的特点和教学条件，而且能在此基础上针对特定汉语教学内容设计出具体、明确、操作性强的教学目标，并重点突出某些目标，体现出目标的指向性和开放性。

（二）把握教材内容

优秀的国际中文教师能明确汉语教材的编写结构（比如编写结构是"结构—功能"，还是"话题—结构"，或者"交际—任务"）；能在教学目标的指导下准确理解、把握汉语教材内容，根据教学需要删减教材内容或增加教材以外的内容，以确定具体的教学内容。他们有科学的教材观和很强的教材开发意识，既能立足于教材又能超越教材。他们不仅能判定汉语教材的编写结构，了解其优缺点，还能在此基础上灵活变通，即根据课型特点、教学目标、学习者水平、教学资源情况对教材进行筛选、增补、整合等。无论是教材中语言要素的教学，还是语言技能的练习，都能很好地跟语言交际能力结合起来（如教学内容的生活化，或者是让学习者能将所学内容应用到日常交际中），更好地实现教学目标。

（三）明确重点难点

优秀的国际中文教师会在把握教材内容和参考教师手册的基础上确定汉语教学内容中的重点和难点，并能在教学中重点讲解和引导练习，以便完成教学目标。他们对汉语教材非常熟悉，对教学重点和难点能准确把握，可以进行一定的预测；也能在了解学习者特点和教学目标的基础上通盘考虑，准确把握教学内容的重点和难点（既突出重点又突破难点），并在教学过程中深入、准确、适度地进行挖掘，合理有效地整合相关内容，集中教授，及时总结，使学习者能够透彻把握和熟练掌握。

（四）预测学习者问题

优秀的国际中文教师会利用自己的教学经验以及通过查阅教师手册、专业书刊，请教同事，将汉语与学习者母语相对比等方式预测学习者在学习具体过程中容易出现的问题，并准备好具有针对性的教学方法和策略。他们基本上对学习者容易出现的错误和问题及其表现形式和内在原因等心中有数，预先准备多种针对该类问题的讲解和讨论的方法、策略等。

（五）利用教学资源

优秀的国际中文教师会从各种书籍（包括各种汉语教材、词典等）、期刊、报纸及公开课、生活中（比如超市宣传单上）、网络中搜集各种例句、语篇、音频、视频、图片，利用与汉语教学有关的事物、模型等教学资源，在教学中有效整合，以更好地呈现和解释所教内容，实现教学目标。他们本身拥有比较多的优质教学资源（能突出所教内容），在具体教学中善于依据所教的具体内容，学习者的认知特点、生活经历、兴趣爱好、所在学校和社区环境等情况来选择更典型、更有效、更规范、更有趣味的教学资源进行对比使用（如结构近似但实质不同的例句），必要时可以根据需要制作一定的教具（如图片、模型等），同时有效利用网络资源设计具有趣味性和实践性的课后练习任务（如要求学习者登录有关旅游、租房和找工作的网站，完成制订旅行计划、寻找房子和工作等任务），以更好地满足教学需要，达到教学目标。部分优秀教师还具有一定的网页制作能力，为学习者的课外自学提供教学支持。

（六）安排教学流程

优秀的国际中文教师会在了解不同阶段的教学环节和活动内在逻辑关系的基础上设计出清晰明确的教学环节和步骤，形成思路清楚的教学流程，同时保证各个教学环节和步骤循序渐进，重点突出，时间安排合理。他们往往对具体教学内容在整个课程中的位置、教学规律和学习者语言认知特点有一个透彻的把握，并在此基础上设计出清晰合理、富有灵活性和开放性的、由教学环节和教学步骤构成的动态流程；能够根据实际教学情况进行灵活变通，使教学具有生成性；既清楚教学环节的设计，也明白设计的目的和用意；既能突出重点难点，又能使各个教学环节循序渐进、过渡自然。

（七）设计课堂活动

优秀的国际中文教师会基于教学内容，借用课程标准、教学大纲和教师手册中已有或者同事们曾使用过的教学活动和任务，设计出（或修改现有的）有利于学习者在参与、互动中达到学习目标的教学活动和任务。他们可以在对学习者信息、教学目标和教学内容透彻把握的基础上创造性地设计出多样化、富有趣味性、与学习者学习背景和教学环境相关，而且规则简单、易操作、易评价的活动和任务；可以根据任教地的实际情况调整已有的、较为成熟的计划和任务；必要时能够制作适当的教具，且能够预见教学活动的生成性。

（八）制定教学策略

优秀的国际中文教师了解多种汉语教学法，并能将其理念运用到汉语教学工作中；同时能针对特定教学目标和内容，通过查阅教师手册及其他一些相关教学参考书来寻找和选择适合、有效的教学方法、技巧和策略。他们不仅熟知既有的很多汉语教学法的理念和实践步骤，而且对第二语言教学主流教学法也有较好的把握，能在融合、改造的基础上将其运用到汉语教学中；同时还在头脑中积累、储存针对各类教学内容的教学方法、技巧和策略，在充分考虑教学目标、具体内容、学习者特点、教师自身特点和外部环境条件的基础上有效选择，进行有创造性、针对性的使用。在教学实践中，优秀的国际中文教师能将生词、语法、课文内容糅合在一起，把高水平的教学方法和技巧"镶嵌"在讲练中；同时也对新的教学理念和教学方法保持热情，乐于学习和实践，甚至创设一些针对性强、形式独特的教学方法。

（九）制订长期计划

优秀的国际中文教师会根据教学目标、教学任务和教学时间制订合理的学年（学期）、单元教学计划，而且计划会写得相对详细一些，较为关注短期或眼前教学任务的完成；还能够在通盘考虑教学目标、教学起点、教学任务、教学时间和环境条件的基础上合理制订教学计划，重点着眼于总目标的实现，宏观把握各阶段的重点和难点，概括性和实效性强，可实现程度高且富有弹性。部分优秀教师不会把长期计划反映到纸面上，而是以思考为主。

（十）编写课时教案

优秀的国际中文教师往往从完成当前教学任务的角度出发，编写的教案结构完整、有理论基础、材料充分、内容集中、方法具体、每个步骤及时间安排清楚、操作性很强（对每分钟做什么、学习者参与活动的顺序都有明确要求），为课堂教学的顺利进行提供依据和蓝本。具体详细和完整规范是一名合格的国际中文教师编写教案的特点。更优秀一点的国际中文教师则从培养具体学习者交际能力的目标出发，编写重点突出（突出主要步骤和主要内容）、详略有序、方法多样、结构简洁、逻辑性强、在时间和内容上都有一定弹性的教案，为课堂教学提供思路和方案。思路清晰、重点突出、详略得当、富有弹性（可以在多种情况下变通使用）、语言简洁也是优秀的国际中文教师编写教案的特点。

三、汉语教学实施能力

汉语教学实施能力具体包括导入学习状态、把握教学节奏、结束课堂教学、激发学习动机、使用课堂话语、运用体态语言、设计板书板画、运用教育技术、讲解教学内容、巩固所学内容、引导迁移运用、指导学习方法、促进汉语学习、把握提问技巧、提供有效反馈 15 项具体教学技能。

（一）导入学习状态

优秀的国际中文教师会采用复习旧知识、设置悬念等多种方式调动学习者的兴趣、积极性和求知欲，使其注意力集中于学习内容，为有效学习新内容创造条件。他们还会积累丰富多样的导入方式，也会在深入把握教学目标、教学内容、学习者特点以及自我教学特长的基础上设计合理有效的导入。他们还善于从社会生活或教学中的某一点（甚至是偶发事件）引申启发，非常巧妙地激活学习者原有的与所学内容相关的知识结构，激发他们学习的兴趣，并能够利用独特的提问等方式使其保持饱满的学习热情，处于积极的学习状态。

（二）把握教学节奏

优秀的国际中文教师有一定的节奏意识，会依据教学内容和教学环节等课堂的自然节拍，积极引导学习者的注意力和学习兴趣聚焦于重点教学内容，形成课堂教学的节奏。他们不仅能依据教学内容和教学环节等课堂的自然节拍形成课堂教学的节奏，而且还能根据教学方法和学习者的思维特点及反馈情况，运用一定的教学手段和技巧（比如提问、指挥"齐练""单练"、小组互动的交替使用等）来集中学习者的注意力，形成合理的汉语课堂教学的节奏。这种节奏不仅能根据现场的教学情况灵活调整，而且具有一定的艺术性，即我们所说的"张弛有度"。

（三）结束课堂教学

优秀的国际中文教师会按照教学设计采取一定的方法结束一个教学活动或一整节课，使学习者对所学内容的结构和重难点一目了然，并对学习汉语进一步产生浓厚的兴趣和动机；也能针对重点内容布置作业。他们还会积累很多结束一个教学活动或一整节课的趣味性方法（比如提问等），在具体结束一个教学活动或一节课时不仅能总结深化和提升所学内容，加深学习者的印象，而且能把所学内容由碎片化转向结构化，与学习者以前的知识结构关联起来，激发学习者更强烈的学习兴趣，甚至使学习者对下一步的汉语学习产生强烈的期待。优秀的国际中文教师能够根据学习者对所学技能的掌握情况和重难点的分布来布置灵活多样且有针对性的作业。

（四）激发学习动机

优秀的国际中文教师能够有意识地使用一些教学策略或技巧（比如笑话、案例、故事等）吸引学习者的注意力，使其感受到汉语的趣味性，并愿意付出努力进行学习。他们拥有一套激发学习者动机和兴趣以及吸引其注意力的策略或技巧，能根据教学目标、教学内容、学习者特点、自身的教学特长，以及教学实践情境对导入、讲解、练习和活动方式等进行灵活调整，使学习者不仅始终把注意力集中在教学上，而且乐于主动完成各种任务和作业，采取一些方法和技巧使那些学习动机已减弱的学习者重新热爱汉语学习。

（五）使用课堂话语

优秀的国际中文教师能够运用标准的普通话（包括正确的语音、语调、语法、语义，且合乎逻辑）和一定的教学方法对所教内容清楚地进行引导、叙述、描述、说明和解释，音量、语速适当，以便学习者能够听清、理解并掌握。必要时能运用媒介语（如英语）进行阐释和说明。这些优秀的教师课堂教学语言更加简练、清楚、节奏适当、条理清晰，也更加抑扬顿挫和声情并茂（部分优秀教师的课堂话语还有一定的幽默感），符合相对于学习者汉语水平的"1+1"原则，能充分发挥引导、沟通、解释、总结作用，同时具有一定的启发性和相当的感染力；不仅使学习者更容易理解所教内容，有利于重现和复习已学的汉语知识，而且其言语本身也因为规范、标准而值得学习者模仿和记忆。

（六）运用体态语言

优秀的国际中文教师会有意识地使用表情、手势、其他身体动作等非语言方式来辅助对汉语知识的解释和技能的训练，传递信息，表达情感，以增强汉语教学的效果，同时注意到课堂上所用各种体态语的跨文化性。他们能形成一套成熟、有效的带领学习者进行言语技能训练的体态语言；能有效利用表情、手势、其他身体动作等体态语对一些汉语知识进行解释、示范，有效减少教师课堂用语，提高课堂教学时间的利用率，进而有效提高汉语教学的质量。

（七）设计板书板画

优秀的国际中文教师会根据教学目标和教学内容的特点认真准备，使自己的板书简洁美观，书写规范，布局合理，层次分明，重点突出，以增强教学效果（比如巩固汉字认知），加深学习者的记忆。他们会在文字准确、书写端正、条理分明与教学内容、其他呈现手段（比如卡片、多媒体、体态语言、话语）相结合的基础上，注重板书板画的计划性、生成性、规范性、艺术性、多样性和启发性，使学习者看到板书时不仅能深入理解所学内容，而且能产生书写汉字的兴趣，更喜欢学习汉语。

（八）运用教育技术

优秀的国际中文教师会根据教学目标和教学内容的特点选择适合的教具和媒体形式呈现教学内容，并配以适合的说明，使学习者更容易理解内容，提升教学效果。他们对各种教学手段和工具等都能熟练使用，能基于教学内容特点、学习者认知倾向以及教学场景来呈现教学内容；有些更为优秀的国际中文教师能自己制作一些独特的教具，以最大限度地促进学习者理解，进而达到教学目的。

（九）讲解教学内容

优秀的国际中文教师能够在透彻理解和熟练掌握自身所具备的知识和技能的基础上，找到适当的技巧和方法（比如举例、类比），清楚地解释所教内容，以促进学习者理解和掌握。他们不仅自己积累了很多有效解释知识点的技巧和方法，也善于引导和展示，促进学习者理解和掌握教学内容；还能根据课堂教学实际情况进行适当调整，找到更有针对性的解释方法。

（十）巩固所学内容

优秀的国际中文教师能够根据教学设计采用一定的方法引导学习者对所学知识和技能等内容进行巩固，提高学习质量（比如记得更牢或者由对语言知识的理解和记忆上升为对技能的掌握）。他们还积累、储存了很多指导学习者巩固不同类型知识和技能的方法，能根据不同学习者的具体学习情况有针对性地采取多种不同的方式和方法，对内容进行再现、练习和巩固，以最大限度提高每名学习者的学习水平。

（十一）引导迁移运用

优秀的国际中文教师能够根据教学内容，设计一系列活动和任务引导学习者将其所学知识和技能运用到真正的交际场景中。他们还积累了大量在实践中应用知识和技能的活动经验，能够根据不同学习者和所学内容的特点选择恰当的、有一定变通性和生成性的方式，促进在具体语言交际场景中进行迁移和应用。

（十二）指导学习方法

优秀的国际中文教师会在具体汉语教学的过程中告诉学习者（尤其是中高级阶段的学习者）语言学习的具体方法，以提高其学习质量和效果。他们不仅掌握多种具体有效的语言学习方法，而且能在教学过程中结合具体的汉语教学内容，有意识地渗透汉语学习方法和策略，培养学习者自主学习和有效学习的意识和能力。

（十三）促进汉语学习

优秀的国际中文教师在教学时会有意识地观察学习者的反应，尤其是特殊学习者（比如语言学习能力超强者和学习能力欠缺者）和边缘学习者（比如学习基础比较差或者性格比较内向的学习者）的反应，并能根据其具体情况提供相应的个别指导，促进其汉语学习。他们会积累很多适用于不同学习者和教学内容的能够提高学习效果的方法和技巧，也会根据具体教学情况布置不同的学习任务，满足不同程度学习者的学习需求；能及时发现并有效处理学习者语言水平、语言学习能力差异较大，语言发展不平衡时所出现的问题，使不同语言水平的学习者都能得到充分发展。

（十四）把握提问技巧

优秀的国际中文教师能够根据教学设计和教学情况在恰当的时机对学习者进行课堂提问，问题表述准确、明白，容易被学习者理解。他们还能根据课堂教学的实际情况针对不同学习者设计适合其汉语水平、契合其兴趣点的问题，使学习者可以参与回答并有所收获；提问恰当且具有层次性。他们提出的问题本身既有良好的启发性，又与学习者已学知识、兴趣点、教学内容主题等具有高度相关性，提问方式灵活（除了疑问句，还利用音调的变化、重读等方式进行提问），开放性问题比重大，同时他们还能抓住所教内容的重点和要点，提出有分量的问题，即有较强的问题把握和调控能力。

（十五）提供有效反馈

优秀的国际中文教师会有意识地观察学习者的言谈举止（尤其是回答

问题和质疑所教内容时的言行）和情绪表现，并提供有针对性的反馈，有时会适当进行追问，以推进教学进一步深入并提升教学效果。他们还会全面且有重点地对学习者的问题进行回答、归纳和总结，并对其表现进行监控，善于在学习者的回答中捕捉机会（如就学习者回答问题的某句话或某个观点），有效推进教学的深入；善于把评价权交给全体学习者，切实促进学习者之间及其与教师之间的深层交流和互动。以纠错为例，一个优秀的国际中文教师更擅长在把握学习者特点、水平、学习阶段以及具体问题的基础上决定什么时候"错而不纠"，什么时候该严格纠错，以及具体采用什么方式纠错（是直接纠错还是间接纠错）。

四、汉语教学管理能力

汉语教学管理能力具体包括管理课堂秩序、管理教学时间和管理课堂空间三项教学技能。

（一）管理课堂秩序

优秀的国际中文教师会采用一定的方法维持正常的课堂教学秩序，应对学习者的违纪行为和课堂上出现的突发事故，以保证教学活动的顺利开展和教学目标的实现。他们会根据不同国家和地区的情况，提前制定清楚、明确的教学规则，有意识地引导学习者进行自我管理；积累大量有效监督、管理学习者的方法和技巧，能够具有前瞻性地预测学习者可能出现的违纪行为，因势利导、迅速有效地进行应对，以维持良好的课堂教学氛围。他们往往对课堂教学有很强的掌控力，能有效建立课堂规则、处理突发事件，并善于从学习者的违纪行为或突发事故中捕捉有利且有效的因素，将其转化为教学资源。

（二）管理教学时间

优秀的国际中文教师会从实现教学目标的角度给不同教学环节和内容安排合理的教学时间，能在预定的时间内完成规定的教学环节、内容和任务。他们一般会重点观察学习者的学习情况，并在此基础上灵活、及时地调整某些环节和内容的教学时间，必要时会对教学目标有所修改，对教学内容有所取舍，将部分教学内容调整到其他教学环节（比如课后作业中），以便更好地应对新情况或者突发情况。

（三）管理课堂空间

优秀的国际中文教师会有意识地营造良好的汉语教学环境，不仅能布置舒适、美观、有趣且有利于促进汉语学习的教室环境，而且能建立宽松、平等、自由的心理环境。此外，他们还会充分利用教室及其以外的资源，并能在教学时处理各种突发问题和事件，将其转化为教学资源和机会，从而维护良好的教学环境和课堂氛围。

五、汉语教学评价能力

汉语教学评价能力包括评价学业表现和评价教学效果两项教学技能。

（一）评价学业表现

优秀的国际中文教师能够采用一定的方式收集有关学习者语言行为表现等学业方面的信息，并根据教学目标等评估标准对其进行恰当的评价。他们通常能够在与学习者沟通交流的基础上制定合适的评价标准，并积累很多针对不同教学内容的评价方式；在具体测试时，能够根据不同的教学目的和学习者的特点选择或设计合适的评价方式（比如编制试卷、运用档案袋评价等），对学习者的学业表现进行个性化的恰当评价，准确把握其在学业上的具体进展及其背后的原因，有计划、有针对性地提出具有建设性和指导性的学习反馈信息，并据此来调控教学。

（二）评价教学效果

优秀的国际中文教师会有意识地从教学过程和结果中收集信息，然后在最初所设教学目标的基础上制定一定的评价标准，从不同的维度对教学过程和结果进行评价。他们有时还会更全面地收集有关教学过程和结果的信息，然后结合汉语教学的终极目标，更宏观地制定教学评价标准，使用恰当的评价方法对教学过程和结果进行全面、恰当的评价，并依据评价结果有效地改进自己的汉语教学。

第三节　国际中文教师汉语听力与口语教学实践

一、听力教学现状

（一）受到普遍轻视

我国在国际中文教育中开设听力课程是从 20 世纪 60 年代开始的。从 20 世纪 70 年代末到 80 年代初，国际中文教育在我国取得了长足的发展。以语言能力设置课程在当时已经成为一种趋势，而听力课程作为一种新的课程类型，已在国际中文教育的沃土中萌芽而生。在早期阶段听力课的问题主要表现为：（1）很多教师还没有给予足够的重视。一些学校觉得汉语听力课程最容易教，常常把它交给无经验的教师。（2）从整体上看，听力教科书的数量少、质量不高。（3）班级间的教育层次不均衡。一些教师在教学方法上下了很大功夫，把重点放在技巧的培养上，因为这样他们的教学会取得很好的效果。而一些教师在上听力课的时候，仅仅让学生听录音，然后完全对照着看课本，这样的结果自然不会令人满意。（4）对于听力教学来说，教师的理论研究和探讨较少。这四大难题至今仍未得到彻底的解决，其中以（1）、（3）两大难题最为突出。对于大多数教师来说，听力课程"技术含量"不高，只需要备课和其他一些简单的前期工作，是一种很容易上手的课程。根据学生对各种课型的重视程度（主要通过出勤率数据）来观察，在学生看来，听力课属于一门不太重要的课程，这主要是因为学生觉得听力课对自己的听力水平提升不大。

听力课程所涉及的知识范围比较狭窄。在国际中文教学中，精读课是一门深受学生喜爱的科目。由于精读可以满足学生的好奇心，使他们认为自己可以从这门课程中学到新的东西。但是，对于听力课程，学生们只能做一些简单的练习，听力课程收效甚微。其实，听力课教师对听力课的不重视和不用心，是影响听力课的重要因素。

（二）教学模式单一

以往的听力课教学模式相对单一，已经引起了广大教师和学者的普遍关注。在听力课教学中，国际中文教师常常忽视了对教学方法的关注。有的教师认为，只要学生听完并理解了听力练习的内容，就完成了教学任务。因此，教师在课堂上常常只是简单播放一段录音，播放两三次，以为学生明白了，课后的练习也就完成了。这样一种单一的教学方式，其实有以下三个问题：第一，会使课堂气氛低落，学生听课只能是被动的，听力课不能激发他们的学习热情；第二，教师和学生缺乏沟通，教师不能准确地掌握学生的真实听力水平，不能针对问题采取相应措施，以提高学生的听力能力；第三，只听不练或光听不说，忽略了"语言表达"的训练，严重制约学生语言交流水平的提高。

长期以来，一些教师和学生对听力课的印象就是放录音，听磁带，对答案，因而听力教学采取的教学模式就是：教师放录音→学生听→做题→教师提问→师生对答案。事实上，语言交际当中听说能力是结合在一起的，任何一个学习外语的人都希望自己"听懂、会说"，因此学生对听力水平的提高是很重视的。但是他们并不喜欢上听力课，因为他们并没有把提高听力水平的希望寄托在听力课上，而是常常通过跟中国人聊天、看电影电视等活动去提高听力水平。尽管学习者都认为听力非常重要，但他们对通过听力课提高听力水平的期望普遍较低。这种高需求度与低期望值之间的强烈反差反映出学生对现有听力教学的某种不满和无奈。听力课的这种现状，的确应当引起教师的注意，教师们不能只满足于"放录音、对答案"的教法，而应当勤于思考，大胆尝试，探索更有效的教学方法。

二、听力教学技巧

学生听不懂的原因在于对词汇、语法结构、背景知识等内容掌握不够，仅有技巧，语言与文化的难点不解决，还是听不懂。因此，要想让学生在听力课上提高听力水平，应当下功夫的是教师。教师的任务在于设计合理的策略帮助学习者聚精会神地去听，同时对整个听力活动进行监控。

（一）有效的引导

在听一段对话或者一篇短文的时候，教师要在不同的环节做适当的引导，帮助学生理解对话和短文的意思。正确完成课后练习并不是最重要的，因为根据一段语料可以从不同角度提出若干问题，如果教师仅着眼于教材给出的问题，让学生给出正确答案，就算达到教学目的，也只是治标不治本。国际中文教师有效的引导主要从以下几个方面入手。

1. 提问

在第二语言学习中，说和写属于创造性技能，听和读属于接受性技能。教师倾向于对说和写全面纠错，当然这也容易做到。所有的教师都意识到会话是一个复杂的过程，在学生说话过程中会从发音、语法结构、重音、声调、语调等不同的角度进行纠错。同样，在写作教学中，教师也会逐字逐句详细批改，指出所有的错误。教师对于听和读则倾向于仅提出大概的、笼统的问题。事实上，对于听和读，也可以从不同角度提出问题。听力课上，教师最常问的问题是"听懂了吗？"其实这是最无效的问题。"听"是一个相当复杂的过程，必须细分问题。提问的角度主要有：（1）针对语料的主题、大意提问。这在第一遍泛听之前可以提出，学生带着问题听，听后能答出来一些关键词语就可以。教师要引导学生找关键词，判断这段话在说什么事情。（2）针对语料的细节提问。又分较大细节和较小细节，与所对应的语料长短成正比。专门听语料中的某几句话或一句话，找到一些特殊的细节。（3）针对语料的背景提问。引导学生从不同角度判断对话发生的时间、地点、环境等背景。（4）针对会话含义提问。这类问题难度最大，学生要从语料中听出说话人的意图、态度等，有时每个字都听清了，但是由于不明白词句的内涵意义，而难以给出正确的答案。教师要引导学生从已知信息中的某个关键词、短语或句子，破解这句话的隐含意思，即真正意思。词句的内涵意思往往与文化因素有关，需要教师从跨文化交际的角度讲解清楚。

2. 铺垫

听力课不同于学生在课外与中国人的面对面聊天。聊天时，其中一方可能有听不明白的地方，但是可以得到很多线索，比如谈话的语境、其他参与谈话的人等。因此，在听力课上，如果教师不提供任何与语料相关的内容，不让学生做好一定的心理上和知识上的准备，就让他们听、做练习，这无异于人为制造困难。我们都有同样的体会：在电话中用外语与该语言的母语人士交流比面对面交谈要困难得多。造成这种困难的原因较多：通过电话传输声音受到影响与改变，看不到对方的面部表情和唇形，最重要的是不能打断对方请他重复或解释说明之前的话。听录音与此同理，产生的困难是一样的。因此，听力课需要在听录音之前有一个课前铺垫，让学生做一些准备，这是十分必要的。教师提供给学生的相关准备主要应参考班级状况、语料的难度以及学生的语言水平。课前铺垫的内容主要是：（1）介绍主题。如果是学生比较陌生的话题，教师可以给他们做一个大概的、主题性的介绍。如果是学生熟悉的话题，可以不用介绍。（2）提供线索。教师可以给学生提供一些关于文章内容的线索提示，按顺序给出几个与文章中观点出现的顺序相一致的问题，使学生容易捕捉到文章观点。（3）词汇练习。可以先把与主题相关的一些词语或者语料中会出现的一些词语、修辞格式等展示出来，让学生熟悉一下。听力材料不应具备误导性。只有学生的兴趣和语言期待被提前唤醒，他们的听力练习才能更有效，听力水平提升才能更高效。

（二）有针对性的讲解

在听力教学中，教师的讲授应遵循针对性原则。根据不同的学生，不同的听力材料，采用不同的教学方法进行教学。在课堂教学过程中，明确了课堂教学的重点和难点，有利于课堂教学顺利进行。在听力课中，教师们经常会详细地解释课本中已有的教学难点，但事实上，课本中内容的实际难度并不一定与学生认为的一致，而且一个班学生水平也参差不齐，这就需要教师充分地知晓学生们的真实水平，并准确地估算出他们在聆听时所遇到的困难，从而根据学生的实际状况来决定讲授的内容和方法。此外，在教科书中，听力材料在格式和内容上都有不同，例如，听力材料可以分为单句、对话、短文等。根据体裁，短文材料可以分为记叙文、说明文、议论文等，听力还分精听、泛听等。针对不同的听力材料，教师在教学中应该选用不同的教学方法。

1. 词语的讲解

听录音之前先让学生在练习题后所给的问题和答案中找出不懂的词语，通过师生讨论或者教师讲解的方式解决问题；听录音后，让学生依次记下不理解的词语，集中解决问题。词语的讲解重点在于分析词语所出现语境的特点，让学生明白什么情况下可以用这个词、为什么要用这个词、说话人用这个词的目的是什么等。听力课上的词语讲解不必扩展，只要搞清楚在这段语料中的含义就够了，这与精读课的词语讲解是有区别的。

2. 句型的讲解

对话中用来表达不满的反问句、不同体裁文章如新闻稿的常用句型等，都是需要讲解的重点。教师应注意将教材所给习题答案中构成学生理解障碍的句型提炼出来，通过讲解，让学生从根本上明白选择或不选择它的原因，进一步理解所听语料的意思。而不是仅关注学生选对答案与否，因为学生常常会在含混不清或者被几个答案所迷惑的状态下蒙一个答案，他们最爱问的是"为什么这个答案不行"。这时就存在辨析问题。听力训练的目的在于"如何听懂"，教师要帮助学生扫除听力练习过程中出现的障碍。

3. 文化背景讲解

课前铺垫时可以讲一点与录音内容有关的文化背景，注意量与度的控制，要区别于主讲文化的课程。只要让学生有一个基本了解，能顺利进行听力练习就够了，不需要讲得过多过深，那样做不仅会占用太多课堂时间，也会冲淡听力课的训练主题。

（三）有趣的活动

听力课让学生从"听"的角度学习语言，所以在听的过程中值得重视的仍然是语言，教师应当设计较多的练习、活动，吸引学生去听、去捕捉语言细节，不能满足于课本设计好的练习题。比如，用"点对点"听出词语或句法结构等特定内容的方法，让学生练习细节听力能力；用"身份代入"的方法，让学生代入自己的身份并投入听力内容中去。这些方法都可以使听力课更加丰富有趣。

1. 听句子找词语

教师可以先给出一个大概意思，然后让学生从语料中听出对应的词或者短语，这个方法可以用于学习一些"知道但不熟悉"的词语；教师可以反复播放录音中的一个句子，让学生找出其中的一个词或短语，结合上下文说出它的意思，这样可以学习一些"熟悉但不懂意思"的词语；还可以找一个特别的句法结构，或者与某个特别的主题相关的词语等。

2. 身份代入聊话题

这种练习与听力语料中的信息有关，意在吸引学生关注所听内容。如果听一段对话，教师可以设计这样的问题：想象并描述说话者所在的环境；想象并描述说话者的样子；让学生设计一个问题，问听力材料中的一个说话者；问学生赞成哪一个说话者的观点；请两位学生扮演对话者，并将对话继续下去等。如果是主题性谈话，可以让学生发表对这一主题的看法。这样的活动可以尽可能地让学生投入听录音的过程中。教师应当有能力在听力语料中加入多种多样的练习。

三、口语教学现状

（一）教学内容的偏差

教师要明确汉语口语教学的内容。汉语口语到底指什么？从个人的口语表达，到形成标准的汉语口语，有一个复杂的过程。汉语口语课程教的应该是人们说的话，是有声的语言，而不应该是所说的话的文字记录，更不该以书面语代之。也就是说，将原生态的口语加工成可以读的文字，就成为口语教材的内容。口语课上训练的目标是"像母语人士一样说话"。口语教学内容既要避免书面语化，又要避免过于俚俗化，还要避免过强的方言色彩。在教学实践中，教师对于所使用的口语教材或多或少都有一些意见，主要集中在以下几点：（1）为了使用某些语言点而刻意编写，语言的人造痕迹较重；（2）有一定程度的书面语色彩；（3）由于教材编写者受到生活环境的语言影响，词语、句型常带有方言特点，比较多见的是带有北京话的特点。

纵观已有的汉语口语教科书，多数口语课文侧重于交际内容，而未触及口语教学的核心，即没有把握好口语教学中的语言要点。事实上，贯穿在口语教学中的各个语言要点，应该可以归纳为三类：承接性话语、施为性话语和叙述性话语，并且应该注重这三类话语的组合与协调。承接性话语指的是说话人根据对方的话题，做出原则性反应的话语，目的是初步表征一个状态，把对方的话题接过去，接着说出自己的看法。施为性话语是指说话者对预期与目的进行表达的话语。同一句子（也就是同一命题），由于预期与意愿（如断言、提问、警告、命令、请求等）的不同，表达方式也会有所不同。叙述性语言是指说话者对所发生的事情、所经历的事情进行描述的语言。我们认为，汉语口语教学内容和目标应当是：普通话比较标准，基本克服了方言口音；语音比较标准，文雅得体，表意流畅；能够发起话题并在适当时机接续他人的话；能够清楚表述事件过程、个人感受等。

（二）教学方法的误区

口语课程也许是最难取得成功的一门课程，因为在一定的时间里，一组学习者就同样的主题进行讨论，而且每个参加讨论的人总是显得很不自然。那么，"真实地对话、快速明确地表达想法、自然而恰当地停顿、愉快地表达同意与否"，这一口语教学要求又该如何达到呢？

从中高级汉语口语教学的现状来看，主要问题有：一是课程类型特征不清晰，与精读课相似，脱离口语的教学目标；二是对学生过于放纵，让学生们自由交谈，缺乏对课堂的控制力，让学生们觉得效果不大，这就造成了对汉语口语课的总体评价很低，教师觉得这门课看起来很简单，但实际上很难掌握。究其原因，主要是由于教师自身的角色不明确以及对教学流程的操作不当。教师对语言系统的教学十分重视，在进行教学的时候，更多地将重点放在语言知识上，追求学生语言输出的语法合理性，这就造成了学生对词汇的含义或语法规则有了片面的记忆，而忽视了语言的社会特性。

具体到口语教学方法的误区上，从教师角色定位这个角度来看，主要的问题在于：一是口语教学目标不清晰，口语教师成为精读课、阅读课教师。教师过于重视词语、句型的讲解，在这方面花费了大量的课堂时间，给学生做的操练完全按照课本的安排，主要是根据课文内容回答问题以及复述课文，而没有在备课中设计符合学生特点的练习，缺乏训练学生创造性使用目的语的意识，结果看起来学生回答问题、复述课文都做得不错，但是那并不是真正的口语能力。有些教师还会过多地讲解，学生没有整块的练习说话的时间，仅仅零星地回答教师的提问，更与口语课的目的背道而驰。二是口语教师不清楚自己在课堂上的角色是什么，身份含糊。容易混入话题讨论中，跟发言学生或者某个小组学生聊起来，忽略了其他学生，也忘记了严肃课堂纪律。聊完了就下课，对于完成教学目标、组织课堂等，缺乏应有的意识。

从教学过程操控这个角度来看，造成口语教学无法收到应有效果的原因主要有三个：一是教师的课堂组织能力不足，导致学生操练无序，口语课成为"群聊课"。有的教师无法将所有学生吸引到一起，学生之间缺乏互相倾听，发言学生只是对着教师独白，与教师有一定程度的互动。但是，其余学生各自聊天，并不关注发言者在说什么。二是教师对教学目标把握不够，放任讨论偏离主题，无益于训练学生完整而层次清楚地表达一个意思。学生在讨论过程中很容易偏离话题，从谈话当中的某个细节引起联想，而讨论开来，越说越远。教师如果没有注意到这一趋势并适时地挽回话题，那么讨论就变成了聊天，没有了语言训练目标。三是教师过度掌控课堂，全部教学过程都由教师引导，忽视学生参与，挫伤学生的积极性，使学生失去开口表达的兴趣。教师这样做使学生完全处于被动状态，会引起学生的反感与厌倦。

四、口语教学技巧

（一）引导自发谈话

自发的、自然的谈话，说话者甚至没有意识到自己在谈论什么话题，这样的对话方式才是训练口语能力的有效途径。当学生不自然的感觉消失时，表达才能更投入，才可能在课堂上建立起真正的沟通。口语课常见的一种错误是教师计划、安排一个话题让学生讨论。计划好的话题常常会简化成沉默或者只有一小部分学生参与。这种情况是很难避免的，原因可能是主题太一般，难以激发学生的兴趣；也可能是主题很特别，一部分学生感兴趣，而另一部分学生没有兴趣。课堂之外自然的谈话是自发的，不同性格的人以不同的方式参与到谈话中来，有的人天生健谈，有的人天生沉默。因此，在口语课堂上期待所有的学生同样程度地参与到话题讨论中，显然是不现实的。教师应当尽可能地把自然谈话的特点融入课堂活动中。

如果课堂讨论内容能自然、自发地来自课文、书上的某个例子、学生的一个评论或者课堂上发生的一件事情，那么这样的课堂讨论效果是最好的。教师都有这样的经验，上课的时候窗外传来的风雨声、汽车紧急刹车的声音或者鸟鸣声等，都会很容易就引发学生的热烈讨论，这些事物的吸引力远远大于教师准备好的讨论话题。对于自己感兴趣的话题，学生自然而然就会开始参与谈话，并且会努力多说一点，尽量表达清楚自己的观点，这就是自然、自发的谈话魅力。刻意准备反而无法形成自然的谈话。

那么这种自发的谈话如何引导？

首先，以"挑衅性的言论"代替问题。如果想要激发学生创造性地使用语言，比如说，续写课文等，教师故意表述一个"错误的观点"，让学生来反驳，这比直接正面提问效果要好得多。这种方法同样可以用于激发学生在自由活动中给出反应。正常的谈话式讨论并不一定由一系列问题和答案组成，而是说话者之间对对方的态度和观点的反应。较之教师的提问，学生更愿意对一个刺激性的言论做出反应。

其次，以解决问题为目的是发起谈话的最佳基础。大部分教师都意识到"信息沟"在语言教学中的重要性。在日常生活中，我们说话是因为觉得有必要说话，最常见的理由是"信息沟"的存在——说话者双方掌握着不同的信息，谈话过程由信息交换构成。现在，口语课堂上的许多情境性练习或结对活动的练习都是以此为原则的。如果能够更充分地发展，这种方法能够取得更好的效果。以解决问题为目的的谈话活动还有一个非常重要的优势，那就是使学生有机会使用一些来自语言学习课堂之外的经验信息。

最后，让学生主动去听。通常情况下，教师提出问题，学生回答问题。但是在正常的对话中，很少有双方始终保持一问一答状态的情况出现，相反，一般都是一方有一连串的提问而另一方给出一连串的回答。通常情况下，一方讲话者说出自己的看法时，对方就会向他暗示：我对此很有兴趣，希望你能把自己的看法说出来。当一位演讲者进行一次长篇的独白时，观众会迅速产生共鸣。教师们应该思考，怎样才能将这一现象引入口语教学中去呢？当教师在上课的时候，如果采用这种谈话策略，学生就会自动回应，而且回应的内容范围也会扩大。让学生主动去听，是要防止学生过于依赖直接发问，因为有些发问方式听上去好像是在质问别人。

（二）选择兴趣话题

展开谈话的前提是说话人有话想说，而有话想说必定是因为对所谈论话题感兴趣。口语教学的话题选择应当是两方面的结合，即教材提供与学生自主设计相结合。教师不可能完全抛弃教材，因为教材是教学的依据，但是每一部教材又都有难以与学生需求完全契合的弱点，需要教师进行调整，因此教师对教材的使用要本着"二次开发"的理念，而不是亦步亦趋、不敢越雷池一步。对口语教材的二次开发对于教师来说是一个挑战，也是教师教学经验的体现。学生对话题的自主选择和设计很重要，要反映学生的兴趣，也体现学生在学习过程中的参与，有助于吸引学生参与讨论。不过，口语课也不能因此而完全放弃教材，因为教材具有教学的系统性。最佳方案是二者有机结合，兼顾口语训练的系统性与学生参与训练的积极性。话题选择还有两点要特别引起教师的注意：

第一，教师一旦发现某一个特定的话题对学生的吸引力已经呈现下降趋势，学生表现出无话可说、没有兴趣或注意力已经开始转移，那么就应当立即停止讨论这个话题，即使教师自己觉得这个话题很有意思，也应当毫不犹豫地结束。在现实生活中，敏感的话题参与者一旦意识到其他话题参与者对当前话题不感兴趣，就会立即转换话题。在课堂上也应如此，如果教师总是喜欢逼着学生就他们明显无话可说的话题发表看法，那么学生会感到厌倦，甚至还会对教师产生反感。口语课堂上的谈话目的在于给学生机会谈论他们感兴趣的话题，而不是教师感兴趣的话题；需要练习口语表达的是学生，而不是教师；口语练习的目的在于训练学生流利、准确地表达自己的观点、态度等，而不是讨论教师对某一话题的态度以及教师与学生的态度有何不同。

第二，课堂讨论的话题不必是严肃的话题。课堂之外的谈话绝大多数是一些普通的话题，比如一个大家都看的电视节目、一个共同的朋友的消息、天气、头条新闻、公车晚点的原因等。只有在相当偶然的情况下，我们才会讨论更严肃的话题。当许多语言教师谈到"口语课"时，他们更倾向于让学生谈论严肃话题。甚至许多口语教材都有这样的倾向。我们要记住的是：在第二语言课堂上，学生被要求使用他们掌握得还不太好的、有缺陷的甚至是贫乏的目的语来表达观点，这是不科学的。如果他们不愿意对一个他们不关心的话题发表看法的话，教师也不必感到惊讶。教材的编者很自然地会选择一些他们认为读者会感兴趣的主题，其实这种设定是危险的。教师应当谨防某类"大事件"成为课堂讨论的主题内容。

（三）分组活动

学生在口语课上希望有更多练习目的语会话的机会。课堂上的练习与课堂外的随意交谈不完全相同，学生希望自己的语言实践得到教师的评价、认可与纠错，渴望与教师、同学互动。教师要精心创造更多的谈话机会以及更让学生放松的谈话环境，以下介绍几种比较有效的方法：

重组：这个活动通常要求学生站起来、离开座位，用肢体语言成组互动，包括动作、图示、快速的书面陈述等，交流方式通常是非个人的。教师几乎不参与活动。这一活动旨在打破课堂预期结构，以支持性行为创造机会，消除恐惧和焦虑，让师生都感到放松。

独角戏：这个活动一般是在学生自信、自愿的前提下，让一个学生从座位上站起来或者到讲台上面对全班同学，发表一段或长或短的独白，内容可以是个人话题也可以是公共话题。这一活动旨在关注与接受每一个学生，为稍后的讨论增加更多的参与可能。

联合行动：这个活动要求以组为单位参加，成员不可以退出。每个人的参与对于完成活动都很重要。教师的参与程度很低。活动内容可以是个人话题或者公共话题。这个活动旨在发展团体成员间的协作，强调每个成员在团体中的价值，为团体成功创造机会。

二人成组：这个活动包括个人的或者非个人的内容，二人讨论之前有专门的时间整理个人观点。这种活动经常安排在一个短小的写作之后。这个活动旨在使学生习惯于开放性地处理个人感觉、感受、感情，让班级成员有机会与另一个成员有一个专属时间的简单交流，提高用第二语言进行真诚的人际沟通的能力。

小组活动：这个活动要求参与者耐心并且具有良好的倾听意愿，还要有注意力分配、话题转换、公平打断等谈话技巧。这个活动旨在不断增强个体投身集体的意识，提高团队成员间的信任、协作能力等，发展可促进公平互动的团队技巧。

大组活动：大组活动与小组活动的目标是一样的。唯一不同的是学生们在活动中需要学习去信任更多的人。

（四）巧妙纠错

口语课堂上的纠错是一个非常重要的活动，教师要有一定的把握，才能切实达到帮助学生的目的。教师忽视纠错或过度纠错，都会导致学生口语水平徘徊不前。口语教学中的纠错会有两种倾向，一种是以"听者能够理解"为目标，而对发言者的偏误基本忽略，另一种是"逢错必纠"，对于发言者的每个偏误都立刻指出。前者尊重了发言者，但是并没有帮助其提高语言水平；后者不仅影响了学生表述内容的完整性，也打击了发言者的自尊心，教师必须小心，不要由于责备学生的话语偏误而挫伤了他们参与谈话的积极性。

在所有的课堂活动中，谈话活动是最明显的易于将注意力集中在流利度上而不是准确度上的一个活动。因此，教师不必纠正小的句法错误，如果这个偏误多次出现，那么就在谈话结束后纠正，而不是一听到就立即打断去纠正。频繁而不分大小轻重的纠错让发言者无法全部记住。由于发言者的注意力此时集中在所表达的内容上，说话过程中顺口纠正的偏误并不会给他留下深刻印象，下次说时他还会错，因此这样纠错基本上是没有价值的。而且这样纠错过多的话，学生会不愿意再次发言。

我们提倡"谈话结束后纠错""纠大错，不纠或少纠小错"的纠错原则。在完整倾听学生发言之后纠错，一是尊重学生，二是对学生出现的偏误情况有全面准确的了解，三是学生此时说完话，能集中注意力听教师纠错，纠错才有可能取得良好的效果。如果学生的一段独白中偏误很多，那么就挑选出比较重大的来纠错，小的偏误就不管了，出现大量偏误的学生一般来说学习状况也不太理想，一次性大量纠错学生难以消化，情感上也接受不了，容易受挫，所以"避轻就重"较为妥当。对于出现偏误较少的学生，教师就可以多找几处错误仔细讲解。

第四节　国际中文教师汉语阅读与写作教学实践

一、阅读教学的内容与目标

（一）教学内容体裁全面

课文作为学习者的范本，不应该只有记叙文一种体裁，而应该议论文、说明文、散文等多种体裁并存，给学生以丰富的感情体验，让其从中了解到每种语言的特色，并由教师给予一般性的引导，以便更好地帮助更高层次的学生，在未来的写作和解决各种实际问题中，更好地运用汉语，提高他们的语言能力。在很多教师心目中，课文特别是精读课的课文，属于课堂内容的介绍部分，用来介绍新词语、语言点，以供稍后开展课堂语言活动、讨论之用。基于此，教师往往期望课文是被精心编写出来的，其中的语言内容有清晰的分级，一些特定的语言知识点不断出现。事实上，这样认识课文，未免太狭隘。

传统的语言教学提倡对专门准备的课文进行集中强化学习，而现代教学理论建议针对不同类型的文本开展广泛的课堂活动。教师在课堂上使用文本仅仅是为了呈现语言，而不是在教学生如何使用语言。有效的语言教学是教师用不同的教学技巧训练学生掌握处理不同文本的技能。这些不同的文本包括菜单、说明书、指示牌、通知、故事、广告、便条、信、报告、新闻等。每种文本都有独特的使用目的，因此在结构、语言上都不相同。学生要到课下使用汉语，所以应当掌握不同体裁的文本，而不是只学会那些专门为语言教学编写的课文。

（二）教学内容难易适中

文本难度应当得到较好的控制，主要是生词量、语言点的控制。一般此类教材都严格控制课文中生词的数量，以控制课文的难度。有学者认为，如果一篇 1500 字左右的课文生词量超过 70 个，语言难点和内容难点超过 15 个的话，那么学生学习时就会感到负担过重，学习兴趣就会减弱。国际中文精读教材普遍难度高，容易挫伤学生的学习积极性。词汇量大是我们教材的又一大致命伤。虽然我们可以鼓励学生通过联系上下文语境猜词来获得对整篇文章大意的理解，但是如果新词过多，超过 6% 的话，理解整篇文章的难度就会大大增加。

课前准备可以做得很充足，新词都可以提前查出意思来，但是不会对理解有太大的帮助，因为学生一时接受、消化不了太多的新信息。逐字逐句以蜗行的速度翻字典阅读一篇文章，没有什么比这样的事更令人沮丧了，学生会感到理解一篇文章是如此之难，对比之下，后续活动带来的趣味就显得微不足道了。选择文本时，教师总是希望用文中的有趣之处来吸引学生。这个出发点是好的，可是这里有个实际的困难。教师常常会从报纸或者杂志上找来一篇文章，打算上课时使用。这样做之前，应当想一下，学习者的词汇量远远少于一个母语使用者。因此，选择一篇文章的标准必须是"学生们会觉得这篇文章有意思吗"，得到肯定答案的前提是"学生们能够不太困难地理解这篇文章的意思"。

（三）区分精读与泛读

精读课是一门从质的角度对学生的语言能力进行提升的课程，因此，在选择材料时要注意选择适合度，在处理过程中要注意细节，这样才能让学生对语言有更深层次的理解，并能提升他们的应用能力。但是，仅仅这样还不够，如果只进行少量的精读，就不可能达到熟练的程度。精读的目标是要求学生能够完全理解所读的文章，并且能够回答词汇理解等细节问题。泛读要求学生对文章有大概的了解，不必理解每个词。精读可以帮助学生提高泛读能力，但是泛读训练也应遵循正确的原则，帮助学生建立处理真实语料的自信。在阅读过程中，一定要运用泛读和精读相结合的方法，这样才能让学生在精读课上所学到的知识，在泛读的帮助下扩大、巩固、再现，还可以让学生的语感得到增强。精读与泛读相结合，这一做法已为国内外第二语言教学界所公认。一篇比较长的文章，可以用一部分做泛读训练，另一部分做精读训练。然而，在当前的汉语阅读教学中，精读与泛读之间却呈现出一种不协调的现象。很多教师用始终如一的方法吃力地将整篇文章细细梳理，对整个语料进行精细解读，耗时过长，学生的兴趣逐渐丧失，一些重要的语言技巧训练也被忽视了。

在学习的初级阶段，教师向学生介绍课文内容中关乎文章主旨但学生不熟悉的语言难点，是十分必要的。当教师要在课堂上处理一篇文章的时候，不要试图解释所有的词语，或者问太多的问题。最应该做的是鼓励学生在文章中找到一些特定的信息，同等重要的是，告诉学生不要担心遗漏一些内容，也许是比较大的一部分，但是只要这些内容与教师要求他们完成的任务无关，就没有关系。教师习惯性地希望教科书上的文章在结构上是精心处理过的，这种愿望的来源是"教材上的所有课文都应该用精读的方法去处理"这一偏颇的认识。对于这些教师来说，特别应该意识到，初级教材中出现的真实语料，目标是各不相同的，如果用于精读，就必须激发学生的积极性，同时为学生和他们自己创造一些问题。另一方面，用精读的方法处理语料，要确保对学生产生正面的、积极的影响，让学生感觉即使自己的目的语水平并不高，也有一定的能力处理真实的语料。

（四）阅读教学的目标

对于阅读课的目标，传统的认识是：精读课应当侧重于读和写，侧重于学习生词和语言知识，侧重于提高阅读有一定难度的自然语料的能力及书面表达能力。我们认为，阅读教学的目标是培养篇章阅读能力，使学生逐渐成为目的语的成熟阅读者，学习词语、语法点、阅读技巧等都是为这一目的服务的。成熟阅读者，指的是在阅读中能够利用元认知能力，得到所需信息的阅读者。

元认知是指人们对自身思想活动的认识以及对自身思想活动的支配。在阅读活动中，元认知知识主要包括对阅读产生影响的各种因素、作为读者的能力和局限、各种阅读策略使用方法、使用时间以及这些策略会对阅读产生影响的原因等方面的知识。元认知控制指的是在阅读中，读者将自己的阅读过程作为意识对象，在阅读开始之前，对文章内容进行预测，选择阅读策略，有选择地分配阅读时间和注意力。在阅读过程中能注意到阅读进度，当发现先前所采用的策略不奏效而造成理解失败时，能选择适合的补救措施，最终还能对自己的阅读目的是否已经达到、阅读效果如何做出正确的评价。

一个成熟的阅读者，在母语阅读中能够自然而然地发挥元认知能力，可是在第二语言阅读中，受到语言、文化等障碍的影响，元认知能力则有可能难以正常发挥。阅读的元认知能力是人的正常思维能力的一部分，也是学习能力的一部分，是人在长期学习过程中逐渐形成的，并不是在第二语言学习中培养出来的。第二语言教学中所培养的是从母语阅读的元认知能力到目的语阅读的元认知能力的转换。

由此可见，教师在阅读课教学中，一方面要注意词汇、语法、文化信息等的教学，另一方面还要注意指导学生了解汉语不同文体的语篇结构特点，包括开头和结尾的常见方法、中心句位置、句段的衔接方法等，也就是说，要让学生逐渐熟悉汉语语篇的特点，阅读时利用预测、选择、推断、记忆等策略，尽快抓住主旨、找到相关信息。汉语是高语境语言，教师要注意指导学生领会语境在阅读理解中的作用。根据语境分析话语含义，是汉语阅读的重要能力。

二、阅读教学技巧

（一）课文处理

1.热身活动

现实生活中的所有语言运用都发生在一定的场景中，语言使用者非常依赖谈话的语境以及对对方话语的预期判断。因此，在课堂上让学生读一篇未经预习的课文，难度很大。良好的课前准备包括以下几个方面：

（1）内容介绍。一般来说，教师可以用两三个简短的句子介绍课文内容。如果课文的形式是对话，教师可以指出对话发生的场景、参与对话的人物，如果有必要，还要介绍谈话人之间的关系。如果课文是一个长篇故事的一部分，就需简要介绍这一部分之前的情节。这样的活动也可以让学生来做，但前提是教师给学生留预习作业并保证学生能够认真地完成。如果课文是一个完整的故事，有一个标题，就可以让学生根据标题猜测课文的主题或者说一说他们所知道的与此相关的内容。目前通行的课本大都注重设计，会采用图片或其他直观的方式展示课文内容，教师也可利用这些资源，让学生看图说出一些与主题相关的词语或者观点。

（2）预先提问。在学生读课文之前，教师提出几个理解性的问题，可以帮助学生通过关注关键词语和基本观点来理解课文大意。问题不用多，两三个就够了。这些问题应当按照课文中故事的主线或者谈话的线索来设置，并且按照文中的顺序排列，这样就可以展示课文的基本结构，并且给学生提供预测的线索。

（3）词汇准备。教师有时会提前把课文中出现的几个特定的新词语教给学生，特别是当这几个词语是第一次出现，并且在文中的出现频率很高时，这会有助于学生理解课文。最常见的方法是，请学生自己猜测课文里可能出现哪些词语。教师可以使用阶梯或花朵形方式，将文中的关键词写在"阶梯"的最高层或"花朵"的中心位置，让学生根据这个词扩展词语，填在余下的阶梯或花瓣中。不同水平的学生会扩展出难度不同的词群，因此，可以按照学生水平让他们分组完成。填完之后，学生之间会很自然地相互提问、回答，"那个词是什么意思""为什么你们的词按照这样的顺序排列"等，这也是值得鼓励的自然讨论。当然，用这一方法扩展出来的词语可能课文里根本没有，但是如果中心词选得准确的话，学生们会在阅读之前学到几个文中的重要词语。这种词汇学习方法，可以使语言使用者把他认为重要的词语记在心里，这是典型的自然使用语言的方法。"阶梯"或"花朵"的方式是一种效果很好的词汇预习方法，也是课文预习过程中一个有效的方法。

2. 多样化阅读

课堂上"读"的方式应当是多样化的。课文（包括对话）是课堂上新的语言内容输入的重要途径之一，也是课堂教学中最容易拖延时间的环节之一。一般在上课之初，教师就让学生朗读，缓慢的速度使得课堂气氛沉闷，了无生气。教师可以利用多样化的"读"，比如让学生齐读、分组读、个别读、默读等，有时也可以只用教师范读或者只放课文范读音频。总之，变换的"读"法可以活跃课堂气氛、吸引学生。默读，是最简单最经常被语言教师忘记的一种方法，也是阅读中最快最有效的方法。在泛读教学中，默读是最适合的方法。在精读教学中，一些比较简单的部分也可以使用默读，从整体上加快阅读速度。默读之前，教师要根据内容提出一个问题（最多两个），确保每个学生都清楚要默读课文的哪一部分、要找到什么问题的答案。不能先读，后提问，没目标地读等于没读。教师不太喜欢让学生默读，是因为学生大声朗读的时候可以纠正发音，但是这样做，对阅读理解并没有好处。一种课型难以实现多种语言训练的目标。只有那些适合于朗读的文体才需要朗读，比如诗歌、韵文、散文、对话等。

如果教师坚持要学生朗读，那么要遵守两条重要规则。一是必须提前准备。学生已经预习，或者已经学完了要朗读的部分。不能让学生朗读未经预习的内容。朗读是一种难度很大的技巧。未经预习的课文可能包括新词，学生不会念；对话朗读所需的特定语调可能是学生不熟悉的。无准备的朗读听起来迟滞、不流畅、不自然，对于其他学生来说，跟着听也很困难。一位学生被叫起来朗读时，他的注意力都集中在如何正确发音上，也就无暇注意词语、句子的意思。他可能读音准确，但是却无法回答读的是什么。因此，课文的第一遍朗读最好是教师范读或者播放范读音频。也可以让全班默读，教师巡视并给予个别学生指导。预习之后的朗读比未经预习的朗读有效得多，预习所花的时间是值得的。二是必须采用多样化的朗读方式。比如，在学生目的语水平较低的阶段，可以采用"教师带读，全体学生逐句跟读"的方法，增加一点难度，让学生一起跟着课文音频读。这个方法是教师们比较喜欢用的方法。学生水平高一些后，教师读一段，学生重复读一遍。选择齐读或者个别读要根据学生的性格特点或者要求，总之要以满足学生的愿望、让他们愉快地读为前提。有时教师还可以根据学生的水平、学生人数情况进行个别带读。班级人数较多时，可以给学生分组，每个组准备一两段课文内容，然后每组派出一个代表朗读，整个课文朗读就完成了。如果课文是对话，每组准备不同的角色。在学生准备的过程中，教师对每组的成员进行发音、重音、语调的指导，要注意保持低音量，不要打扰其他组的学生。朗读二人对话可以让全部学生分成多个二人组进行练习，教师巡视、帮助，然后所有的学生分为两个角色齐声对话，最后让一两组学生单独朗读，相信此时每组学生都能很自信地读，也能读得很好了。

（二）提问技巧

1. 短小的问题

精读教学时，特别是在班级人数比较多的情况下，教师倾向于选择自己来范读课文，这样做可以节省课堂时间。但即使是这样一个常见的环节，也应该在读的过程中加入一些简单的提问。这样做的目的，并不是考查学生是否理解了课文内容，而是为了确保学生都在听教师读，并且不断吸引他们的注意力。教师在读的过程中，可以在某些语句后面停下来，问一两个简单的问题，比如"他在做什么？""这是什么时候？""他说什么？"等关于文章内容的细节问题，虽然比较多，但是回答起来很简单，不需要对课文内容进行理解性处理，或者扩展思考，学生只要一直跟着教师的朗读，一边听一边看课文，特别是注意听到教师提问前读的语段，就能够回答这些问题。如果这种提问方法用于整篇课文的第二次朗读，会更加有效。不过，这种方法不适于太难的课文，因为不断提问会分散学生的注意力，影响他们专心理解。需要提醒的是，这种方法能保证学生在精读课堂上的警觉，但是并不能帮助他们读得更好。

2. 定义型问题

很多教师，包括母语使用者，都会发现解释一个新的语言项目很困难。对于学生来说，这种技能在课堂之外是不需要的，要求他们在课堂上使用这种技巧，难度比较大。因此，教师问学生"这是什么意思"这种问题，是毫无意义的。经验表明，学生回答这种问题时，一般都会回答一个简单的短句。这与教师提问时的期待是不符的，因此这种提问方法的使用应当减少。在词语学习中，"定义型问题"更有价值，即教师提供定义，请学生说出课文中相应的词语。而不是教师让学生说出某个词的定义是什么。定义型问题有两个重要的好处：教师做的是比较困难的工作——用词语表达或描述一个定义，这就避免了学生难以回答或回答过于简单；而学生则必须明白教师所说的意思，然后找到并说出对应的新词或短语，这就达到了让学生了解、熟悉新词的目的。因此，"定义型问题"是教师介绍课文中的新语言项目时的一种重要策略。

3. 改错型问题

学生对问题的回答达到什么程度，取决于提问的言辞。也就是说，教师要想让学生的回答情况符合期待，首先要设计好自己的提问。教师很容易使自己的问题只得到"是"或者"不是"的回答："这里写的是他的心情吗？——是。""这句话说明他高兴？——不是。"有时教师还会很随意地问"对不对""是不是"这样的问题。也就是说教师常常下意识地提出封闭性的问题。避免这种情况最简单的办法是，教师故意提出一个错误的陈述并附加一个反义疑问句，激发学生不仅做出一个是或非的回答，还要说出附加的、正确的信息。比如"他来晚了，是不是？——不是，他来早了。""天气不好，对吗？——不，天气很晴朗。"这样的问题既能够用于课文学习之后作为理解性问题，也可以用作一般性的课堂对话。这种问题一方面能够激发学生说出更多的话，另一方面能够保证学生自然地使用语言。

4. 理解型问题

理解型问题有三种。第一种，可以直接在课文中找到原话作为答案。这样的问题虽然难度小，不过也有用处，首先能验证学生是否在专心听讲，是否能跟着教师的引导学习；其次，也能验证学生是否理解了教师的问题以及课文的相关内容；最后，这种问题很容易就能正确回答，学生容易产生自信。第二种，可以通过对课文内容中某句话进行调整而得出答案。在精读课的语言练习中，教师希望学生说出一个特定的词语或者短语，用这样的问题就比较适当。这里包含了学生对句子意思的理解以及对语法点的掌握。第三种，是延伸问题，学生必须理解课文中的某个词语是如何与课文之外的信息相关联的，才能给出答案。只有这种问题能够有效地检验学生对课文内容的理解。设计这种问题最简单的方法是提出"预期答案为否定答案"的问题，问题提出的基础是对课文内容的错误性假设。一般来说，理解型问题需要回答者"修正"提问者，这是对理解情况的检测。

三、写作教学目标与模式

（一）写作常见问题

对于学生在写作中出现的问题，研究者已经形成成熟的认识。教师与研究者都发现学生的作文从微观来看，问题主要是词语、语法的偏误；宏观来看，问题则是有句无篇、散沙一盘，学生对汉语文章的整体结构没有概念，文章基本上是想一句写一句，堆在一起就可以了，缺乏表达"中心意思"的意识。

语言的衔接和连贯是国际中文学习者汉语学习中最薄弱的环节。在他们的习作中，许多情况下，如果只从一句话来看，准确率较高，词汇、语法方面都能基本正确，但从整个篇章段落来看，句子与句子之间缺少有机的联系，往往是一些句子的简单相加，而不是连贯自然的语段。句子的衔接、语义的指称、词语省略都存在问题。纵观全文，又常常缺少衔接。

在教学过程中，由于教师通常忽略了语段教学，造成学生的成段能力较弱。写作属于一种成篇表达，但是从一句到一段完整的段落或一篇完整的作品（也就是篇章）之间存在着一段很长的距离，如果不给学生一个台阶就想让他们跨越这段距离，会有一定的困难。而这一步，就是课堂上必不可少的一步：语段（句型）教学。忽略语段教学是造成学生成段表达困难、作文水平偏低的主要原因。

（二）写作的教学目标

业界对汉语写作课程的教学目标的理解在不断深化，并逐步脱离了传统的写作法，向新的汉语写作法靠拢。但直到 20 世纪 80 年代初期，国际中文教育仍没有摆脱母语写作的影响，侧重于对修辞方法及写作技能的指导。

语段写作教学是一种十分重要的课程，而段落写作的培养又是其中的一个环节。通过段落式写作的培训，能够培养学生组织句子和段落的能力，并在此基础上进一步发展出更多的段落、片段以至篇章，使学生汉语写作能力得到全方位的提升。然而，结合我国国际中文教育的实践，我们发现，对于语段写作的培养，教师们并没有给予足够的重视，或者说，在国际中文教育界，根本就忽视了语段写作的培养，导致学生的单句表达基本准确，而语段表达却出了很多问题。实际上，在国际中文作文教学中，应该把重点放在语段的运用上。

在国际中文初、中级写作课程中，如何通过写作培训让外国学生在汉语写作方面达到或接近其母语写作的水准，是教学目标。母语写作教学的主要目的就是要使学习者在原有基础上提升写作能力。随着时间的推移，汉语写作课程的教学目的和侧重点逐步清晰，并让大家形成了一个共识，即以提高学生的中文书写能力为主要目的。目的是全方位的，包括语言应用能力、文体知识、语篇意识、语言表达能力等多个方面。得体运用目的语进行语篇表达，是写作教学的目标。这一直以来都是业内的共识。

初级阶段的要求是使学生能够将所学的中文汉字、语法和词汇引入写作之中；中等水平的教学目的是让学生掌握不同段落的写作能力的同时，培养学生在写作过程中的准确表达能力；高级阶段从一般的语段、语篇训练，向真正意义上的记叙文、说明文、议论文的写作转变，并有效地提升学生表达的自觉性。教师明确了写作课的教学目标之后，在教学方法上就应当注意，避免将汉语作为母语的写作课教学方法移植到国际中文教学课堂上来，而要根据学生的特点和水平，围绕作文主题，从词语、句型到文章结构，逐层解决困难，提供或引导学生搜集到可供表达的语言材料以及文章大纲、主题句等，像铺路一样，教师帮助学生准备材料、画好路线，学生自己尝试着将材料铺上去。国际中文写作课还应允许水平高的学生有独创性。

（三）汉语写作模式

1. 培养学生的汉语思维习惯

由于汉语思维的影响，学生对英语篇章结构缺乏足够的了解，从而造成他们在写作中存在一些问题。所以，在教学过程中，要加强篇章结构的训练，通过母语和汉语篇章结构的对比，培养学生篇章意识，形成汉语思维方式，让学生按照汉语篇章的组织方式来写作，并逐渐向用汉语思维方式来表达自己的观点转变。汉语作为第二语言的写作可能面临着这一问题——学生的母语思维方式会对汉语写作产生负迁移影响。让学生了解汉语思维方式的特点，并在书面表达中反映出来，是引导学生汉语写作具有地道、正宗中国味道的必由之路。然而，要想实现这一目标，不可能一蹴而就，而是要在学习汉语、使用汉语的长期过程中逐步达成目的。另外，不同母语的学生具有不同的思维模式，教师无法一一拿来跟汉语进行对比，因此，课堂上教师要做的是培养学生对思维方式差异的意识，将各种文体写作中体现汉语思维特点的地方清晰地展示出来，让学生有意识地自行比较，将自己的思维方式向汉语思维方式调整。

2. 培养学生熟悉汉语文章结构

对于写作教学的研究，大多着眼于词语、语法、篇章等内在因素，而对于外在形式的要求关注不多。在教学中，对于写作形式，大部分教师也很宽松，没有特别严格的要求。学生们最欠缺的就是对中文写作形式的理解。从句法层面来看，主要是语法和词语搭配问题；从段落层面上来看，主要是句法衔接；从篇章层面来看，主要是主题表述、语篇构造等。要在写作中培养学生的习惯和技能，此处所说的习惯，是指汉语写作习惯。

一篇质量较高的汉语作文首先应当在形式上符合汉语写作的规范，教师对此应提出具体的要求：（1）写作必须使用作文本。这是写作课最基本的要求。学生很容易忽略，认为只要写了就可以了，教师也常常不坚持，任由学生写在五花八门的纸上或笔记本上。这样既不利于规范的写作练习，也不利于教师批改。（2）写作最好使用铅笔。学生的写作能力、书写能力都不强的话，用铅笔写作便于修改。（3）写作必须坚持做到汉语写作最基本的格式要求：题目写在第一行的正中；每一段的开头空两格；正确使用标点符号。学生在基本格式方面的错误主要反映在后两点。大部分国家的写作中没有"每段开头空两格"的习惯，而且这个习惯很难培养，有的学生学习写作一年多以后，还总是犯错误。（4）格式上还有一些特别的要求也要注意：标点不能顶格写，一行末尾没有空格时标点就与最后一个字写在同一个格子里，位于格子右下角；一个标点占一格；冒号和前引号占一格、句号或者感叹号与后引号占一格等。教师自己要清楚这些要求并规范使用，还要在教学中重视这些内容的教学，不可因为烦琐或不影响文章意思而忽视。

汉语写作要体现汉语作文的特色。不同民族在思维方式上存在共性，但是在语言表达上存在差异，这就体现在写作中，在布局、用词、修辞等方面存在不同程度的差异。比如汉语的文体结构，就非常注重起、承、转、合，形成一个比较完善、比较稳定的格式，尤其是首尾圆合、草蛇灰线，这些都是中华传统文化的烙印。汉语在语言表达方面又具有自己独特的特点，例如，汉语重韵律，喜欢结构严谨，善于运用排比造势，文章注重文眼等。写作教学要注意与精读相结合，指导学习者多阅读学习反映汉语特点的文章，要注意让学生体会到汉语文章的特点。教师在教学中，要将不同文体的行文、结构、达意等一般方法教给学生，使他们对汉语文章形成基本的印象。随着汉语水平提高，他们会逐渐形成自己的写作风格。

四、写作教学方法

（一）不同文章的写作指导

写作类型按照用途可以分为两大类：个人化和惯例化写作。个人化写作类型包括便条、电报、明信片、个人留言、日记和书信等；惯例化写作类型包括广告、说明、公告、商务信函、手册、表格、摘要、总结、报告、散文和随笔等。如果按照文体来分，可以分为应用文、说明文、议论文、记叙文。写作教学应当包含各种文体，并让学生熟悉每种类型的写作惯例，在需要时可以恰当地使用。个人化写作类型难度较小，比如，日记和书信带有对话式的特点，内容较为随意，能明显提高学习者的写作能力，因此容易激发学习者的写作兴趣。各种写作类型难度不一，各具文体特点，没有难易度的递进排列关系，因此教学中穿插进行即可，调动学生兴趣，全面训练写作能力。教师要将各种文体的汉语写作要点介绍给学生，并为写作主题提供词语、句型、结构方法，如果教师所提供的材料有较大的选择余地，学生会意识到写作在一定规则当中又具有灵活性，它不是无聊的"生搬硬套"，也不是痛苦的"无话可说"，自己的语言水平虽然有限，但是也可以写出生动的小文章。

（二）修改与反馈

1. 修改

作文写完了，应该由谁来修改？不少写作教学的研究文章提出，"学生互评"是一种保护学生自尊、鼓励学生参与的活动，但是我们认为，采用这种做法需要慎重。经调查研究发现，学生对这种方法评价很低，因此，学生互评作文的教学方法应该加以改进，使用时应该更加慎重。我们在教学实践中也发现，这种修改方法提升学生写作能力的效果并不明显。以我们学习第二语言的经验，学习者更希望得到教师的指导与纠正，而不是同学。就如同练习第二语言的口语，我们都希望与一位或几位母语人士交谈以便得到纠正与提高，而不是与自己的同学练习，因为水平差不多，难以纠正对方。因此，学生互评作文很难获得实际的效果，而且学生也不认可同学的汉语水平，他们更希望教师修改自己的作文。另外，学生对自己的汉语写作水平一般来说都不太自信，担心自己写得不好同学会嘲笑，出于这个原因，他们也希望教师亲自批改。

学生作文中偏误一大堆，怎么修改？一般来说，教师对学生作文中出现的语言偏误现象几乎都是想全部改正的。但是为了保护学生的自尊与积极性，"满篇红"的状况还是应当避免的。在写作教学中，要尽量发掘学生的闪光点，给予表扬与鼓励，让他们明白自己的长处与短处。教师们普遍认为，减少修改量，并不等同于忽略一些偏误，这样做，对学生语言能力进步并没有好处。要避免"满篇红"，主要在于教师修改学生作文时把握住两个原则：一是尊重原意，二是尊重创造性。对于出现偏误的词句，教师要仔细看全文，推测原意并顺应原意进行修改，而不要急于按照自己的想法大规模修改。另外，我们会发现，学生运用汉语时，由于语感欠缺，会有独创性的句子，除非出现了严重的语法错误，否则教师不必急于改成常规化句子，而完全可以保留学生的创意。

教师对于语言运用的灵活性应该有比较大的宽容度。学生最希望教师帮助他们修改的是词句，因为这是最明显的偏误。而教师在作文批改中除词汇语法知识外，还应关注汉语表达习惯问题。从初级阶段到高级阶段，随着学生汉语表达水平的提高，教师批改的重点要逐步从字、词、句过渡到语篇、写作技巧（结构安排、内容取舍）上来，教师批改的比重也可以逐渐下调。到高级阶段，除了一些较难的书面语用法学生自己难以正确使用和改正以外，多数字、词、句方面的问题，教师只要画出，学生在思考后都可以改正过来。大部分教师都比较赞同这种方式。错别字、笔误的词语，可以画出，让学生自己改，教师检查；必须修改的词语，教师写出正确的词；句型错误、语义不明的句子，标注在旁边，如果比较复杂，可以编序号后统一写在文章最后、评语之前，还可以给出例句；结构上的错误在评语中指出。另外，标点符号值得重视，学生容易用错，教师修改是必要的。

2. 反馈

（1）集体反馈。有不少研究者提倡集体讲评作文的反馈方式，这种方法来自母语写作教学，我们认为并不适用于国际中文写作教学。原因有以下几个：首先，学生的语言水平参差不齐，出现的偏误五花八门，共同性偏误少，个别性偏误多，难以归类讲解，如果逐一讲解，课堂时间不够；其次，学生受语言水平限制，而且对目的语写作技巧并没有系统性的、理论性的掌握，对于他人文章的优劣难以判断，也难以借鉴，他们更关心的是自己写得如何，因此集体讲评意义不大；最后，应用文等程式化的文体不需要讲评，学生自己对照标准范文即可。至于记叙文、抒情性文体，成年人的写作具有比较鲜明的个体性，加之文化差异、自尊心等的因素，大部分不愿意公开自己的文章和写作情况，因此也不适合集体讲评。

（2）个别反馈。我们认为个别反馈是作文讲评的有效方法。这种方法针对性强，能够让每个学生得到直接、明确的问题反馈，搞清楚偏误的原因、修改的方法。另外，师生直接交流，教师对学生的鼓励可直接传达，对于学生提高写作水平、提升写作兴趣，具有最直接的推动作用。操作方法可以根据实际教学情况而定。在学生数不多的情况下，教师可以在课堂上让其他学生先看某位同学的作文，修改错别字之类的小问题，教师逐一为学生单独讲评，讲评之后让学生马上自行修改，然后教师再讲评下一个学生。如果讲评之后还有问题，就放到课下解决。这样处理，每个学生都不会空闲，课堂纪律不会混乱，时间也得到了充分有效利用。如果学生数较多，教师对学生的书面讲评要尽量详细，问题太多的可以利用课余时间直接交流，当面讲评，先处理一部分，缓解课堂上的压力；课堂上学生拿到作文后先看教师评改的内容，有问题的提问，教师单独讲评，如果时间不够，可以在写新的作文时再单独讲评。总之，要灵活处理，保证每个学生每篇文章都能得到具体的反馈和指导。

第五章　国际中文教师跨文化交际
与文化传播能力提升

在国际中文教师的职业能力素养中，跨文化交际是不可或缺的部分。这种专业素质体现在两个层面上：第一，体现在教师自己的跨文化交际活动中，以跨文化交际意识为依据，建立起跨文化交际的知识架构，能够有效地参与跨文化交际活动；第二，主要是指教师如何运用跨文化交际的知识来解决国际中文教学中存在的问题，并能够提出相应的解决办法。

第一节　跨文化交际知识

教师首先要树立起跨文化交际意识，才能妥善处理语言教学中的跨文化问题，并在教学管理活动中实现顺畅的跨文化交际，从而进一步帮助学生建立跨文化交际的意识，培养他们的跨文化交际能力。

一、跨文化交际学与语言教学

跨文化交际作为一门独立的边缘学科，兴起于 20 世纪 50 年代的美国。1959 年，美国人类学家霍尔（E.Hall）出版了《无声的语言》（*The Silent Language*）一书，这部书被认为是对跨文化交际进行研究的开端。1970 年，国际传播学会跨文化交际学分会正式成立。1974 年，《国际与跨文化交际学年刊》创刊。至此，跨文化交际学的研究步入正轨。20 世纪 80 年代初，跨文化交际学由外语教学界引入国内，研究重点是外语教学中的跨文化差异以及语言与文化的关系。学术界一般认为，许国璋所著的于 1980 年在《现代外语》第 4 期上题为 "*Culturally Loaded Words and English Language*

Teaching（文化负载词汇与英语语言教学）"一文的发表，标志着跨文化交际学在中国的诞生。1983 年，何道宽在他的《介绍一门新兴学科——跨文化的交际》（《外国语文教学》1983 年第 2 期）一文中，率先将跨文化交际作为一门学科向国内学者进行介绍，探讨了这门新兴学科的基本内容、理论及其研究成果。

跨文化交际学讨论不同文化背景的人在交际中出现的困难、处理方式以及跨越交际障碍的方法等。众多的文化类别以及其间的差异难以一一罗列，因此，最重要的是人们在与来自不同文化的人交际时，要具备跨文化交际的意识。跨文化交际理论对语言教学领域影响重大。美国语言学家认为，在外语教学中，应该注重对学生进行跨文化交流的训练。许多国内学者也认为，在外语教学过程中，应该培养学生的跨文化交际行为能力。跨文化交际学引入我国后，很快引起外语教学界的关注，研究者们都意识到这门学科与外语教学的密切关系，从而展开深入的研究。北京外国语大学原副校长胡文仲、西安外国语大学原校长杜瑞清都撰文讨论过外语教学中词汇文化内涵意义问题，由此指出外语教学应培养学生使用外语进行跨文化交际的能力。研究角度主要集中在英语教学中汉语文化与英语文化之间的差异，以及在这两种文化背景下的人应如何进行跨文化交际。我国国际中文教学界的跨文化交际研究也成果累累，《语言教学与研究》《世界汉语教学》等杂志相继刊登了许多有关跨文化交际学与国际中文教学的文章。随着国际中文教学的发展，研究者纷纷注意到，跨文化交际学与国际中文教学的关系也是非常密切的。

张占一于 1984 年提出了"交际文化"这一概念，他把在语言教学中所涉及的文化内容分成两类，即"知识文化"和"交际文化"。他认为，能够对两个文化背景下的人们在语言交流中起到直接作用的文化知识，属于"交际文化"的范畴，而不了解"交际文化"，将会对交流的结果产生直接的影响。"交际文化"的出现，打破了在语言教学中文化的一概而论，从功能主义的视角，把文化置于语言教学中，推动了汉语教育界对语言教学中文化因素的探讨。关于"交际文化"这一概念，在当时引发了热烈的讨论，研究者提出了三种具有代表性的理论：交际文化、语言国情学、文化导入论，讨论文化因素在国际中文教学中的地位、作用等，最终达成共识——国际中文教学应以培养学生的跨文化交际能力为目标。

在外语教学中，应该把语言教学放在一个跨文化交际的情境中，抓住文化障碍、误解和冲突的关键点，有针对性地对学生进行正确、得体的跨文化交际能力培养。跨文化交际的能力包括了语言内容、语言技巧、非语言技巧、比较文化知识、交流技巧。因此，只有充分认识到跨文化交际能力的重要性，将其作为外语教学的重要内容，处理以上各个因素的关系，才能保证外语教学的完整性。在国际中文教育界，人们一般都认为汉语的教学目标应该是培养学习者的跨文化交流能力。由于语言教学与跨文化交流具有密切的联系，因此，要想做到这一点，教师本身就需要有相应的内外能力。内在能力即跨文化交际的知识和能力；外在能力是指人们在进行跨文化交际时所具备的知识素质，也就是跨文化交际的能力。目前，国内外学者主要关注的是如何在汉语教学过程中提高学生的跨文化交际水平，但同时也缺乏相应的针对性指导。

二、跨文化交际知识

在跨文化交际实践中，交际文化知识非常重要。交际文化包括三个方面：第一，交际文化是指在语言学习和跨文化交际过程中，造成文化障碍和文化冲突的文化因素；第二，交际行为中包含着交际的文化因素，即交际的文化因素不仅包含在语言体系中，而且还包含在非语言的交际行为体系中；第三，这几种文化要素体现了不同的文化人格所具有的一种内隐形态，或者说一种文化心理与外显形态，或者说一种行为准则。那么，哪些文化因素属于交际文化呢？对于跨文化交际的影响比较大的文化因素包括一个民族的历史、传统、宗教思想、价值观念、社会组织形式、风俗习惯、政治制度、社会发展阶段（工业化程度、科技水平）等。我们从语言教学角度出发，分以下几个方面分析：

（1）语言交际中，蕴含在语言表达各层面中的历史、文学、宗教、社会习俗等，都有可能导致交际障碍，因此属于交际文化因素。包括词汇的内涵意义，成语、谚语、格言、典故、委婉语和禁忌语、敬辞和谦辞等。文化不仅影响词汇的发展与使用，在语法、讲话规则、篇章结构、文体风格等许多方面，文化都产生很大的影响。只掌握语言的语音、语法和词汇，不了解深层的文化意义，不足以进行顺畅的交际。许多词语在不同的语言中，具有不同的文化意义，比如在俄语中"krasnyi（红色）"一词有"女孩子靓丽"的意思，多用于书面语，而汉语中没有此意；"戴绿帽子"一词，在越南语、韩语中都只是指"戴绿颜色的帽子"，没有汉语中"妻子有外遇"的意思。"黄瓜"，在越南语中指的是一种黄颜色的瓜，而在土耳其语中，"黄瓜"还有"笨蛋"的意思。成语、俗语等词语中包含着历史、文学、宗教、价值观等丰富的文化内涵，比如汉语中有"人不可貌相，海水不可斗量"的俗语，马来语中也有类似的表达。委婉语、敬谦辞等则反映着一个民族的交际规则、社会习俗。比如对于"死"，不同的语言中都有委婉的说法，越南语中有"闭眼放手"的说法，俄语里说"永远睡着了"。这些文化因素在语言交际中都必须通过交际者之间有意识地相互探讨，才能为人们所理解。

（2）非语言交际中，体态语、副语言、客体语、环境语等，贯穿于整个交际过程之中，最能反映一个人的真实态度、心理活动和价值观念。在跨文化交际中，非语言交际行为和手段比语言交际行为所起的交际作用更大，在语言交际发生障碍时，它的代替、维持甚至挽救交际的作用不可低估。文化不同，非语言交际的行为和手段也有区别。许多研究都关注体态语中的姿势、手势等在不同文化中所包含的不同意思。由于体态语本身十分复杂，系统性研究的难度比较大，因此要想获得相关知识，必须做一个有心人，多观察、多询问。此外，最常见的副语言"沉默"，在汉语文化中具有独特的内涵。"体触""体距"以及"拥挤"等空间概念，也反映了差异鲜明的文化含义。

（3）社会交往规则，包括问候与称谓、会客与宴请、送礼与回礼、赞美、恭维与谦虚等。社会交往规则所表现的文化差异在跨文化交际中最容易被注意到，因为跨文化交际活动本身就是一种社会交往形式，在这个交往活动中，交际双方综合使用语言交际、非语言交际行为，使交往的方式符合文化环境的要求，并克服文化差异带来的障碍，实现交际的目的。关于"问候和称谓"的研究很多，如何"打招呼、问候、告别、称呼他人"，这些日常交往中最常见的活动，在不同文化中表现各异，比如泰国语、哈萨克语、土耳其语等的问候语，都分别体现出宗教文化在社会生活中的重要影响。

第二节　国际中文教师跨文化交际能力的内涵与构成

跨文化交际能力是国际中文教师必备的核心能力之一。这是由国际中文教育这一工作的跨文化性特点决定的。国内的国际中文教师与学习者分属不同的文化；国外本土国际中文教师所教的内容与自己的母语分属不同的文化。这都涉及跨文化交际。一定的跨文化交际能力对国际中文教师来说是职业需要。对于被外派到国外任教的中国国际中文教师或者志愿者来说，他们跟学生、学生家长、当地同事、当地社区居民（房东）等群体或个人之间存在更为广泛、多样的跨文化交际，而且这种跨文化交际频繁出现在办公室、教室、校园、住处、餐厅等各种工作和生活的场所。一定的跨文化交际能力对他们来说除了职业需要外，还是人际交往和生活的需要。当然，还有一部分国际中文教师对其他文化有兴趣，一定的跨文化交际能力也可以满足他们这方面的兴趣和爱好。国际中文教育的主要目的之一便是培养学习者的跨文化交际能力。那么作为培养学习者跨文化交际能力的教师，更应该具有较高的跨文化交际能力。

一、国际中文教师跨文化交际能力的内涵

（一）跨文化交际能力

具有跨文化交际能力的人，能够用外语跟来自其他国家或文化的人进行沟通和互动，能够以一种双方都满意的交际方式进行协商谈判，能充当来自不同文化的人们之间的协调者，通过恰当使用外语的能力（包括社会语言能力和话语能力）和对外语的明确意义、价值和隐含意义把文化知识和语言能力结合起来，能够获得对外语和文化更深层次的理解。

跨文化交际能力是一种综合能力，包括知识、技能、态度和文化意识。它不仅包含外部的技术与知识，也包含内部的情绪与态度；这不仅仅指有关本国文化与目标文化的知识、技巧与态度，也指对一般文化现象与特征及其相互关系的理解、认识与评估。跨文化交际能力是个体在一定的文化意识、

态度等内在观念支配下，在尊重并理解文化多样性的基础上，在特定文化环境中与不同文化背景的个体进行有效、得体交际所需要的一系列知识、技能、情感、策略的综合，是一种综合性的活动能力或者能力集合。

（二）国际中文教师的跨文化交际能力

国际中文教师跨文化交际能力属于工作领域的一种职业能力，倾向性更强，结合国际中文教师的职业特点，可以认为国际中文教师的跨文化交际能力是指在一定的跨文化意识和多元文化态度等内在观念的支配下，在尊重并理解文化多样性的基础上，国际中文教师有效使用自己所拥有的知识、技能、情感、策略和个性特点在特定文化背景下与不同文化背景人士进行交际实践所表现出来的一种综合性活动能力；一定水平的跨文化交际能力能够保证国际中文教师交际的得体性和有效性，进而带来成功的交际和合作、人际关系的建立和维持以及任务的顺利完成。

这个定义主要包含以下三层意思：

第一，国际中文教师的跨文化交际能力是一种综合能力，既包括国际中文教师的意识、态度等，也包括所拥有的知识、技能、情感、策略和个性特点等要素，还包括语言能力、非语言能力、交际实践能力、跨文化适应能力等多项能力。跨文化交际能力已经不仅仅是交际能力，更是交际个体认知、情感等内在系统在所有跨文化交际情境中的应对。

第二，跨文化交际能力表现为国际中文教师与不同文化背景人士交际的得体性和有效性。判断得体与否的标准是交际双方是否都觉得适合、恰当和得体。判断跨文化交际是否成功的标准是交际双方能否获取既定的交际结果，比如是否让交际双方的关系更亲密，是否完成交际发起者的任务或者减少误会等。

第三，跨文化交际能力主要服务于有效交际和成功合作以及顺利完成教学任务，当然也能满足国际中文教师对多元文化的了解需求，提高其整体素质。国际中文教师跨文化交际能力从根本上说是一种职业能力，是为更好地完成教学任务服务的。这里的"任务"主要是汉语作为第二语言的教学任务，当然也有文化传播任务等。要完成这类任务需要跟当地同事、学生、学生家长、社区民众等各种不同文化背景的人士进行广泛的沟通和交际。

有一点需要说明，因为我们是在国际中文教育界讨论跨文化交际能力，所以有人容易将跨文化交际能力理解成跨文化的语言交际能力。跨文化的语言交际能力当然属于跨文化交际能力的重要组成部分，甚至是基础乃至主体部分，但跨文化交际能力还包括非语言交际能力、跨文化适应能力、社会文化能力等。

二、国际中文教师跨文化交际能力的构成

国际中文教师跨文化交际能力是一种综合能力，是一个内容丰富的能力系统，包含很多要素，涉及很多层面，仅从某一个角度或方面很难全面透视其构成。基于此，我们主要从构成维度和具体能力系统两个角度进行探讨。

（一）国际中文教师跨文化交际能力的构成维度

在前人研究的基础上，我们认为，国际中文教师跨文化交际能力主要包括态度、知识、技能、意识、情境等维度。其中，态度、知识、技能和意识属于国际中文教师的个体属性，情境是就跨文化交际能力本身来说的。

态度维度是指国际中文教师对其他语言和文化所持的立场，主要包括尊重、开放、好奇、包容、情感等。尊重是指国际中文教师要尊重文化多样性，即尊重所有的文化类型及其思维方式、行为方式，尤其是跟中国文化及中华传统文化的思维方式、行为方式不一致的方面；开放是指国际中文教师在跨文化交际中对各种文化敞开心胸，接纳交际方的各个方面；好奇是指国际中文教师对其他文化感兴趣，愿意积极主动地去发现、了解和熟悉，类似于跨文化交际的动机；包容是指国际中文教师应容许文化多样性（即各种文化及其理念和行为）的存在，包括交际过程中出现的不确定、不清楚等模糊方面，即便面对自己不欣赏的文化、理念和行为也不轻易否定；情感是指国际中文教师对交际对象的观点和行为，甚至整体文化等表现出的情感心理反应。

知识维度主要是指在跨文化交际时国际中文教师所要用到的各个方面的知识，主要包括有关中国和交际方国家的各个方面的文化知识，比如政治制度、社会规范、风俗习惯、社交礼仪、历史、地理、宗教、种族、主要价值观等，尤其是这其中比较主流的方面。当然，在具体的跨文化交际中，国际中文教师要了解形成自己和对方观点的具体文化知识，涉及交际对象、交际情境、社交礼仪、相关风俗习惯等方面。

技能维度主要是指国际中文教师所应具备的认知技能、交际技能和适应

技能。具体来说，认知技能既包括跨文化交际中观察、聆听、评价、分析、解释、关联的能力，也包括感知、理解、学习新知识的能力，比如查阅自己不了解的、有关中国或交际方国家的具体信息，熟悉、适应新的行为方式或者习惯等。交际技能是指观察、解释、分析、联系、对比、评价、适应中外文化之间的差异以及在此基础上运用语言、非语言等行为和各种技巧灵活调解冲突、顺利完成任务的能力，尤其是设身处地从对方立场着想，理解其观念和行为，即移情的能力，比如国际中文教师能够有效化解跟当地同事在工作上产生的误解和冲突、跟学生家长协调对汉语教学的不同认识和理解。适应技能是指国际中文教师适应特定文化环境（尤其是海外）及不同交际行为和习惯的能力，尤其是应对被孤立和疏远、面对挫折和压力的能力。

意识维度包括国际中文教师在跨文化交际中应有的交际意图、自我意识、跨文化意识、批判意识、学习意识。交际意图是指国际中文教师在跨文化交际中应明确自己的交际目的，这影响着跨文化交际的行为和方向；自我意识是指国际中文教师在跨文化交际中应明确自己的中国文化立场、自己的身份和交际目的等；跨文化意识是指国际中文教师应在理解双方文化的基础上意识到交际方的不同文化立场，时刻意识到自己是在进行跨文化交际；批判意识是指国际中文教师依据多元文化的观点对交际双方的文化、行为等做出评判，具体来说，即在明确自己的中国文化立场的同时要有自己的判断，克服自我文化中心倾向，当然，对交际方的文化也应有批判意识，在自己评判的基础上既看到其优秀之处，也能看到其缺陷；学习意识是指国际中文教师愿意了解不同文化的思维方式、观念和行为，尤其是在跨文化交际中遇到自己不了解、不清楚的带有文化特点的观点或行为时愿意积极地去了解和学习。

跨文化交际都发生在一定的情境之中，判定国际中文教师跨文化交际能力的高低也应在具体情境中进行，这就是所谓的情境维度。因为包括国际中文教师在内的每个人，可能在某些情境中跨文化交际能力很高，但在另外一些情境中跨文化交际能力就不高。

（二）国际中文教师跨文化交际能力的具体能力系统

国际中文教师跨文化交际能力具体包括语言交际能力、非语言交际能力、策略能力、移情能力、跨文化适应能力、人际关系能力以及保持正确、积极态度的能力。

语言交际能力包括基本语言能力、社会语言能力、语用能力以及语篇能力等。对国内的国际中文教师来说，语言交际能力是指外语交际能力；对外籍的国际中文教师来说，是指用汉语进行交际的能力。基本语言能力主要是指国际中文教师听、说、读、写、译等语言技能；社会语言能力是指国际中文教师灵活运用各种语言功能变体的能力，主要包括使用方言和规范语、了解所使用语言的不同文化内涵等；语用能力是指国际中文教师有效运用语言知识，以达到特定交际目的和理解特定情境中语言的能力，涉及交际情境、目的、说话人关系、交际策略以及其他有关社会文化的因素；语篇能力是指掌握不同语篇类型，用语言做事的能力，主要包括在交际中进行有效衔接和连贯表达的能力、在语境中使用语言的能力、适当改变语言风格的能力等。

非语言交际能力主要是指国际中文教师以非语言的方式（比如体态语）进行交际的能力，主要包括眼神、微笑等面部表情，手势等体态语，空间距离等环境语方式，有时还包括话语的音量、语调等副语言方式。关键是把握好同一种非语言方式在不同文化（尤其是交际方文化）中的不同含义。

策略能力即运用交际策略的能力，是指在跨文化交际过程中因语言或语用能力有缺陷，为避免交际失误或者达不到目的而采取的补救策略，比如语码转换策略、近似语策略、非语言策略、合作策略、发起或停止跨文化交际行为的策略等。在跨文化交际过程中容易发生误会和曲解，为了增强交际效果，减少误会，国际中文教师应采取相应的交际策略。

移情能力是指国际中文教师有意识地避开自己母语文化定式思维，摆脱感情的束缚，站在对方语言文化立场上进行思考和体验感情的能力，还包括让对方知道自己充分理解他的思想和感情的能力。通俗地讲，就是将心比心，站在对方的角度去思考、去体验、去交际，并且让对方感受到被理解，最终实现交际目的。

跨文化适应能力是指国际中文教师在跨文化环境中根据交际方的文化特征调节自身交际行为的能力。跨文化适应能力包括三个层次：在理解对方文化的基础上对两种文化差异的敏感；对这种差异持一种宽容的态度；在此基础上进行灵活处理。具备跨文化适应能力的前提是具备文化认知能力，即对特定文化，尤其是该文化的思维模式、价值观念和交际规范进行了解、描述、解释和评价的能力。

人际关系能力是指国际中文教师与特定文化中的人建立和保持关系的能力。人际关系能力中尤为重要的是合作能力，即基于共同利益和需要，充分发挥自己的作用，与对方通力合作、实现双赢的能力。

保持正确、积极态度的能力是指国际中文教师对各种文化持尊重和开明的态度，尊重文化的多样性，愿意了解不同的文化，并与该文化中的个体进行沟通和交际的能力。在交际过程中采取悬置的态度，能容忍各种文化中的模糊性和不确定性，遇到文化冲突（包括遇到挫折、压力、疏远、冷漠等）时能及时调整自己的心态，使自己适应。

在此七种能力中，语言交际能力是最重要、最核心的能力，是跨文化交际能力的基础和主体。移情能力和跨文化适应能力属于国际中文教师跨文化交际能力中的核心能力，同时也属于特定能力（或专属能力），其他几项具体能力也同样重要。

第三节　国际中文教师跨文化交际能力的培养与提升

培养国际中文教师的跨文化交际能力，要从提升跨文化交际能力的各个构成要素和具体能力入手，在此基础上再熟悉一些交际技巧。

一、提升跨文化交际能力的构成要素

国际中文教师跨文化交际能力是一种综合能力，包括知识、技能、态度、意识、情境等要素。这些要素提高了，国际中文教师跨文化交际能力自然也会提高。

（一）积累丰富自己的文化和国情知识

了解交际双方文化和国情知识是形成跨文化交际能力的基础。如果国际中文教师连对双方文化和国情最基本的了解都没有，很难想象他会有较强的跨文化交际能力。

对于中华传统文化，国际中文教师需要对中国的历史和文化有一定的了解，例如中国古代社会的发展和王朝的更替、历史上的重大事件和重要人物、古代的科学技术成就、重要的文物和文化遗产等；要对中国各大哲学和宗教文化有基本的认识，如先秦哲学和宋明哲学；要对中国古代文学、现代文学、书法、绘画、影视、音乐、园林、建筑等方面有较深的理解；要对中国民间文化有一定的认识，如传统节日、饮食文化、服饰文化、民间手工艺、婚丧礼仪、地域民俗等；要懂得中国的基本情况，例如中国的民族、地理、政治体制、经济改革、教育概况、社会环境等。

在跨文化交际方面，国际中文教师应该学习中外文明的特征和历史，例如文明和文化的多样性及其分类，世界文明的起源、发展的主要过程和主要事件，世界历史上的主要事件和主要人物，世界上的主要文化遗产，外国的主要节庆等；要知道中外政治制度、法律制度的主要特征和相似性，如政治制度的类型、中外政治制度的异同、中外法律制度的特征和主要内涵等；要对世界主要宗教的情况和主要哲学思想有一定的了解，如世界主要宗教派别及其重要人物，世界主要宗教的教义、信仰、神话、礼仪、节日与圣地，世界著名宗教的古迹与建筑，世界主要哲学派别及代表人物，还有东西方哲学的主要相似性和差异性等；要对汉学有一些基本的认识，如汉学和传教士的关系，国外汉学研究概况，任教国家的汉学家和汉学研究等；要及时掌握当前国际社会的重要事件，如国际国内的对外政策趋势，世界上的重要文化事件；要对语用及语用能力、会话结构、合作原则、礼貌原则、会话准则、得体性原则、语言行为理论、语言行为分类等方面有一定的了解。

与不同国家的人们交往时需要注意一些禁忌知识。比如不能直接询问他人的家庭状况、身上衣物的价格等。此外，还有一些跟特定国家的人交往时应注意的礼仪，如跟阿拉伯人交谈时忌讳双手交叉着说话；与日本人交往，初次见面别送礼，接受礼物要回礼；与法国人交往，初次见面不能送礼，否则有行贿之嫌。

从理论上来说，国际中文教师都应该掌握以上知识，但现实中很多国际中文教师可能掌握得没有这么全面。国际中文教师至少应该掌握有关学习者的一些关键性知识。比如遇到有宗教信仰的学习者，国际中文教师应对该宗教有所了解。其他的知识，可以随时有意识地了解和熟悉。具体到了解和熟悉这些知识的方式，国际中文教师可以采用选修相关培训课程、听一些文化性的专题讲座、阅读相关书籍、上网搜索等方式。

（二）提高认知技能、交际技能和适应技能等具体技能

认知技能、交际技能和适应技能都是国际中文教师的基本技能，同时也是跨文化交际能力的基本组成部分，非常重要。前面提到的知识，国际中文教师不可能都了解，更不可能都熟悉和精通。怎么办？这就需要国际中文教师具备一定的认知技能，在跨文化交际时提前做好功课，对可能要用到的知识提前进行了解和学习。比如知道自己将被派到其他国家教汉语，国际中文教师可以提前在国内了解该国的历史、文化、风俗习惯等相关知识，以便将来在工作中能够得体地进行跨文化交际。再如学生的提问，有些可能超出国际中文教师的知识范围（比如中医方面），教师可以如实告诉他自己暂时还不了解，回头查阅了解后再回答。当然，除了自己查阅资料外，国际中文教师还可以咨询有相似工作经历的同事。还需要注意的是，国际中文教师要用对方听得懂的语言，进行有针对性的解释。这也是认知技能的重要组成部分，值得重视。

交际技能是跨文化交际能力的重中之重。交际技能本身也是一个复杂的概念，涉及很多方面，主要是指国际中文教师利用一切可能的、合情合理的方式或者手段（主要是语言和体态）达到交际目的的能力。交际技能提升的方式主要是通过交际实践，尽可能多地与不同文化背景的人交际，积累经验；同时，可以通过案例研讨的方式来提高自己的交际技能，比如一个将要到阿根廷任教的国际中文教师，可以搜集以前在阿根廷任教的国际中文教师（或者是其他语种的外语教师）跨文化交际的案例，积累相关经验和技巧，当然也可收集外交、商务等领域的交际案例，进行分析研讨，予以借鉴。

适应技能也是跨文化交际能力的重要组成部分。适应技能需要一定的身心素质作为基础。具体来说，适应不同的环境、饮食、气候等都需要一定的身体素质，尤其是处于陌生环境的时候；适应不同文化的风俗习惯、交际行为等也需要一定的心理素质，尤其是遇到交际冲突的时候。培养适应技能的关键在于国际中文教师对跨文化环境、对自己有一个全面辩证的认识，以及在此基础上对心态和行为的恰当调整。提升适应技能的关键就在于提升对跨文化环境的认识水平以及自我调整能力。另外，国际中文教师还需要坚持锻炼身体，提高对自然环境和饮食等方面的适应能力，如跟当地同事或社区的

人一起活动，在锻炼身体的同时也能与他们进行交际。国际中文教师提高自己的各项具体技能最好的方式是多进行跨文化交际实践。如果条件不具备，可以考虑采用角色扮演、在网络上进行跨文化交际（比如视频聊天）等方式。

（三）调整自己对待不同文化的态度

在跨文化交际活动中，态度很重要，甚至可以说"态度决定一切"。如果对其他国家的文化缺乏正确的态度，国际中文教师往往很难成功地进行跨文化交际。不正确的态度往往表现为居高临下、缺乏尊重、漠不关心、吹毛求疵、对事冷漠、对人冷淡等。国际中文教师要形成多元文化观念，应平等对待每一种文化，以及每一种文化中的人、事、物；以恰当的方式尊重各种文化在价值观、信仰、思维方式、审美方式、行为方式等各方面的差异；对于异国文化或者自己不知道的方面保持敏感和好奇；不用自己的文化标准来评价对方文化的优劣；遇到不清楚、不理解、不认同、不欣赏的文化观念或行为，要多沟通、多包容等。

调整自己对不同文化的态度大体可以分为两个层次：承认和接受。国际中文教师首先要认识到世界文化的多样性，在此基础上逐步从深度和广度上去了解不同文化的各个方面。调整态度的关键是对不同文化的认识。国际中文教师需要对不同文化类型（尤其是自己任教国家和地区的文化）多了解（其实质还是对相关文化知识的掌握），多从对方的角度考虑问题，增强自己对不同文化的认识，形成自己对不同文化的正确态度。了解不同文化类型的方式有很多。看书、看影视资料，教师一起进行讨论、开展案例分析和研讨、跟来自不同文化环境的人交流，甚至是在网上跟世界各地的人进行跨文化交流等都是很好的方式。

（四）增强跨文化交际的意识

跨文化交际的意识包括很多方面，比如交际意图、自我意识、批判意识、学习意识等。有了明确的交际意图，才容易把握住跨文化交际中的重点；有了明确的自我意识，往往能在跨文化交际过程中持不卑不亢的态度；有了明确的批判意识，往往能克服自我文化中心倾向；有了明确的学习意识，就愿意去了解不同文化的价值观、思维方式和行为习惯等，去探究不清楚、不明白的文化"结点"。如何增强跨文化交际的意识？方式有很多，比如与来自其他文化背景的同事交朋友，包括用语言或非语言的方式表示对他人的支持和巩固同伴友谊等。除此以外，案例分析、参加文化专题研讨会、进行中外文化对比、到海外实习等也能增强自己的跨文化交际意识。

（五）熟悉各种可能发生跨文化交际的情境

包括跨文化交际在内的一切交际行为都发生在一定的情境之中。国际中文教师跨文化交际的对象主要有学生及其家长、当地同事、社区民众等，进行跨文化交际的地点有教室、办公室、校园、社区、公园、超市等各种生活和工作的场地。国际中文教师可以根据交际需要，对各种跨文化交际的环境进行了解和熟悉，尤其要注意了解跟国内类似场景的异同、文化禁忌知识等。在此基础上，国际中文教师要及时调整自己的认识，为顺利进行跨文化交际奠定基础。在实践中，国际中文教师可能因为熟悉学校环境而能够跟当地同事成功地进行跨文化交际，也可能因为不熟悉所在国的社区情况而使自己跟社区民众的跨文化交际不顺利，这些都是正常的现象。

二、提高跨文化交际能力的途径

（一）提高外语水平

语言交际能力是跨文化交际的基础和关键。学好外语（或媒介语）是提高语言交际能力，进而形成跨文化交际能力的核心途径。很多有海外任教经历的国际中文教师反映，在跨文化交际过程中最大的困难还是语言水平不够，不能很快找到恰当的语句来表达自己的意思。应该说，把握住"提高外语水平"这个途径，就把握住了提高跨文化交际能力的关键。对出国任教的国际中文教师来说，关键是要把自己的英语或任教国通用语学好，尤其是能听和能说，至少要能与当地同事进行交际。对各国的外籍国际中文教师来讲，要把汉语学好，至少要达到《国际中文教师专业能力标准》所要求的汉语水平。语言水平提高了，语言交际能力提高了，国际中文教师的跨文化交际能力自然就能得到提高。

（二）熟悉中外文化差异

熟悉中外文化差异是国际中文教师跨文化交际能力形成的基础。无论是语言交际能力、非语言交际能力、移情能力、跨文化适应能力、人际关系方面的能力，还是保持正确、积极态度的能力，都需要国际中文教师熟悉中外文化之间的差异。这里所说的差异，既有物质文化方面（如服装、饮食、建筑等）的差异，也有制度文化方面（如政治制度、法律制度、经济制度等）的差异，还有观念文化方面（如宗教、历史、哲学、艺术、价值观等）的差异。

国际中文教师对来自不同文化的语言、行为、习俗和规范的解读，其实就是对该观念文化及其所代表的意义系统的解读。因为观念文化（尤其是价值观）涉及深层文化结构，支配着人的语言、行为、信念和态度。通过对不同文化的感知和解读，国际中文教师可以对跨文化交际过程中可能会出现的差异或冲突有所准备，进行适当的心理预设，运用所学语言和文化知识来灵活处理跨文化交际中出现的各种具体问题，从而减少这种跨文化交际中出现的不确定性。因此，国际中文教师应该不断学习、广泛阅读，有意识地、系统地了解、熟悉和比较各种文化，熟知中外文化差异，提高对这种差异的敏感性，进而提高自己的跨文化交际能力。

（三）积极进行交际实践和虚拟交际实践

即便了解、熟悉、掌握了与跨文化交际有关的中外文化知识，也只是奠定了跨文化交际能力的基础。跨文化交际能力的形成离不开跨文化交际实践。在具备一定的中外文化知识和语言能力的基础上，国际中文教师要利用一切可以利用的机会进行跨文化交际，增加体验，即"在跨文化交际中学会跨文化交际"。如果在中国国内教汉语，国际中文教师可以跟不同文化背景的学生进行交际，这样既训练了学生的汉语技能，还丰富了国际中文教师自己的跨文化知识，锻炼了交际能力。还可以结合课堂所学内容来进行跨文化交际实践，比如学习"到朋友家做客"这个主题，国际中文教师可以让不同文化背景的学生说说或模拟到朋友家做客的情况（在自己的国家中或文化背景下），并与到中国朋友家做客进行比较。这样，学生和国际中文教师的跨文化交际能力都得到了提高。在国外任教的国际中文教师，更应该在充分准备的基础上尽可能地利用一切机会、采用多种方式与学生、学生家长、当地同事、社区居民等进行交际，在具体的交际实践中锻炼自己的跨文化交际能力。对于各个国家的外籍国际中文教师而言，同样应该利用一切可能的机会（如跟中国同行进行学术交流，到中国培训、研修等）锻炼自己的跨文化交际能力。

暂时无法进行跨文化交际实践的国际中文教师，可以考虑采用虚拟交际实践的方式来提高自己的跨文化交际能力。日益普及的多媒体、信息网络等为暂时没有机会进行跨文化交际的国际中文教师提供了虚拟交际的条件和机会。也就是说，国际中文教师完全可以通过互联网与同行、学生、朋友等外籍人士进行跨文化交际实践。

（四）案例分析和角色扮演

案例分析和角色扮演也是国际中文教师提高自己跨文化交际能力的重要途径。国际中文教师可以收集一些跨文化交际的案例，深入分析其交际成功或失败的表现、原因和补救措施，以便间接积累经验。值得注意的是，收集的案例应涉及国际中文教师跨文化交际的方方面面，既包括交际失败的案例，也包括交际成功的案例。案例分析要透彻，注重分析其背后的原因和应对策略。要积极进行相关文化学习和验证性交际实践。这样才有利于提高国际中文教师的跨文化交际能力。

角色扮演是第二语言学习者经常使用的一种语言学习方法，同时也是一种能够有效提高跨文化交际能力的方法。选择一个典型的交际场景，明确几个关键的角色，让学生通过扮演这些来自不同文化背景的角色的方式来体会跨文化交际的过程，提高跨文化交际能力。国际中文教师也可以参与其中，扮演其中一个角色，进行跨文化交际。

如果国际中文教师没有机会或不方便参与到角色扮演活动中，也可以进行角色代入，想象如果自己是某个角色，应该怎么办。在对跨文化交际案例的分析中，国际中文教师也可以进行角色代入，想象自己遇到案例中的场景时应该怎么办。有了角色代入所积累的经验，再加上自己的中外文化修养，国际中文教师将来在真正的跨文化交际实践中，就有了合理的心理预设，能够提前做好相应的准备，从而成功地进行跨文化交际。

第四节　国际中文教师文化传播能力的
影响因素与提升策略

　　文化传播能力也是国际中文教师应具备的一种重要能力。语言和文化不可分割，教语言本身也是教文化、传播文化。在教学习者学习汉语的同时，国际中文教师也在传播中华传统文化，而且是跨文化传播。随着国际中文教育的发展，汉语作为第二语言教学的主阵地已经由国内扩展到国外（以孔子学院为代表）。除了以前较为传统的结合汉语教学传播中华传统文化外，在国外任教的国际中文教师还要直接传播中华传统文化，比如开设相关文化课程、在学校或社区开展文化活动等。这种方式的中华传统文化传播既是国际中文教师的基本业务活动之一，也是孔子学院等中文教学机构的基本职能之一。

　　在国外，中华传统文化的传播有利于学生、学生家长、社区居民等更好地理解和接受中国文化，包括中国人的思想观念、价值观念、行为方式、道德标准等，消除不同文化背景下人们之间的误解，增进相互了解；还有利于提升中华传统文化的影响力和吸引力，进而提升中国的软实力，在国际上树立良好的中国国家形象。国际中文教师文化传播能力是有效传播中华传统文化的关键因素。具有较强文化传播能力的国际中文教师能有效选择恰当的中华传统文化主题，并进行适当的改造和重编，使学生能够感知、理解，进而愿意去了解中华传统文化。

一、国际中文教师文化传播能力的界定

（一）文化传播的内涵

　　传播的本质是信息的交流和分享，是创造共享文化的过程，是信息编码、信息交换和信息解码的互动过程。文化传播是国际中文教师使用某种符号系统对中华传统文化进行编码，接受者对接收到的符号系统进行解码，获知相应的中华传统文化内容的过程，实质是国际中文教师和来自不同文化背景的接受者对中华传统文化的交流和分享，也有与接受者的文化互动，同时还是

一个维持和改变接受者对中华传统文化的理解和态度的过程。

这里谈的"文化传播"其实是跨文化传播，是在另外一种文化环境中传播中华传统文化，是中华传统文化要素的扩散和渗透。中华传统文化属于东方文化，注重内省，重情感、重伦理、重集体、重统一、重人文、重直觉体悟，学生所代表的文化却未必如此，比如欧美学生所适应的西方文化重智、重个体、重宗教、重差异、重科学、重逻辑分析。这种跨文化环境为文化传播增加了难度和不确定性。

一般来讲，传播可以分为人际传播、组织传播和大众传播三种。人际传播往往是两个人或两个人以上的信息传受过程。它包括两人交谈、小组讨论、大会报告、社区活动等多种形式。传播者往往是某个个体，比如国际中文教师；接受者是与传播者有接触可能的个体，数量不多，比如学生、学生家长、社区民众等。人际传播的优势在于传受双方可以进行双向的互动和交流，收到信息后，接受者可以提供反馈，传播者可以根据反馈情况调整传播速度和方向，实现有针对性的传播等。显然，国际中文教师所进行的文化传播主要是人际传播。

国际中文教师所进行的文化传播主要是日常生活、工作层面的跨文化传播，也可以说是一种日常生活实践。国际中文教师可以在日常工作中或者工作以外的交际活动中展示文化，进行文化传播，比如基于汉语教学的需要讲授中华传统文化，举办中华传统文化讲座，在重大节日到社区进行中华传统文化表演等。国际中文教师是中华传统文化的传播者，他通过自己的言行，用最自然的方式向外国人展现了中国的文化和中国人的社会生活，一个优秀的、得到学生热爱的国际中文教师，在唤起外国人对中国的友好感情、巩固海外华人与祖国的联系方面非常重要。

（二）国际中文教师文化传播的特点

1. 跨文化互动

国际中文教师的文化传播是一种跨文化传播，是国际中文教师与信息接收者（主要是学生、学生家长和社区民众等）跨越两种文化来分享和交流中华传统文化的意义的过程。国际中文教师试图通过展示和讲解让文化接受者全面理解中华传统文化，实质就是影响接受者；接受者在感知中华传统文化的同时做出各种反应（包括提问、评论和非语言行为等），对国际中文教师也是一种影响。可以说，文化传播的过程就是一个跨文化的共享和互动的过程。

2. 文化共享性

国际中文教师文化传播是指跨文化传播，接受者与作为传播者的国际中文教师（尤其是来自中国的国际中文教师）分属不同的文化类型，缺乏共同的文化特征；接受者的文化与作为传播内容的中华传统文化也分属不同的文化类型，同样缺乏共同的文化特征。换句话说，接受者文化与国际中文教师及其传播的中华传统文化，在认知体系、规范体系、语言和非言语符号系统等文化要素方面都有很大的差异，共享性较弱，以至于在文化传播过程中容易出现沟通障碍。

3. 不可回收性

这是所有传播活动的特点之一，也是国际中文教师文化传播活动的特点之一。中华传统文化一旦被国际中文教师传播出去，就不可回收；同样，接受者一旦受到中华传统文化的影响，形成了某种认识或态度，也同样很难回收。当然，在进一步有意识的影响之下，接受者的认识或态度可能得到加深或者改变。因此，国际中文教师在选择中华传统文化内容进行传播时一定要谨慎考虑其恰当性、准确性。

（三）国际中文教师文化传播能力的内涵

在理解文化传播活动的基础上，我们这样界定"国际中文教师文化传播能力"：是一种综合能力、活动性能力的集合，是指国际中文教师在把握跨文化传播规律的基础上采用恰当的方式有效展示和解释中华传统文化的能力；一定水平的文化传播能力能够保证中华传统文化传播的有效性，即能使接受者在分享和交流的过程中改变自己对中华传统文化的认识、态度和情感。它主要包括以下三层意思：

第一，国际中文教师文化传播能力是一种综合能力或能力集合。它包括根据接受者的兴趣恰当地选择要传播的中华传统文化主题的能力；使用语言、图像等符号系统对要传播的中华传统文化内容进行改造、编码的能力；把握接受者所属的文化特点、关注自己与接受者双方在具体文化内容理解上的跨文化差异的能力；选择恰当的传播途径和方法，保证接受者能够正确感知、理解中华传统文化内容，甚至对中华传统文化产生兴趣的能力等。当然也包括国际中文教师的语言能力、沟通能力等基本能力。它时刻体现在国际中文教师的言谈举止等各个方面。

第二，一定水平的文化传播能力表现为中华传统文化传播的有效性。判定有效性的标准是接受者对中华传统文化有好感和兴趣，认识更全面、理解更深入、态度更积极，对中国更了解、更友好。就具体某一次文化传播来说，判定有效性的标准是接受者对文化信息接收与理解的一致性，既包括接收信息与所传播信息的一致性，也包括接受者对信息意义的理解与传播者对信息意义理解的一致性。这种一致性的程度越高，文化传播就越有效。

第三，国际中文教师文化传播能力主要服务于增进接受者对中华传统文化及中国各个方面的了解和认识（即"知华"），改变他们对中国的态度（即"友华"），比较理想的目标是通过文化传播让他们对中国产生一定的感情（即"爱华"）。需要说明的是，有别于以前在汉语课堂教学过程中的文化传播，国际中文教师文化传播能力主要体现在采用某种途径专门进行文化传播，虽然也服务于语言教学，但这已经不是主要目的。因为有时为了增强传播的有效性，传播者会用接受者的母语进行中华传统文化的传播。

二、国际中文教师文化传播的影响因素

影响国际中文教师文化传播的因素有很多，宏观因素有政治、经济、文化、地理环境、气候等，微观因素有传播空间环境的舒适度、接受者了解中华传统文化的意图等；客观因素有文化传播环境等，主观因素有国际中文教师的性格及其在中华传统文化上的偏好、跨文化适应能力等。下面对文化因素和心理因素等相对比较重要的几个因素进行论述。

（一）文化因素

国际中文教师要传播的内容是中华传统文化，而且是将其传播到另一种文化环境中去，属于跨文化传播。两种文化之间的差异直接造成了文化传播的障碍。因此可以说，文化因素是影响国际中文教师文化传播效果的关键。文化由认知体系、规范体系、社会关系和社会组织、物质产品、语言和非语言符号等几类要素组成。其中，认知体系、规范体系、语言和非语言符号等对国际中文教师的文化传播具有极其显著的影响。

1. 认知体系

认知体系包括世界观、价值观、思维方式、宗教信仰、伦理秩序、审美观等方面。中华传统文化与接受者所代表的文化（比如西方文化）在认知体系上有差异，其个体观察、认识世界的角度和方法就不同，评价是非、好坏的标准也不同。比如中华传统文化有天人合一的思想，重视集体、相互依靠和相互帮助；西方文化注重征服自然，突出个体，重视自强自立。中国人说话和表达感情委婉含蓄，倾向于求稳；西方人说话直来直去，表达感情也直率外露，倾向于求变。再如，中国人偏好形象思维，注重直觉体悟，综合考虑；西方人偏好抽象思维，注重逻辑分析。偏好形象思维也使中国人所写的文章形象、生动，显得浓墨重彩，同时在篇章结构上习惯于交代来龙去脉，讲究起承转合，但这些在西方人看来缺乏清晰具体的陈述，也缺乏对重点信息的强调和明确传递，从而影响了中华传统文化传播的清晰性和有效性。这些认知体系上的差异很有可能影响接受者对中华传统文化的态度和理解程度。

作为传播者的国际中文教师要了解、理解、尊重和恰当把握接受者的世界观、价值观、思维方式等认知体系，积极寻找其与中国认知体系的共同点，比如爱好和平、公平正义等，以此为基点进行文化传播，否则文化传播效果会受到很大影响。比如，中华传统文化中的含蓄可能被认为没有诚意，曲线思维可能被理解为思维混乱。所以，国际中文教师在举办讲座和进行演讲时要以欧美人的直线思维来阐述中华传统文化，比如第一句话就点明主要观点，将该观点拆解为多个分论点，使用事例逐个论证分论点，阐释主要观点。

2. 规范体系

规范体系即人们的行为准则，既包括一些明文规定的法律条文、规章制度，也包括约定俗成的准则，比如道德、风俗习惯等。中华传统文化与接受者所代表的文化在规范体系上有差异，这就造成了同样的事物或行为可能有完全不同的理解，容易出现跨文化传播的障碍。国际中文教师在海外传播中华传统文化时不仅要了解和遵守所在国家和地区的法律条文、规章制度，还应了解和遵守所在国家和地区的风俗习惯、宗教禁忌等不成文的准则，规避法律和社会道德风险，避免造成文化冲突或摩擦，以保证文化传播的有效性。

3. 语言和非语言符号系统

每个民族都有自己的文化和语言，也都有自己的非语言符号系统。同一个事物或概念在不同的文化中往往有不同的语言表达，同一个语言或非语言符号在不同的文化中也可能表达不同的意义。中华传统文化的信息符号由属于另外一种文化的接受者来接收和解读，其中的很多意义信息可能就会有所改变（包括意义失落、意义改变、意义增加等）。

因为中华传统文化中的很多事物、概念，在另一种文化中根本就不存在，翻译时只好用相近的词语、概念来表达，意义当然就会发生改变。另外，不同语言的句子成分顺序也不同，有的是"主语—谓语—宾语"，有的是"主语—宾语—谓语"，还有的是"谓语—主语—宾语"。语序在汉语中是一种重要的语法手段，一旦翻译成其他语言，就有可能丢失很多意义。

爱德华·霍尔曾把文化分为高语境文化和低语境文化两类。在高语境文化中，语言信息的意义高度依赖于语境、个人行为、社会价值体系等方面，仅凭语言本身无法清晰表达意义；在低语境文化中，语言信息的意义对语境、个人行为、社会价值体系的依赖程度较低，仅凭语言本身就能比较清晰地表达意义。中华传统文化属于高语境文化，西方文化属于低语境文化。正因为不同文化在诸多方面存在差异，国际中文教师在传播文化时要特别注意了解接受者所属文化各方面的情况，做到知己知彼，尽可能提高中华传统文化传播的有效性。

（二）心理因素

人的心理其实也受各自文化的影响，比如刻板印象、民族中心主义等。心理因素在很大程度上影响国际中文教师文化传播能力的发挥。

1. 刻板印象

刻板印象是一种文化中的民众对另一种文化中的民众相对比较简单的、忽略细节的、稳定的认识或看法。比如，人们普遍认为中国人勤奋、好客、善于忍耐；美国人开朗；法国人浪漫、有激情；英国人矜持、有礼貌；德国人规则意识强等。刻板印象既有合理的一面，也有不合理的一面。除了相对简单以外，刻板印象还带有一定的感情色彩，以致民众往往不愿再鉴别就直接进行判断，倾向于以偏概全。刻板印象一旦形成，很难被消除或者改变。同时，它也严重影响文化传播的有效性。国际中文教师的文化传播的目的是展示和解释中华传统文化，使接受者能够感知和理解，进而改变自己相应的态度和行为。这些接受者在感知中华传统文化之前，几乎都对中华传统文化形成了刻板印象，即通过间接了解、受其他人影响（包括本国媒体的宣传，家人、朋友的转述等）而形成的一种比较固定的观念。当然，作为传播者的国际中文教师也可能形成对接受者及其文化的刻板印象。

如果接受者对中国所持的刻板印象比较负面，其感知和理解中华传统文化的动机往往会被削弱，使其不愿意再有进一步了解中华传统文化的意愿，当然也就很难再对中华传统文化形成较为全面、客观的认识，甚至会产生偏见或者歧视。相反，如果接受者关于中华传统文化的刻板印象比较正面、积极，这将大大有利于国际中文教师进行文化传播。当然，国际中文教师如果对接受者的文化存在刻板印象，也可能会做出错误的判断和选择。这些都会影响文化传播的有效性。在传播文化的过程中，国际中文教师首先要改变自己对接受者文化的刻板印象，然后在调查的基础上面向接受者有针对性地展示和解释中华传统文化，力求帮助接受者消除有关中华传统文化的刻板印象，纠正其偏见。

2. 民族中心主义

除了刻板印象以外，民族中心主义也是对国际中文教师文化传播影响较大的一个心理因素，值得注意和警惕。所谓民族中心主义，就是按照本民族的文化观念和标准去理解和衡量其他民族文化中的一切，包括人们的言谈举止、交际方式、社会习俗、管理模式及价值观念等。这种心理有时是有意识的，有时是无意识的。它容易使某个民族或文化的个体不能客观、公允地评价其他文化，从而得出不正确的认识或者结论。这种心理的积极作用能使本民族或者文化成员凝聚在一起，团结一致，有共同的自豪感和荣誉感，也有利于民族或文化传统的有效传承；消极作用是容易对其他民族或者文化产生误解，不能全面、客观地了解和对待其他民族或者文化，有人甚至试图改变其他民族或者文化的某些方面，造成交际障碍。

在跨文化传播过程中，有些人往往有一种心理错觉，认为我们的文化优于对方的文化，总是认为对方应放弃他们的文化，接受我们的文化，这就是民族中心主义的体现。国际中文教师的文化传播是跨文化传播，地点发生在各个不同的国家和地区。有些民族或文化的成员在作为接受者时常常伴随着强烈的民族中心主义，往往表现为对他国文化持漠不关心的态度以及语言反馈时带有轻蔑的语气。这可能会引起国际中文教师的不快，进而影响到文化传播的有效性。在欠发达国家和地区进行文化传播时，个别国际中文教师也有可能会表现出民族中心主义，对待接受者有回避、轻视、不以为然等不友好的行为和态度，引起接受者的反感，也会影响文化传播的有效性。

国际中文教师首先要摈弃民族中心主义态度，树立多元主义文化观，避免用中华传统文化的种种标准去衡量和评判其他文化，尊重每一种文化的价值和意义；同时，要积极引导接受者把中华传统文化放在其所处的中国社会环境中去看待和评论，尽力避免民族中心主义对文化传播产生不利影响。国际中文教师可以将费孝通提出的"各美其美，美人之美，美美与共，天下大同"作为跨文化交际的原则。

三、国际中文教师文化传播能力的提升策略

（一）形成国际化视野和多元文化价值观，尊重文化差异

在传播文化之前，国际中文教师首先要有国际化视野和多元文化价值观，尊重不同文化之间的差异，比如思维方式、价值观念、风俗习惯、宗教和法律、审美心理等方面的差异，尊重其他民族的感情，尽量摒弃自己原有的负面的刻板印象，"唤醒"跨文化的自我。这是成功地进行跨文化传播的前提。要保证文化传播的有效性，国际中文教师要在尊重文化差异的基础上，主动了解对方文化的特点，调整文化传播的方式和策略，增强中华传统文化与对方文化的共享性，以保证中华传统文化更有效的传播。否则，在文化传播过程中可能会遇到障碍。

那么，如何形成国际化视野和多元文化价值观呢？国际中文教师可以通过阅读民俗学、地理文化方面的书籍杂志，观看民俗方面的纪录片等方式了解其他文化的价值观；通过旅行等方式在实践中记录自己与其他文化群体的人进行交往的经历，反思自己遇到的文化冲突，看是否做到了相互尊重和欣赏；通过观看电视、电影等对其他文化的呈现和介绍，看自己是否能够辩证地认识到其他文化的优点和缺点，同时也思考媒体对其他文化的呈现是否客观；逐步养成理性的"延迟判断"，即利用时间的推迟来避免情绪干扰和主观判断，以便进行更为理性的审视；以积极、开放的心态对待中华传统文化，多换位思考等。

（二）减少跨文化传播中可能出现的文化损耗

文化损耗，又叫文化折扣，是指某一文化内容在被翻译转换成另一种文化符号来传播时所造成的内容减少或者改变。国际中文教师所传播的中华传统文化与接受者所代表的文化是不同的、有巨大差异的，而且接受者的汉语水平往往还不足以完整、准确地理解中华传统文化。因此，有相当比例的中华传统文化是通过翻译的方式进行间接传播的。在这一过程中，由于翻译是一种人为的文化干预，所要传播的中华传统文化内容会在翻译和解码的过程中出现损耗，因此它会使所要传播的中华传统文化内容与接受者感受到的中华传统文化内容不对称。如果接受者能够正确理解，传播是有效的；如果接受者不能理解，或者出现误解，则传播是无效的，甚至效果是适得其反的。

那么，如何最大限度地减少这种因为翻译而造成的文化损耗呢？就是让传播内容和接受者处在同一文化环境中，即要么处在中华传统文化环境中，要么处在接受者所代表的文化环境中。基于此，国际中文教师有两条路径可以最大限度地减少文化损耗。第一条路径是让接受者的汉语水平达到理解中华传统文化的程度。这条路径比较难，因为接受者不仅有学生，还有学生家长、社区民众、当地同事等可能连一句汉语都不懂的个体。第二条是国际中文教师让传播内容和接受者处于同一文化环境中，以便接受者直接理解。这条路径对国际中文教师要求很高。国际中文教师除了要精通接受者的母语以外，还要先体验、接受他们的文化，尤其是在中华传统文化与对方文化差异较大的地方，国际中文教师要从接受者的角度出发，站在接受者的文化立场上来阐述和理解中华传统文化，增强两种文化之间的接近性，提升它们的近似度，这样既能保留中华传统文化，也能减少文化损耗，提升接受者的感知度、理解度和接受度。

国际中文教师还可以以超文本链接的方式或者提前发放背景资料的方式，力图使中华传统文化在传播过程中尽可能地减少损耗，甚至能保质和增量。比如，仅仅呈现中华传统文化的符号"长城"，接受者往往可能会将其理解为一种"墙"，有封闭、隔绝的意味，而文化交流是需要沟通、联系、开放、探索的，如果加一个链接或者背景说明，就有可能消除这类误解，在一定程度上减少文化损耗。

（三）遵守理性原则，坚定文化自信和自尊，做到文化自觉

客观来讲，从事中华传统文化传播的国际中文教师大多数是中国人。在向世界展示和传播中华优秀传统文化时，国际中文教师要有文化自信，要表现出热爱中华传统文化。在面对接受者所代表的文化时，国际中文教师更要根植于自己的中华传统文化特征，坚定文化自信和自尊，认清文化发展的差距，勇于展示和敢于交流。

"坚定文化自信和自尊"，并不是要固守中华传统文化的一切，也不只是基于工作需要进行合乎目的的呈现，而是理性客观，坚信自己文化的优点，避免自大和自闭，也承认自己文化的弱势，但不自卑和盲从，秉持开放包容的态度，虚心去倾听和了解接受者对自己文化的评论和反馈。无论是优点还是缺点，国际中文教师都要明白其来龙去脉和发展趋向，持不卑不亢的态度，遵守理性原则，尊重对方的文化，以一种平等交流的态度进行文化传播。

文化自觉是指自觉认识到各种文化的价值、意义和弱势，体现了不同文化间的平等、交流、互补和发展。国际中文教师在传播中华传统文化的过程中也要做到文化自觉，既不自高自大，表现出民族中心主义，也不妄自菲薄，觉得自己文化各方面的发展程度都不如对方文化，要秉承"和而不同"的理念，自主、平和地进行跨文化传播。总之，国际中文教师要有一种文化传播的责任感，遵守理性原则，坚信中华传统文化的优点和特色，在充分了解接受者思维方式和风俗习惯的基础上深入探索文化传播的途径、方法、手段、技巧等，以恰当的方式进行跨文化传播。

（四）掌握文化传播的具体策略

国际中文教师可以积极了解和掌握一些文化传播的具体策略，比如文化共性策略、国际化表述策略、本土化策略、陌生化策略等，以提升自己的文化传播能力，促进中华传统文化的传播。

1. 文化共性策略

文化共性策略是指国际中文教师在传播中华传统文化时要淡化中华传统文化与接受者所属文化之间的差异，积极寻找两种文化中的共同点和契合点，比如爱情、亲情、友情、善良、坚强、勇敢、勤奋、好奇、探险、社会民生、自然环保、关怀弱势群体、追求公平正义、积极进取等永恒话题，让接受者

觉得所传播的内容在自己的文化中也有，跟自己有关联，而且可以对比自己文化中相应的内容进行学习，从而更容易接受和理解。

从传播学的角度来看，在跨文化传播过程中，接受者会倾向于选择了解甚至接受一些与自身经验或者文化相近的内容。人类生活的共同本质使各种文化具有一定程度的相似性和共同性，中华传统文化中同样包含着能够被其他文化认同和接受的主题和元素。国际中文教师可以先了解接受者的文化习俗、文化价值观等基本文化信息，再结合中华传统文化中类似的文化特征和行为，寻找两种文化交流的历史和现实，确定所要传播的文化内容；在此基础上，结合中华传统文化中具有地域性、民族性特色的内容（如建筑、服饰、礼仪、艺术、风俗等），形成典型的既有民族特色又有文化相似性和共同性的题材内容，引起接受者的共鸣，从而提高文化传播的有效性。

2. 国际化表述策略

国际化表述策略是指国际中文教师对所要传播的中华传统文化内容进行编码时尽可能采用世界性符号。简单地说就是"民族化的内容，国际化的表述"，或者"用国际语言讲述中国故事"。跨文化传播的关键在于接受者能否对接收到的信号或者符号系统进行解码并正确理解。如果采用世界性符号（比如图片、音乐、生活视频、纪录片、电影等）来编码具有中国特色的文化内容，接受者更容易识别、解读，并进行深层理解。尤其是生活视频、纪录片和电影，有画面、镜头、色彩、语言等大量文化信息，能提高文化传播的直观性和有效性。应该说，这种形式更容易被世界各地的接受者所感知、理解和接受，进而使他们对中华传统文化产生兴趣。否则，接受者可能难以明白其意义，尤其是面对中华传统文化这类高语境文化。国际化表述策略成功运用的典型例子是纪录片《故宫（国际版）》。

当然，并不是说要把中华传统文化全部进行国际化编码。用以传播的中华传统文化，最好既有国际化编码和表述，也有民族特色的本土化编码和表述。那些有中华民族特色的诗词、民歌、谚语、书法、国画、戏剧、音乐、建筑等，就可以用中国符号与世界性符号相结合的方式进行传播。比如对诗歌的传播，既可以通过吟诵的方式，可以通过翻译的方式呈现，还可以用音乐的形式来传播；再如传播中国古典音乐，先用接受者母语进行相关主题的介绍，再播放原声的音乐等。采用多种形式，将传统文化推向世界，让接受者从各个角度全面了解中华传统文化，提高文化传播效果。

3.本土化策略

本土化策略是指将中华传统文化内容融入新的文化环境之中，用当地接受者认同的方式（或者说更习惯的方式）进行传播，保证对方听得懂、听得进，做到潜移默化、润物无声。传播中华传统文化时，国际中文教师要充分利用所在地区的本土资源，贴近所传播国家和地区的本土文化，贴近接受者对中华传统文化的兴趣点，根据本土文化背景选择恰当的文化传播方式。比如，在欧美国家和地区举办文化讲座，国际中文教师的叙述要尽量符合接受者的直线思维方式，直接说明事物的文化内涵，避免让接受者产生理解上的困难。

国际中文教师可以先了解当地接受者的认知、审美、情感等方面的民族心理特点，积极寻找中华传统文化与当地文化的契合点以及接受者对中华传统文化的兴趣点和需求点，然后再根据当地接受者所属的文化特点对中华传统文化传播的策略和方法进行调整。一般来说，中华传统文化与当地文化的契合点是中国当前的发展情况（比如政治、经济、民众生活）和中国人对世界性热点的看法（比如环境保护、反恐问题）等。接受者对中华传统文化的兴趣点一般是古典传统文化（比如书法、绘画、京剧等）和当前中国的现实问题（比如法律法规、教育、城镇化等）。

4.陌生化策略

陌生化策略是指将所宣传的中华传统文化中某些大众性的元素去除掉，留下（或增加）让接受者感觉新奇、陌生的一面，以激发接受者的兴趣，增强传播效果。接受者尤其是西方的接受者，往往会觉得东方文化比较神秘，选取一些具有中国特色的古典文化题材，以及接受者所不知道的普通中国人日常生活的题材，也是陌生化策略的一种。国际中文教师在选择主题时应立足于中华传统文化的特色部分，使内容既在接受者的经验范围内，又让他们觉得陌生，让他们有新鲜感，甚至觉得眼前一亮，然后再整合不同资源，从不同的角度进行介绍。

5.细节化策略

细节化策略是指国际中文教师在传播中华传统文化时应关注细节，以细节化的方式（比如具体形象的实例）进行全方位、立体式的表述；把现实生活中小人物丰富多彩的故事"原汁原味"地呈现给接受者，多用描述性语言，少用概括性语言，少一些空洞的数字和结论；尽可能详细地交代文化故事的背景（可以采取超文本链接的方式或提前发放背景资料的方式），而不是让接受者用自己的想象或生活经历去填补。

国际中文教师进行的文化传播，既不是强制传播，也不是文化征服；要注意把握文化发展与传播的规律，通过潜移默化、关注细节等方式去促进文化传播。比如，通过关注普通人的生活、共同价值观，展现中西方文化核心内涵；以情景故事呈现社会生活，使学习更生动有趣，使学习者对目标文化的理解更全面。

国际中文教师所要传播的中华传统文化的很多方面，比如经济发展、文化发展、普通民众生活、环境保护、科技发展等，都可以采用细节化策略，以普通人的视角切入，以讲故事的方式呈现，以具体情境来承载故事，以人类共同的情感作为主旋律，配以中华传统文化的特色进行传播。这样做既符合西方接受者的具体性思维习惯，也是人本化传播理念的体现，往往能收到较好的宣传效果。

总之，国际中文教师传播中华传统文化时要多一些客观性、人文性、故事性、情境性，少一些说教味、宣传味、政治味，使用具体、实在、朴素、生动、鲜明的语言，力求贴近社会现实和大众生活，让接受者觉得亲切自然、鲜明准确。

6. 典型化策略

典型化策略是指将某类中华传统文化的多种特征，集中体现在某个中国人（或者中国家庭）上的策略，突出某类事物中最为典型的个体或者个案，使接受者通过典型个体或个案全面、深入地了解该类事物，以提升文化传播的效果。比如，以故宫为典型介绍中国的建筑，以西安为典型介绍中国的历史文化名城等。国际中文教师所从事的文化传播，受经济和时间等成本制约，不可能呈现所有的中华传统文化内容。这也要求国际中文教师选择某类事物的核心内容，赋予其典型化特征，提高文化传播的效率。此外，国际中文教师还可以选择利用新媒体、自媒体等现代传播媒介或者利用日常生活、工作实践中的人际交往来进行文化传播。

第六章 国际中文教师综合能力评价
与教学效能感提升研究

汉语教师教学水平的高低在很大程度上取决于能否培养建设一支数量足够、具有一定专业水平的高质量国际中文教师队伍。那么，如何判断国际中文教师是否具有一定的专业水平、是否属于高质量的教师，这就涉及科学、有效的国际中文教师评价。从业界既有的研究现状来看，国际中文教师评价的维度、标准、主体、方法、目的等各个方面都存在某些不足，需要通过研究来加以完善。

第一节 国际中文教师评价概述

一、国际中文教师评价的定义

教师评价是指通过对教师素质以及教师在教育教学工作中的行为表现状况的测量，评价教师的素质和教育教学效果，为进一步提高教师的素质水平和教育教学效果提供切实可行的建议。

国际中文教师评价是指评价主体以正确的语言教育价值观为指导，运用科学、有效的方法收集、整理学习者汉语成绩等各方面的评价信息，依据科学、合理的评价标准，按照一定的程序对国际中文教师的胜任力、教学绩效和课堂教学行为的有效性进行价值判断的活动，并据此提出相应的建设性建议，以保证国际中文教师队伍和汉语教学质量，并促进国际中文教师的专业发展。

这一定义包含以下三层意思：

第一，国际中文教师评价的实质是对国际中文教师的胜任力、教学绩效和课堂教学行为进行价值判断的活动。同时，这种价值判断活动是建立在评价主体与评价对象之间的交流和协商之上的。

第二，这种价值判断活动不是随意而为，而是以正确的语言教育价值观为指导，运用科学、有效的方法收集、整理学习者汉语成绩等各方面的评价信息，依据科学合理的评价标准（主要是学习者的汉语成绩和教师的课堂教学行为表现），按照一定的程序进行评价。

第三，国际中文教师评价是一种管理手段，评价主体会在评价结论的基础上提出相应的建设性建议，促进国际中文教师的专业发展。国际中文教师评价的主要目的是促进专业发展，而非甄别人才。

二、国际中文教师评价的特征

当代教师评价在总体上具有以下几个方面的基本特点：注重教师评价在教师专业发展和素养与能力提高方面的促进作用；重视教师的自我评价，关注教师的未来发展；注重定性与定量、内部评价与外部评价相结合。在此基础上，结合对国际中文教师评价内涵的理解，可以认为国际中文教师评价具有以下特征。

（一）评定性和发展性的统一

国际中文教师评价是对国际中文教师胜任力、教学绩效和课堂教学质量进行价值判断的活动。经过相应的评价，有的国际中文教师被评定为合格教师或者优秀教师，有的国际中文教师可能被评定为不合格教师。有的国际中文教师教学绩效很高，有的国际中文教师教学绩效一般。这些都属于评定性。当然，评定和鉴别往往伴随着奖惩等管理行为。不过，国际中文教师评价的根本目的在于通过价值判断来发现问题和不足，并进行解决和弥补，进而提高国际中文教师的教学质量和水平，最终实现其专业发展。即便国际中文教师评价的结果不理想，也应以动态、发展的眼光来看待，在国际中文教师现有水平的基础上挖掘其发展潜力，并提供具体支持。这些都体现了发展性。国际中文教师评价不排斥对国际中文教师的评定和鉴别，但根本目的在于促进国际中文教师的专业发展，是评定性与发展性的统一。

（二）多元性

国际中文教师评价的多元性主要体现在三个方面。第一是评价内容的多元性。无论是哪种类型的评价，都应考虑国际中文教师的综合素质水平，包括专业知识、专业能力、人格特质、职业道德、心理素质等方面，更重要的是学习者的汉语学习成绩等。第二是评价主体的多元性。一般包括国际中文教师本人、汉语教学专家（或教学督导）、管理者、同事、学习者等。评价主体的多元性更容易保证评价的全面和客观。第三是评价方式的多元性。为了保证国际中文教师评价的客观和准确，需要进行问卷调查和统计学生成绩等量化评价方式；为了得到深入、全面、详细的信息（比如需求、动机、态度、情感等），也需要对国际中文教师的课堂进行观察，并在此基础上对国际中文教师进行访谈、建立档案袋等。另外，还应同时使用形成性评价和总结性评价。只有把多种评价方式结合起来，才能全面、准确、客观地对国际中文教师做出评价。

（三）区分性

对不同教龄、处于不同专业发展阶段、不同课型的国际中文教师，都应有不同的评价标准、评价周期和评价方式。比如，对新手教师的评价内容可能集中在课堂教学的几个主要方面（比如如何制订教学计划、实施课堂教学、应对各种突发性课堂教学事件等），而对成熟教师要评价的内容就会更全面一些。成熟教师的评价周期相对较为固定（一年或者两年），而对于新手教师，可能在一个月、两个月、学期末、学年末等时间节点上都要进行评价。评价成熟教师的目的主要是促进其专业发展，而评价新手教师的目的，除促进其专业发展外，还要帮助其对教学和评价建立信心和正确的态度。

（四）循环往复性

国际中文教师评价秉承现代评价理念，注重评价主体与评价对象之间的互动，不再是自上而下的单向评价。评价主体在完成评价后把评价结果等有价值的信息反馈给国际中文教师；国际中文教师如果对评价结果不满意，可以提出异议；评价主体依据新信息重新进行评价，把新的评价结果再次反馈给国际中文教师。通过这种有针对性的反馈，国际中文教师能够清楚了解自己的优缺点，并在此基础上积极改善和提高自己的课堂教学行为和质量。学校管理者或其他评价主体要时常提醒国际中文教师，引导其将自己的教学表现、成绩跟既有的评价标准进行比较对照，以便及时调整和改善。这也是循环往复性的体现。

此外，国际中文教师评价还有公平性、客观性、人文性等特征。公平性是指同一类的国际中文教师所依据的评价标准是统一的、公开的、清楚的、有效的，后续所赋予的相应奖惩和支持也是一致的；客观性是指国际中文教师评价活动要真实、客观，以便评价结果能够被认可、被信任；人文性是指国际中文教师评价要以国际中文教师为本，从国际中文教师的实际出发，关心其实际利益，最终目的是满足其发展需求，实现国际中文教师的专业发展。

三、国际中文教师评价的要素

规范、合理的国际中文教师评价至少能够清晰回答以下四个问题：谁来评、评什么、怎么评、为什么评。其答案就是国际中文教师评价的四个基本要素。

（一）评价主体

评价主体是对"谁来评"这一问题的回答。传统意义上国际中文教师评价的主体一般是管理者或者由专家担任的教学督导。科学、合理的国际中文教师评价主体具有多元化特征。除了管理者（校长、院长、教务处处长等）和由专家担任的教学督导，评价主体还应包括国际中文教师本人、同事、学生、学生家长等。他们依据自己得到的信息进行评价，分别对应专家评价、教师自我评价、同事评价、学生评价等评价类型。如果在国外的中小学任教，还可能有学生家长评价。当然，不同类型的国际中文教师评价的目的不同，各个方面评价信息的权重也有差异。需要注意的是，主导评价活动的评价主体（比如管理者、专家等）应接受适当的培训，提升其选择和运用评价方法的能力，收集、分析、处理数据的能力，课堂观察、访谈，乃至撰写评价报告的能力等。

（二）评价内容

评价内容是对"评什么"这一问题的回答，即从哪些维度对国际中文教师进行评价。传统意义上的国际中文教师评价内容往往不够清晰。不同类型的国际中文教师评价有不同的评价内容。国际中文教师胜任力评价的内容是国际中文教师素质的各个方面。国际中文教师绩效评价的内容主要是工作量、学习者的成绩等。国际中文教师教学有效性评价的内容主要是教学行为和学习者的成绩等。具体评价时还要把评价内容细化成量化表的形式。

（三）评价方法和步骤

评价方法和步骤是对"怎么评"这一问题的回答。不同类别国际中文教师评价的具体方法各不相同。国际中文教师胜任力评价常用的评价方法有笔试、面试、试讲、提供教学录像等。国际中文教师绩效评价常用的评价方法有课堂观察、录像评价、问卷调查、访谈、统计学生考试成绩等。评价步骤则根据方法的不同而不同。一般教师评价步骤就包括课前观察座谈、课堂观察以及课后自我评价三个部分。

（四）评价目的

评价目的是对"为什么评"这一问题的回答。国际中文教师评价有两个基本目的：第一是考核、评定国际中文教师课堂教学能力水平及其工作量，确保其教学任务能够保质保量地完成；第二是引领、促进国际中文教师的专业发展，提升教学质量和水平。传统意义上国际中文教师评价的目的主要是第一个，即考核、评价国际中文教师课堂教学能力及工作量。合理的国际中文教师评价应以引领、促进国际中文教师专业发展为主，兼顾考核、评价其课堂教学能力及工作量。另外，除了这两个基本目的之外，还有一些衍生目的。比如，让国际中文教师准确了解自己，加强对国际中文教师的管理，据此进行人事升迁和奖惩，提高学校的整体教学质量等。

四、国际中文教师评价的类型

在教育界，教师评价类型一般有三种划分方法。第一，依据评价理念和目的的不同，教师评价往往被区分为奖惩性评价和发展性评价两种。奖惩性评价主要是一种面向过去的终结性评价，即把教师评价的结果作为奖惩（比如晋级、评优、加薪等）的依据来管理教师；发展性评价主要是一种基于过去、面向未来的形成性评价，即以引领、促进教师专业水平的提高作为教师评价的直接目的。第二，依据信息收集方式的不同，教师评价被分为胜任力评价、绩效评价、有效性评价三种。第三，依据评价内容的不同，教师评价可以分为素质评价、教育教学行为评价和教育教学结果评价。具体到汉语教学界，国际中文教师评价分为成果评价、行为评价和素质评价三类。

根据评价内容和评价重点的不同，我们将国际中文教师评价分为三大类：国际中文教师胜任力评价、国际中文教师绩效评价和国际中文教师教学有效性评价。

（一）国际中文教师胜任力评价

国际中文教师胜任力评价在本质上是一种素质评价，即依据一定的标准对国际中文教师所具备的与汉语教学有直接关联的知识、能力、信念等素质进行价值判断。比如国际中文教师是否具备从事汉语教学所应具备的知识、能力和信念等素质，如果不具备，不能胜任汉语教学工作；如果具备，就基本能够从事汉语教学工作；如果具备且能灵活运用，则完全能够有效从事汉语教学工作。国际中文教师胜任力评价通常在教师入职时或者遭遇信任危机时进行，它直接影响教师的教学成绩。一般采取笔试、面试（包括面谈和试讲）等方法来评价。

（二）国际中文教师绩效评价

国际中文教师绩效评价在本质上是一种教学行为表现和教学结果评价，即依据一定的标准对国际中文教师在实际工作中的教学行为表现及其教学效果进行价值判断。国际中文教师如果做得多，而且教学效果和成绩突出，就会获得较高评价；如果做得少，教学效果和成绩一般，就很难获得较高评价。国际中文教师绩效评价通常被汉语教学机构作为日常管理的一种方式和手段，其评价结果往往作为奖惩国际中文教师的依据。

（三）国际中文教师教学有效性评价

国际中文教师教学有效性评价在本质上是对教学行为进行的有效性评价，即依据一定的标准对国际中文教师教学行为的效果进行价值判断。比如国际中文教师的讲解等教学行为是否产生相应的教学效果，如果教学效果不明显，说明国际中文教师的教学行为是无效的或者是低效的；反之，说明国际中文教师的教学行为是有效的甚至是高效的。国际中文教师教学有效性评价通常在学校教学质量评估时使用，它专注于教师教学质量和效率的提高。

（四）三种国际中文教师评价类型之间的关系

三种国际中文教师评价的关系极其密切，但性质、依据、目的、主体等各方面都不相同。在性质上，国际中文教师胜任力是指能做什么，国际中文教师绩效是指做到了什么或做出了什么，国际中文教师教学有效性是指教学行为有没有效果。

就评价依据而言，胜任力评价的主要依据是国际中文教师的素质结构，绩效评价的主要依据是国际中文教师的职业规范、工作职责和岗位要求，教学有效性评价的主要依据是学习者学习成绩的进步情况。

就评价目的而言，胜任力评价的目的在于判断国际中文教师是否具备从事汉语教学工作的基本素质；绩效评价的目的在于判断国际中文教师岗位职责的履行情况，看其是否达到了岗位规范和要求；教学有效性评价的目的在于判断国际中文教师的教学是否有效及其效率的高低。

就评价主体而言，国际中文教师胜任力的评价主体通常是学科教学专家、学科专家、教育心理方面的专家等；国际中文教师绩效的评价主体往往是管理者、学习者以及教学工作涉及的其他人员（如教学督导、同事、教师本人等）；国际中文教师教学有效性的评价主体是学习者和学科教学专家等。

就评价时机和频率而言，国际中文教师胜任力评价往往发生在其接受聘任和入职之前；国际中文教师绩效评价往往是一种年度例行工作，在每个学年（或者学期）结束时进行；国际中文教师教学有效性评价是一种诊断性、支持性的工作，可能由学校统一组织，也可能在国际中文教师自我专业发展时进行。

五、国际中文教师评价的作用

（一）对国际中文教师的专业发展具有导向、激励、改善、提高的作用

国际中文教师评价有合理的评价内容和指标，它指引国际中文教师专业发展的方向；国际中文教师评价对合格和优秀教师的评定，激励国际中文教师花费更多的精力和时间来发展自己的专业；国际中文教师评价结果的反馈有利于国际中文教师改善和提高自己的教学行为和专业水平，即便有所偏离，也可以通过评价活动得到反馈、纠正和改善。

（二）保障和提高汉语课教学质量和学生的学习成绩

有效的国际中文教师评价可以判断国际中文教师能否达到标准，以便筛选和聘任合格的国际中文教师，为学生提供合格甚至是优质的教学服务，进

而保障课堂教学的质量和学生的学习成绩。合格教师和优秀教师评价活动还可以给其他同事提供积极、有效的教学经验，供其参考。

（三）为国际中文教师的奖惩和升职提供科学依据

有效的教师评价能够区分出处在不同发展阶段的国际中文教师，也能区分出不同国际中文教师教学水平的高低，这就是教师评价的鉴定和筛选功能。其结果既是奖励或惩罚国际中文教师的依据，也是评定职称的依据，还是调整国际中文教师收入和待遇的依据。此外，有效的教师评价有利于学校领导、同事、学生、家长等对国际中文教师的教学水平进行了解，进而为其相应的学术研究、职业发展提供依据。

第二节　国际中文教师能力评价的原则

一般来说，教师评价应该公开、公正和公平，具体包括根据目的确定恰当的评价内容、评价标准不受主观因素影响、全面收集评价信息与资料并客观分析、评价者与被评价者之间保持良好关系、评价者之间保持良好的伙伴关系等原则。在此基础上，我们认为，科学合理的国际中文教师评价一般应遵循以下几个原则。

一、客观性

对国际中文教师的教学情况进行客观、全面、公正的评价，是国际中文教师评价所应遵循的首要原则。这就要求评价教师时应该做到以客观事实和教学业绩为基础，尽量不掺杂人为因素；使用具有较高信度和效度的问卷对国际中文教师进行调查，增强科学性，减少偶然性；收集资料、分析资料时注意减少主观因素的影响；评价标准要客观、适当、合理，降低随意性；评价者在评价意见上有明显分歧时要给评价对象解释的机会，重视来自学习者的成绩和评价信息；尊重数据分析结果，充分考虑其他评价主体的意见等。

二、主体性

主体性就是尊重国际中文教师自身在评价活动中的主体地位和积极作用。传统的教师评价是一种自上而下的单向评价，国际中文教师只是被动的评价对象。而相对科学合理的国际中文教师评价则会从国际中文教师的实际情况出发，充分尊重国际中文教师，既对国际中文教师的各个方面进行实事求是的评定，也有效引领其专业水平朝较好的方向发展。进行评价前，评价者可以跟国际中文教师进行沟通，了解其想法和需求。在评价过程中，鼓励国际中文教师将自己的教学能力等各个方面的优点充分展示出来；重视国际中文教师自我评价的结果。开展教师评价工作时，应允许国际中文教师参与评价的整个过程，把相关信息告知国际中文教师，听取其反馈和解释；国际中文教师要积极吸收评价中的意见和建议，积极反思，改进教学，促进专业发展。这才是国际中文教师评价的目的，也是国际中文教师主体性的集中体现。

三、全面与重点相结合

作为课堂教学的执行者和主体，国际中文教师对学习者的影响是全方位的。国际中文教师的举手投足，甚至不经意的一句话，都会对学习者产生重要影响。因此，国际中文教师评价内容应力求全面，具体进行评价时尽可能全面考虑各种情况（既考虑到现在的表现，也考虑到过去的表现和未来的发展情况），进行多层次、多指标、全方位的分析和判断。除了在评价内容上要注意全面性，评价主体也要多一些，不局限于管理者或者教学专家，要包括教师本人、学习者、同事等。评价方法也要尽可能全面，以保证评价的科学性。评价等级也要全面、多层次，改变只有合格、不合格两种标准的状况，可以拓展为多个层级，比如优秀、良好、合格、不合格等。

受评价目的和评价类型的影响，收集国际中文教师评价信息时还要照顾到重点方面，比如来自教学专家和学习者的信息。在国际中文教师绩效评价中，学习者成绩的进步情况是重点，所占权重较高。在国际中文教师行为有效性评价中，国际中文教师的课堂教学行为是重点。同样，就评价方法来说，对学习者学习成绩的量化分析和课堂观察是重点。而如果进行国际中文教师胜任力评价，教师资格考试就是主要评价方法。在具体进行国际中文教师评价时，既要照顾到各个方面（即全面性），也要突出重点。

四、定性评价和定量评价相结合

这个原则主要是针对评价方法来说的。国际中文教师评价内容的很多方面，比如知识、动机、经验、学习者成绩和教学效果等，可以通过考试和调查问卷的方式进行定量评价。但对于汉语课堂教学过程中一些具有动态性、复杂性的方面，比如国际中文教师的观念、态度、能力、情感、意志、需求、兴趣等，还有国际中文教师所促成的学习者的改变等，仅凭定量评价往往很难做到客观、准确。这就需要采用访谈、观察、档案袋评价等定性评价方式。其实，大部分评价项目仅凭一种评价方式（无论是量化，还是质化），都很难得到较为客观、准确的数据。只有将两种评价方式结合起来，优势互补，才能得到全面、客观、准确的评价数据，保证国际中文教师评价结果的科学性。

五、个性化原则

个性化评价即根据国际中文教师专业发展阶段的不同而进行区分性评价，也叫差异性评价、分层评价。这也是以人为本、充分尊重多元价值和国际中文教师个别差异的一种表现。从这个意义上说，国际中文教师评价要尊重个性差异，并在此基础上对国际中文教师的素质、绩效、教学有效性进行判断，以达到保证教学质量和促进专业发展的目的。根据专业发展阶段的不同，国际中文教师可分为新手教师、成手教师、专家教师、处于职业困境的教师等不同群体。不同的国际中文教师群体有不同的教学水平和各自的发展需要，对他们进行评价的标准也不相同。根据群体的不同，评价周期不同，新手教师评价周期最短，一般一年一次（有的教学机构甚至一学期一次）；专家型教师一般是三年或五年一次。根据群体的不同，评价内容也不同，新手教师的胜任力评价标准较低一些，一般要求在各个教学环节上达标或者合格，评价的维度也少一些；而成手教师的有效性评价标准相对要高一些，不仅仅要达标或者合格，而且还要表现出效果，评价的维度也多一些。根据群体的不同，主要评价方法也不同，新手教师的胜任力评价主要采用笔试、面试、课堂观察、教学录像等方式；而成手教师的有效性评价则主要采用测量学习者成绩、增值性评价、课堂观察等方式。

六、可行性原则

可行性原则即国际中文教师评价在内容和方法等方面要具有可操作性。它包括以下层面：第一，评价内容和指标要能够反映国际中文教师的实际工作内容，不能盲目搬用，最好得到国际中文教师本人的认同；第二，评价标准要适中，避免要求过高或者过低，过高会使大多数国际中文教师达不到标准，挫伤其积极性，过低则使评价的作用降低；第三，评价方法要简单、有效，适合国际中文教师的工作内容和环境特点，能被评价主体所掌握；第四，评价活动要与国际中文教师的日常教学相结合，不宜因为评价而增加其额外负担；第五，具体评价方法、信息收集手段、评价流程等都应提前告知作为评价对象的国际中文教师。

第三节 国际中文教师能力评价的方法

不同的国际中文教师评价类型各有其比较常用的评价方法。国际中文教师胜任力评价常用方法有笔试、面试、课堂观察等；国际中文教师绩效评价常用方法有课堂绩效评定、教师自评、学习者学业成绩或增值性评价、档案袋评价、学术成绩梳理等；国际中文教师教学行为有效性评价常用方法有课堂观察、学习者成绩测验、学习者评价、教师自评、调查问卷等。

一、增值性评价

增值性评价是一种基于学习者汉语学习成绩的前后差异（即进步的幅度）而对国际中文教师进行评价的一种方法。在国际中文教师任教前先对学习者的成绩进行前测，在国际中文教师任教一个学期或一个学年之后再对学习者成绩进行后测，在明确学习者汉语学习成绩增长幅度的基础上进行评价。这是一种兼顾教师表现和学习者学业成绩的综合性评价方法。

学习者成绩的进步情况具体该如何计算呢？有两种计算方法：学习者进步百分数法（SGP）和学习目标达成法（SLO）。学习者进步百分数法反映的是学习者的进步情况与原来同一水平的学习者相比，所得的百分数是多少。这是一种横向比较法。比如一名 B 班学习者，期末汉语考试考了 **90** 分，而该学习者进入 B 班前的汉语成绩是 80 分，提高了 10 分，与同样在进入 B 班前汉语成绩为 80 分的其他学生相比，该学习者提高的幅度高于 50% 的学习者，那么该学习者的进步百分数值为 50。学习者的进步百分数值越高，说明其进步越大。进步百分数值可以进行跨课型、跨阶段比较。学习目标达成法反映的是学习者经过学习后达到学习目标的程度。该方法首先对学习者的汉语水平进行前测，然后综合前测成绩等各方面情况，提出特定时间段（比如一学期或一学年）的学习目标，经过国际中文教师的教学，再进行一次测试（即后测），检验所定学习目标的达成程度。需要注意的是，这两种计算方法都建立在对学习者学业成绩进行科学（有较高信度和效度）、客观、全面测试的基础之上。

当然，学习者汉语成绩的提高受到很多因素的影响，除教师这一主要因素外，还有家庭、学校环境、个人智商和主观努力等多种因素。这是增值性评价方法存在的不足之处，也是我们在具体进行国际中文教师评价时将其与其他评价方法相结合的原因。

二、档案袋评价

档案袋评价是一种以质性评价为主的评价方法。档案袋主要由国际中文教师在日常教学工作中建立，包含体现国际中文教师教学成果、教学行为表现、工作职责描述的主要材料，比如具有代表性的学习者作业、学习者成绩总结、汉语教学理念的描述、学期和单元计划、每节课的教学设计、具体的班级活动、课堂秩序管理、讲授视频（15 分钟左右，包括词汇或语法点的完整讲解）、提问策略、板书照片、对学习者的个别指导、专业发展规划和活动记录、与家长沟通的信息、教学反思日志，有时也包括国际中文教师对档案袋内材料的概括、分析和反思等。建立档案袋的过程也是依据一定的目的和标准对以上材料进行收集、选择和组织的过程。如果建立有特定评价目的的档案袋，国际中文教师应围绕所对应评价内容的各个维度，面向特定的评价主体来收集信息和数据。档案袋构建完成以后，国际中文教师与其他评价主体（比如教学督导等专家、学校或部门领导等管理者）通过面谈、讨论或者书面通信来进行价值判断，得出评价结果。

三、课堂观察和录像分析

这是一种较为传统的教师评价方法，即评价主体（管理者或教学专家）随机到国际中文教师课堂听课，观察并记录其教学技能、行为、师生互动等情况，据此对国际中文教师教学水平做出价值判断。观察国际中文教师课堂表现时，评价主体既可以随机挑选，完整观察一节课，也可以提前计划好，规律性地对同一名教师的课堂进行观察，比如每月一次，持续一个学期。需要注意的是，课堂观察应该是自然、随机的观察，而不是观察"包装"后的教学表演；观察记录要全面，记录一切有意义的教学行为和结果，既包括原有课堂观察表格上已有的常规项目（比如教学目标、教学内容、教学策略和方法、教学流程、教学评价、师生互动等），也包括汉语教学过程中生成的动态项目（比如课堂气氛的调动、学习者参与学习活动的积极性、师生交往中的出彩之处等），以便能给国际中文教师一个较为全面、客观的评价。与课堂观察类似，录像分析也主要是通过观察教师的教学技能、行为和师生互动等情况来对国际中文教师进行评价。录像分析的优点是某些细节可以回放、反复观看，以便评价主体做出更准确的评价。

四、学习者评价、同事评价和专家评价

该评价主要从评价主体角度做出区分，与其说是一种评价方法，不如说是一种评价类型。

学习者评价是指学习者对国际中文教师做出的价值判断。国内高校的汉语学习者几乎都是成人，而且亲身经历了国际中文教师一学期（甚至一学年）教学的全过程，有能力也有权利对国际中文教师的教学（即自己所受到的服务）做出独立、客观的评价。学习者评价法一般采用调查问卷的方式进行量化评价。评价维度涉及国际中文教师在教学中所展现的各个方面。当然，学习者的评价结果要辩证看待，合理使用，必要时（比如评价分值普遍偏低）要用其他评价方式来验证，比如委托教学督导或者专家进行课堂观察等。

同事评价是指国际中文教师同事之间（主要是资深老教师对新教师，也包括同一水平的同事之间）对彼此的胜任力、绩效、课堂教学有效性等方面做出的价值判断。同事评价维度涉及国际中文教师课堂教学的各个方面；评价的方法一般是在课堂观察中填写评价量表，也有访谈和对提交上来的材料

进行评价等方式，也包括根据平时的一些印象进行评价。需要注意的是，具体由哪个同事来评价也需要甄选，要选择那些具有过硬的专业知识、必要的评价素养、敏锐的洞察力和较好的人品（至少应公平公正、不徇私情）的同事进行评价，要注意避免事不关己式的随便评价和拉帮结派式的不实评价。

专家评价是指学科专家或者教学督导对国际中文教师做出的价值判断，一般通过课堂观察的方式进行。评价内容主要是教师在汉语课堂教学中所展现出来的素质和特点。作为评价主体的专家要在汉语教学界有一定影响。从长远考虑，可以建立一个专家数据库，具体需要时随机选择，以保证公平性。如果有必要，还需要采用回避或者推荐的方式来保证公平。

此外，还有国际中文教师自我评价、学习者家长评价、管理者评价等，这些也都很常见。以国际中文教师自我评价为例，国际中文教师都是专业人员，比较了解自己在教学方面的优点和特长，知道自己在哪些方面需要帮助提高；一旦有了主体进行自我评价的机会，会投入更多的精力审视自己、判断自己、认识自己、发展自己。

第四节　国际中文教师职业倦怠与教学效能感提升策略

基于中外文化差异巨大、工作任务繁重、工作环境多变、学生背景不同、学生汉语水平不一等原因，国际中文教师如今也需要面临多重压力。这些压力会影响到国际中文教师的心理健康和工作质量，导致职业倦怠。同时，国际中文教师往往在心中对汉语教育的价值、对自己影响学生成绩的能力有自己的感受、体验和判断，这种感受、体验和判断被称为教学效能感。它在很大程度上影响着教师的教学自信心和职业倦怠的程度。可见，加强对国际中文教师职业倦怠和教学效能感的研究，已经成为国际中文教师队伍建设的一项重要课题。

一、职业倦怠与教学效能

职业倦怠是由美国临床心理学家费登伯格（Freudenberger）于1974年首先提出的一个概念，是指服务行业职员所感受到的一种身心极度疲惫

（wear out）的综合反应状态。这种状态容易导致职员产生一些负面情绪，进而影响工作质量和效率。因此，教育机构、医院等一些服务性行业都很重视对职业倦怠的研究。研究者中，克里斯蒂娜·马斯拉奇（Christina Maslach）的贡献巨大，她提出了一个得到广泛认同的操作性定义，即工作倦怠是由情感耗竭（emotional exhaustion）、去人性化（depersonalization）以及成就感低（diminished personal accomplishment）三个主要因素构成的一种生理和心理上多维度的综合性症状。在此基础上，他们还设计了一个得到广泛使用的职业倦怠调查问卷（Maslach Burnout Inventory，简称 MBI）。教师是职业倦怠的高发群体之一。国外在 20 世纪 80 年代就开始对教师职业倦怠进行研究，研究内容主要集中在职业倦怠产生的社会根源及其影响因素上，对外国教师来说，年轻、受教育程度高的教师更容易产生职业倦怠；工作负荷过重、教师缺乏自主性、角色模糊、学生问题以及缺乏社会支持等因素容易使教师产生职业倦怠感。

教师教学效能感是建立在 20 世纪 80 年代班杜拉（Albert Bandura）所提出的"自我效能"（self-efficacy）这一概念之上，是指教师对自己教学能力的一种认识和评价，属于教师信念的一部分。如果教师的教学效能感较强，那么他对自己的教学就会有较强的自信，愿意付出努力，而且敢于挑战较为困难的工作。相反，如果教师的教学效能感不强，则往往会对教学缺乏自信，容易否定自己，对教学也不太感兴趣，不肯付出更多的努力。

二、破解国际中文教师职业倦怠的策略

（一）尽可能减少教师的课时量，减少工作对国际中文教师的情感消耗

从整体来看，当前国际中文教师的情感耗竭为中度倦怠，应引起足够的关注。依据马斯拉奇的职业倦怠理论，首先，情感耗竭是工作倦怠的核心要素和显著表征，当情感倦怠表现为中等水平时，则提示工作倦怠已经发生。其次，职业倦怠在三个层面上呈现出递进的发展关系。情感枯竭指的是教师对教学的激情和对学生的热情、关心和耐心的消耗量。如果倦怠的程度很严重，那么就会自然而然地不会对学生有热情、不会关心学生，这就造成了去人文维度的倦怠。缺乏对学生和教学的热情、关心和激情，自然也就无法在教学过程中体会到成就感，这又会导致成就感极低的局面。若三者均出现中

等或以上程度的倦怠，将严重损害国际中文教师的身心健康，严重影响汉语教育的质量与水平。

因此，首先要减轻国际中文教学一线教师的工作负担，使之达到教师可以承受的程度，不要让教师太过劳累。根据被采访者的意见，建议一周不要多于10课时。这种方式可以给予教师一定的时间恢复精力，防止教师过多地投入个人的感情，帮助教师形成与补充正面情绪。其次，要鼓励、指导教师间的相互扶持、相互配合，使损耗的情绪得以及时补充；教师工作个人性强（从备课、授课到批改作业，基本都是"单兵作战"），面临困境时容易出现孤独感，若能得到同侪的帮助与配合，不仅可缓解孤独感，还可获得同侪的情绪补偿。这种支援与配合，主要表现在：相互交流教育与管理经验（避免走"弯路"，降低挫折感），彼此倾诉工作上的不愉快（排解消极情绪），在需要的时候，彼此进行心理上的安慰。

（二）引导教师做科研，增强教学的探索性和创造性，让工作更有意思

教育机构要积极引导国际中文教师结合教学做一些科研，增强教学的探索性和创造性，让工作更有意思，进而降低职业倦怠程度。就工作本身来说，汉语教学主要是传递汉语知识和训练语言技能。从性质上来说，这是一种知识和技能的再生产，而非探索性、原创性的高端知识创造。教学内容的浅显性、固定化和重复性，教学方式的惯例化、模式化和单调性，对于身为母语者的国际中文教师来说，都属于职业倦怠的诱导因素。因此，我们要指导国际中文教师在自己熟悉的课程和方法中，选择一些他们感兴趣的主题进行研究，并将其与教学相结合（行动研究），或者进行调查或实验（定量或者实验研究），这样不但可以满足国际中文教师对新事物的渴望，让他们感到工作有趣，还能大大提高他们的成就感，让他们感受到快乐。

（三）帮助教师提高教学水平，打破专业发展的瓶颈

按照"教师发展阶段"的理论，有5年以上的教龄之后，国际中文教师将面临专业成长的"瓶颈"，面临事业上的挫败，很难再有进一步的提升，很可能会出现厌倦、疲劳等体会，特别是对学生的兴趣和积极性将会大幅度降低。一名教师在采访中表示，随着时间的推移，教学能力基本上进入了一个"瓶颈"，已经没有什么挑战性了。所以，学校或者学院应该积极开展多种形式的专业发展活动，来提高教师的工作积极性，提高他们的收获感和成就感，进一步激发其专业发展的热情。例如，组织有针对性的讲座，开拓思路，成立教学专家组，以备教师求助与咨询，建立教师专业成长档案等。

（四）营造民主有序的组织氛围，让国际中文教师感到有价值

所谓民主，是指给教师机会，让他们有机会充分发挥自己的主观能动性，特别是在自己的职业生涯中。在这种氛围下，国际中文教师们会觉得自己是主人，有责任感和归属感，从而形成一种强烈的工作激情。所谓有序，就是在关系到教师权益的问题上，学校应当有一套公平、合理、细致、明确并能得到有效执行的规章制度。例如，职称评定、各类教学奖项的评选等，特别是要把教学与教师的事业相结合。这样，中文教师就能知道自己应该向哪方面努力才能取得好的成绩，才能让他们觉得自己有了目标。同时，学校也要为外籍国际中文教师提供相应的经济补贴，这样不但可以解除他们在工作中的顾虑，还可以激发他们的工作动力，帮助他们形成正面情绪。

（五）全面认识自己，扮演好"教师"这一基本角色

国际中文教师是教师、研究者、管理者、文化的传播者、学生的朋友。这几种不同的身份都会对他们产生不同的影响。国际中文教师并非样样都能胜任，切勿因一项工作不胜任而否定另一项工作，首先要把作为教师的基础工作做好。例如，学校想让教师做一名研究人员，但是在现实中，教师每天都有上课、备课、改作业等工作，还有大量的班级琐事要处理，因此很少有时间和精力去做科研工作。但是，作为一名中文教师，不应该以自己的研究没有取得好成绩而否认自己的教学成就。

（六）掌握一些缓解不良情绪的策略，学会放松，增强调适能力

在教学过程中，国际中文教师需要掌握相应的方法，以排解负面情绪。第一，换位思考，从另一个角度去看待同样的事情，消除不良情绪，从而改变自己的行为。第二，转移自己的注意力。假如国际中文教师在教学过程中感到特别疲惫或者寂寞，可以暂时放下手头的工作，去做自己喜欢做的、让自己感觉放松的事。比如，当感觉教学枯燥无味的时候，就去看会儿电影、睡觉，利用周末进行短程旅行，调整自己的生活。第三，就是找到适合的方法，将自己的负面情绪释放出来。

三、增强国际中文教师教学效能的对策

（一）关注职称较低的国际中文教师

职称较低的国际中文教师很有可能是因为教学水平不够高，进而导致其个人教学效能不高。如果不干预，会引发一定程度的职业倦怠。因此，应积极关注这部分国际中文教师，通过"结对子"的方法对其进行教学指导、整合科研团队，带动其提高教学技能和科研水平，在此基础上积极促成其在职称上的进步，进而增强个人的教学效能感。

（二）关注教龄短的国际中文教师群体

教龄短的国际中文教师有的属于新入职教师，经验少，也有个别教师虽然有了 10 年左右的教龄，但在教学内容把握和方法选择等方面还欠火候，不够得心应手，教学成绩上不去，拉低了教学效能感。教学机构可以考虑发挥教研室的作用，安排国际中文教学骨干教师传帮带，一起研讨解决汉语教学中的实际问题；还可以安排学校教学督导对其进行重点帮扶（听课、反馈、指导、提高等）。这会大大提升教龄短的国际中文教师的教学水平，进而增强其教学效能。

（三）切实提高国际中文教师教学效能的具体方法

引导国际中文教师加强课堂教学基本能力（比如导入、讲解、提问、反馈、制作 PPT、指导语言练习活动等）的训练和提高。这是提高国际中文教师教学效能感的"抓手"，教师把每个基本环节都做好了，整堂课上完就会有精神上的满足感。建议国际中文教师从反思自己课堂教学技能入手，结合优秀教师的录像或案例进行比较学习，扎实提高。

创造条件鼓励、支持国际中文教师，促使其提高自己的能力。比如，与同一课型的优秀国际中文教师（或者叫专家型教师）合作，进行有针对性的学习提高。其实就是让国际中文教师跟同事"结对子"，在与同事的对比中提高自身的能力。再如，与优秀国际中文教师上同一节课，仔细对比分析优秀国际中文教师和自己上课的录像，找出差距，再进行学习提高。

改革国际中文教师的评价制度，建议采取发展性、全面性评价，保证评价体系的科学、有效，以激发国际中文教师职业发展的动力。对国际中文教师的评价应以教学为主（而不是以科研为主），有详细明确的细则，让教师

觉得公平公正，有职业发展的动力；评价主体应包括专家、学生、同事、教师本人等；同时，针对国际中文教师在评价中显现出来的不足，学校或学院应给予支持和帮助，以促进国际中文教师教学水平的提高。

全面了解学生的汉语学习情况，丰富测试类型，增加测试频率。提高教学效能的关键在于学生汉语水平的提升，让国际中文教师感觉到自己教学工作的作用和意义。在原来期末考试的基础上，增加单元测试和每堂课的小测。测试类型丰富了，频率也随之增加，国际中文教师的教学成就感也会提升。

引导国际中文教师形成良好的个人认识（比如教育观、教师角色观等）。国际中文教师要对自己的汉语教学工作有一个正确的认识和评价，同时也要认识到语言教学的复杂性，并在此基础上形成对自己教学效果的正确认识和评价，能够进行积极、正确、恰当的归因，让教师认识到即便课堂教学不顺利，或者学生成绩不好，也未必是教师的原因。

此外，国际中文教师要树立终身学习的意识，不断学习汉语本体知识和教育学等工具性知识，有科研意识，坚持针对课堂教学问题进行研究，积累汉语教学的方法和技巧，注重良好的人际关系和学习环境的营造，这些都有利于提高个人教学效能感，克服职业倦怠。

参考文献

[1] 周小兵. 对外汉语教学入门 [M]. 广州：中山大学出版社，2017.

[2] 郭睿. 国际汉语教师教学能力框架 [M]. 北京：北京语言大学出版社，2017.

[3] 张洁. 国际汉语教师的知识与能力研究 [M]. 武汉：武汉大学出版社，2017.

[4] 陆俭明. 汉语教师应有的素质与基本功 [M]. 北京：外语教学与研究出版社，2016.

[5] 孔子学院总部. 国际汉语教师标准 [M]. 北京：外语教学与研究出版社，2015.

[6] 张凯. 语言测试理论及汉语测试研究 [M]. 北京：商务印书馆，2006.

[7] 郑艳群. 对外汉语教育技术概论 [M]. 北京：商务印书馆，2012.

[8] 赵金铭. 对外汉语教学概论 [M]. 北京：商务印书馆，2018.

[9] 徐子亮. 对外汉语教学心理学 [M]. 上海：华东师范大学出版社，2007.

[10] 毕继万. 跨文化交际与第二语言教学 [M]. 北京：北京语言大学出版社，2009.

[11] 郑艳群. 对外汉语计算机辅助教学的实践研究 [M]. 北京：商务印书馆，2006.

[12] 林大津. 跨文化交际学理论与实践 [M]. 福州：福建人民出版社，2005.

[13] 吕必松. 汉语与汉语作为第二语言教学 [M]. 北京：北京大学出版社，2007.

[14] 李泉. 对外汉语课程、大纲与教学模式研究 [M]. 北京：商务印书馆，2006.

[15] 刘珣. 对外汉语教育学引论 [M]. 北京：北京语言大学出版社，2000.

[16] 李嘉郁. 华文教师培养与培训研究 [M]. 北京：商务印书馆，2015.

[17] 郑承军.汉语国际教育背景下对外汉语师资核心素质研究 [M].北京：北京语言大学出版社，2011.

[18] 胡兴莉，郑通涛.汉语作为二语的交际能力研究 [M].广州：世界图书出版广东有限公司，2016.

[19] 王恩旭.国际汉语教师自主发展导论 [M].沈阳：辽宁人民出版社，2014.

[20] 刘珣.对外汉语教育学科初探 [M].北京：外语教学与研究出版社，2005.

[21] 刘骏.国际汉语教师：存在的问题与培训模式创新 [J].语言战略研究，2018（6）.

[22] 亓海峰，邵滨.高校汉语国际教育专业硕士人才培养的问题与思考 [J].辽宁师范大学学报（社会科学版），2018（4）.

[23] 彭兰玉，郭格.汉语教育国际人才培养的视野构架、细节构架 [J].湖南社会科学，2016（4）.

[24] 施家炜.汉语国际教育专业人才培养的现状、问题和发展方向 [J].国际汉语教育，2016（1）.

[25] 吴应辉.汉语国际教育面临的若干理论与实践问题 [J].云南师范大学学报，2016（1）.

[26] 郭睿.对外汉语教师教学效能感、职业倦怠及其关系研究 [J].语言教学与研究，2017（2）.

[27] 葛艳冰，金虹.国际汉语教师职业能力培养研究 [J].文学教育，2020（6）.

[28] 车瑞，车桂森.试论国际汉语教师的现状与培养 [J].河北民族师范学院学报，2020（2）.

[29] 胡清平.对国际汉语教师跨文化交际能力的探讨 [J].语文学刊，2012（22）.

[30] 刘路.国际汉语教师教育课程与反思性教学能力的培养 [J].教育与教学研究，2017（6）.